Placeres y parejas

Verónica Ortiz y David Barrios dialogan sobre sexualidad, erotismo y cuerpos

EL LIBRO MUERE CUANDO LO FOTOCOPIAN

Título de la obra: *Placeres y parejas. Verónica Ortiz y David Barrios dialogan sobre sexualidad, erotismo y cuerpos*

Coordinación editorial: Matilde Schoenfeld
Fotografía de portada: Natalia Reyes Castañeda
Portada: Víctor M. Santos Gally
Diagramación: Ediámac

© 2013 Editorial Pax México, Librería Carlos Cesarman, S.A.
Av. Cuauhtémoc 1430
Col. Santa Cruz Atoyac
México DF 03310
Tel. 5605 7677
Fax 5605 7600
www.editorialpax.com

Primera edición
ISBN 978-607-9346-08-9
Reservados todos los derechos
Impreso en México / *Printed in Mexico*

ÍNDICE

Verónica Ortiz

Aunque mi vida sexual inició muchos años antes, experimenté mi primer orgasmo en pareja hasta los 30 años. Acceder al placer es a veces más complicado de lo que parece y, sobre todo, si venimos cargando tantos miedos, culpas y mentiras. Por eso cuando se abrió la oportunidad de tratar estos temas en televisión y luego en radio, acepté de inmediato y me puse a estudiar. Aquel programa se llamaba *La Pareja Humana*, conducía James R. Fortson, vanguardista editor de revistas muy conocidas entonces como *Caballero* y *El y Ella*, yo era su co-conductora y coordinadora de invitados. Salimos al aire en Canal Once a mediados de 1980. Desde ese momento decidí que la educación sexual y sus amplísimas referencias serían parte de un trabajo de comunicación. Por esos años conocí a entrañables personajes, maestros todos, expertos en sexualidad humana, aunque entonces no eran muchos los interesados, ni estaba de moda hablar de sexualidad, todo lo contrario, eran temas prohibidos y sorteábamos constante censura. Recuerdo con gran cariño a los pioneros: el generoso uroandrólogo Jesús Álvarez Llerena, el genial doctor Mateos Cándano, quien fundara la primera Asociación Mexicana de Sexología y las especialistas Esther Orozco y Anamely Monroy. En la segunda generación llegaron David Barrios, Silvia Covián, Francisco Delfín y Oscar Chávez entre otros. Un sincero reconocimiento al trabajo y empeño de todos ellos.

Con David Barrios hice varios programas de televisión y radio. Tenerlo cerca ha sido un aprendizaje constante y sé que puedo confiar en sus aportaciones porque son siempre científicas y como a él le gusta decir, "humanistas". Sus Decálogos se acercan a lo que debería ser el ideal de pareja. Es sin duda un terapeuta acucioso y dedicado, amigo y consejero de cabecera sobre estos temas.

Muchos programas de educación sexual y medios de comunicación se abrieron y cerraron desde entonces debido a cada cambio sexenal. La peor época fue la panista, la doble moral de los funcionarios y políticos conservadores aunado a su incapacidad de atender realidades contundentes, como los miles de embarazos no deseados en jóvenes menores, los cientos de afectados por enfermedades de transmisión sexual dentro y fuera de los grupos de riesgo, y la mortandad prematura por consecuencias derivadas de lo anterior se multiplicaron.

La salud sexual es un tema de salud pública. La falta de campañas informativas afecta a cientos de miles de ciudadanos mexicanos de distintas edades. Desde 1980 ninguna campaña de educación sexual ha sido constante y efectiva. Ninguna podrá serlo si no se diseña a partir del conocimiento de lo que la sociedad piensa y quiere: en Veracruz o en Yucatán, en Sinaloa o Guerrero, el DF, el Estado de México o Baja California. Cada realidad es distinta, cada campaña de comunicación debe serlo. La responsabilidad es de los distintos gobiernos. Frente a su mutismo, miles de jóvenes truncan su futuro debido a la llegada de hijos indeseados –hijos que seguramente repetirán los esquemas aprendidos– o por enfermedades de transmisión sexual, mismas que en cada nuevo encuentro sexual se multiplicarán sin que nadie haya podido evitarlo hasta ahora.

Este libro es una conversación entre un médico, sexólogo clínico y terapeuta sexual con muchos años de experiencia en consulta, y una obstinada periodista que no quita el dedo del renglón y está convencida de que con información científica, clara y accesible, habrá menos efectos negativos en nuestra vida sexual. Cada persona, la que sea, joven, de años, con o sin hijos, homo, trans, bi o heterosexual tiene una tarea principal: conocer y respetar su propio cuerpo para desde ahí lograr relaciones satisfactorias. Si pensamos que la democracia empieza en la cama, tal vez podamos construir un mundo más justo y desde luego más libre y feliz. Este libro profundiza en las conductas sexuales actuales y sus consecuencias. Yo pregunto, David responde. Tú decides qué tipo de vida sexual quieres vivir.

David Barrios Martínez

Mi hermano Clemente Vergara Martínez solía decir que para improvisar bien se requieren conocimiento y experiencia; que lo que se improvisa no es mera ocurrencia ni producto de una súbita "iluminación".

Tuve presente lo anterior cuando Verónica Ortiz y yo platicamos acerca de escribir un libro sobre temas de sexualidad en el México contemporáneo. En efecto: se trataba simplemente de improvisar. El propósito sería conversar espontáneamente –sin guión ni estructura previa– sobre asuntos sexuales de actualidad. No habría cuestionario acordado ni preparación de los contenidos, sino exclusivamente tópicos sugeridos para cada coloquio. La idea subyacente era permitirnos fluir libremente en las preguntas y comentarios. Verónica y yo, amigos desde hace décadas, evitaríamos disertar solemnemente. Conversaríamos como testigos privilegiados y de algún modo protagonistas, de la evolución sexológica en nuestro medio, con la franqueza y explicitud con la que lo hacen los amigos.

Convenimos en abordar asuntos y problemas de la sexualidad actual con lo que llamo un tono medio, considerando las aportaciones de la ciencia y el humanismo con claridad y sin academicismo, pero sin abandonar el rigor conceptual que a veces se requiere.

El conocimiento y la experiencia que los autores tenemos se sustenta en nuestras respectivas trayectorias profesionales: Verónica es escritora, comunicadora y pionera de la difusión de temas sexuales en los medios electrónicos. Los programas de radio y televisión que ha fundado y conducido son referentes indiscutibles en la todavía incipiente historia de la educación sexual en los medios de comunicación social.

En mi caso, soy médico, educador sexual, sexólogo clínico y psicoterapeuta con muchos años en el campo, tanto en docencia como en salud sexual.

En el trabajo cotidiano con individuos, parejas, grupos y comunidades, he tenido la oportunidad de atestiguar los variados procesos y estado actual de la sexualidad en nuestro país. Recibo consultantes y pacientes de diferentes regiones de México y con frecuencia realizo pequeñas giras académicas para dictar conferencias, facilitar talleres y participar en debates en diferentes entidades de la República y diversos países. Ello me ha permitido "tomarle el pulso" al apasionante fenómeno de la sexualidad y estar atento a sus estancamientos y modificaciones.

Reconozco el enorme valor de las encuestas de opinión y los estudios estadísticos, pero he aprendido a lo largo de estos años que las entrevistas personalizadas, cara a cara, las experiencias profesionales de la terapia sexológica y la intensa dinámica de los talleres vivenciales, son infinitamente superiores para acercarse a la realidad sexual de la gente. Mientras que en un cuestionario convencional típico de las encuestas la persona suele responder en forma apresurada lo políticamente correcto o lo esperable dentro de una serie de ideales aspiracionales, en el cubículo del terapeuta sexual y en los grupos terapéuticos de encuentro, los aspectos sexuales y de pareja se abordan con una revisión profunda de ideas, sensaciones y sentimientos; las defensas psicológicas se abaten cuando hay un clima de seguridad y confianza emocional y la persona, en ese contexto, comenta sin reservas la verdad de su vida sexual.

De esas invaluables fuentes de información –respetando siempre la privacía y la confidencialidad que la ética profesional exigen– abrevé siempre en los diálogos sostenidos con Verónica para la confección de este libro.

Creo que es muy pertinente ocuparse en estas páginas de la sexualidad actual pese a la abundancia de datos, revistas y otros libros que tocan el tema, no sólo porque la vida sexual es importantísima en los seres humanos, sino también porque buena parte de lo que se lee y escucha al respecto en los medios impresos y electrónicos con frecuencia se presenta mitificado, edulcorado, de manera sensacionalista y superficial, en ocasiones con ribetes sexistas, machistas y misóginos y con gran desinformación. Los autores nos alejamos de ello porque nuestra vocación es otra y pensamos que las y los lectores merecen visones diferentes, críticas y propositivas.

En estos diálogos nos planteamos hablar con claridad, plantear problemas concretos de la sexualidad actual y sobre todo, proponer reflexiones que conduzcan a soluciones tangibles. El lector o lectora decidirá si lo conseguimos.

Agradecemos el apoyo de Norberto Carrasco con su acuciosa transcripción de estas largas conversaciones.

1 ▢ Nuestro cuerpo

Verónica: Querido David, para hablar de sexualidad, necesitamos iniciar por el principio, es decir, nuestro cuerpo. ¿Por qué, en general, nuestro cuerpo no nos gusta, no lo entendemos, ni lo conocemos?, y ¿cómo entonces iniciamos relaciones sexuales con este cuerpo desconocido, que rechazamos y percibimos ajeno?

David: Son dos preguntas complejas, Verónica, y tienen muchas implicaciones. Nosotros (mujeres y hombres) somos nuestro cuerpo. Parece una obviedad, pero así es; dejando de lado la visión aristotélica, dividida, de que tenemos mente y cuerpo, podríamos decir que el cuerpo es el todo, es el continente, y ahí va implicado lo orgánico, lo emocional, lo psicoafectivo. O sea, nosotros *somos el cuerpo*, como individuos, como seres humanos.

Y el cuerpo, a mi juicio, es el punto de partida de las ideas, las sensaciones y los sentimientos que acompañan o que están inmersos en nuestra sexualidad. Es importante referirlo. Yo escucho a algunas personas hablar como desvinculándose de las partes de su cuerpo, diciendo, por ejemplo: "se me durmió el pie", como si fuera un ente ajeno a la propia corporalidad, o decir "ahorita no estoy en mis cinco sentidos, ahorita nada más estoy sintiendo el cuerpo", cuando realmente forma parte de un todo integrado.

El cuerpo es, por un lado, el receptor y también el emisor de ideas, sensaciones y sentimientos estrechamente vinculados con nuestra carga sexual.

V: Me llama la atención lo que dices, porque, ¿quién nos enseña todo esto? Tú estás dando una serie de datos, pero ¿cuándo, en qué momento nos enseñan a querernos y valorarnos? En contrapartida, en la televisión los mensajes muestran que los cuerpos deben ser perfectos y sexys, pero muy pocas veces vemos o escuchamos que nuestro cuerpo es también alma, emociones, sensaciones, necesidades, dolores, gustos, placer. ¿Qué tendríamos que hacer para entender nuestro cuerpo, conocerlo, quererlo, integrarnos?

D: Creo que lo vamos aprendiendo y entendiendo de la peor manera. Desde que somos bebés, y luego infantes, nos regimos esencialmente por el principio del placer y de la satisfacción inmediata de las necesidades. Un bebito, de cualquier género, llora cuando tiene hambre, cuando tiene alguna molestia como una rozadura de pañal. Es decir, busca satisfacer su demanda en ese momento. Cuando ve satisfecha su necesidad, para de llorar. Cuando el bebé retoza, siente placer, su disfrute también es inmediato y lo manifiesta corporalmente con toda libertad, respirando con el cuerpo, esto es, sin restringir sus movimientos, expande el tórax y el vientre, cosa que dejamos de hacer los adultos, por prejuicios estéticos: "sume la panza", "no seas tan expresivo" y todas esas prohibiciones que nos marcan los adultos a nuestro alrededor.

Pero este proceso represivo de enseñanza nos da una idea y una concepción limitada del cuerpo, en la que no sólo "nos apretamos", también evitamos el contacto con nuestro placer que como lo vimos antes, es natural en el ser humano desde que nace.

V: Sí, claro, ahí están las prohibiciones: "no hagas, no te toques, no sientas, no llores, no, no…" Hay pocos mensajes positivos alrededor de nuestro cuerpo.

D: Exacto. Una orden muy común de mamá y papá es que cuando un chavito o una niña muy pequeña está sollozando, el grito imperativo es "¡no llores!" Lo que provoca en este niño o niña una respiración contenida, una respiración muy parcial. Los adultos respiramos sólo con el tórax, sólo arriba con la garganta, o sólo con el abdomen, parcializamos nuestra respiración. Esto rigidiza la corporalidad, mecaniza los movimientos y puede producir que el placer no se sienta plenamente.

Muchas mujeres caminan todas contraídas sumiendo el abdomen y dejando de respirar con amplitud. Un niño, un bebé, no haría eso.

Es decir, de manera natural, cuando somos pequeños, expandemos el cuerpo, lo respiramos todo. Y la enseñanza, esta mala enseñanza, desde temprana edad nos va limitando, por un lado, el principio del placer, porque dejamos de experimentar con todo el cuerpo, dejamos de respirar adecuadamente, y además con todas estas ideas de: "niña, no abras las piernas", "niña, mete la panza", o el niño que no puede mostrar nada de flaqueza: "no llores, no expreses, eso no es de hombres"; crecemos cancelando nuestras expresiones emocionales, y nuestras capacidades de sentir y de gozar. Vivimos en una cultura estoica en la que se promueve el dolor y se censura el placer.

Uno pensaría que todos los estereotipos y consignas sociales de los ejemplos anteriores, ya bien entrado el siglo XXI, formarían parte del pasado, pero no es así, siguen vigentes, desafortunadamente.

V: Consignas sociales sí, pero las familiares son muy fuertes. Hay un severo enjuiciamiento del padre y algunas madres frente a la ternura de sus hijos varones: el miedo a que sean "viejas", como si ser mujer fuera denigrante.

D: Efectivamente la familia es como la matriz cultural, muy sazonada por las enseñanzas en la calle, la escuela, los medios de comunicación. En general la familia sigue siendo todavía la gran maestra de lo bueno y de lo malo, por decirlo de una manera simplista, desde donde parte la represión.

En el caso de los hombres, ellos reprimen por lo menos dos o tres de los sentimientos básicos: miedo, tristeza, amor. Empleo como mnemotecnia para referirme a los sentimientos básicos, la palabra MATEA: miedo, alegría, tristeza, enojo y amor. ¿Por qué los hombres cancelan la expresión de algunos de estos sentimientos? Los modelos del entorno social promueven que toquemos el enojo, sí, hasta el *encabronamiento*, porque eso "es de hombres". Pero, ay de aquel hombre que se atreva a tocar públicamente tristeza o miedo; deja de ser totalmente hombre. Ya que dentro de esta misma consiga social, "sólo las viejas chillan". Son las mujeres quienes tocan ese sentimiento. Y en cuanto al amor, los hombres finalmente dejamos de expresarlo porque eso nos vuelve frágiles y cursis frente a una

sociedad que estereotipa y etiqueta las conductas masculinas y femeninas como: la dureza, el control afectivo, el autismo emocional en
ellos; y la debilidad, pasividad y exceso de expresividad y necesidad
afectiva en ellas.

**V: Es el "deber ser" del hombre. No se soporta débil, con miedo. Enton-
ces, David, si no lo puede expresar, porque socialmente es criticado,
¿adónde se va ese miedo, esos sentimientos: tristeza, ternura, amor?**

D: Yo creo que encerramos estos sentimientos porque los juzgamos
adversos, se vuelve como una reacción *natural* por las veces que se
nos han reprimido. Esto nos puede enfermar tanto orgánica como
emocionalmente. Y hasta se pueden perder estos sentimientos. Tanta
represión, para los hombres, cancela posibilidades. Una parte se contiene, se queda adentro y puede generar enfermedad orgánica y emocional. Y otra parte simplemente se va, se diluye en el éter. ¿A qué me
refiero? A que muchos hombres pierden la potencialidad de expresividad emocional. El hombre que se reprime, eventualmente se enferma.

Ahora la psiconeuroinmunología explica mucho de los padecimientos psicosomáticos y nos habla de la importancia de canalizar
los sentimientos hacia el exterior. Si un varón no los canaliza, por
ejemplo, si no expresa ternura, tristeza, melancolía, si no expresa
dolor mediante el llanto, probablemente se enferme orgánica y emocionalmente: padecimientos como colitis ulcerosa, ciertas formas de
gastritis, y dolores de cabeza inexplicables, además de la depresión,
pueden tener este origen.

Hay varones que simple y sencillamente dejan de expresar, y esto
va a condicionar que su entorno afectivo: pareja, hijos, amistades significativas y su medio social y laboral inmediatos, reaccionen negativamente. Por ejemplo, nosotros los psicoterapeutas, los sexólogos en
terapia, vemos muy comúnmente a parejas de hombres inexpresivos
que de ellos sus mujeres dicen: "este tipo es una piedra", "este tipo no
me expresa lo que siente". El hombre, se defiende y responde: "¿Para
qué quieres que te diga que te amo, para qué quieres los famosos detalles, obsequios, arrumacos." "Yo te demuestro mi amor cumpliéndote
como hombre proveedor, ¿cuándo te he fallado con el gasto?"

V: Es cierto, pueden ser muy buenos proveedores, pero ¿y las caricias? Porque no sólo le niegan esta expresión afectiva a su pareja, familia, hijos, se la niegan a sí mismos.

D: ¿Las caricias? "Es suficiente con lo que ya te estoy dando", responden. Y esta inexpresividad en el afecto y en el contacto físico, que es una manera de comunicarnos, se vive por los otros como desamor. Probablemente hay un vínculo afectivo, pero como no se expresa, y la otra persona no es una adivina, o sea, no tiene porqué dar por hecho que el otro la ama, la quiere, desea, necesita, empiezan los problemas y los reclamos que pueden llevar a conflictos profundos de pareja y familiares. La mujer, en su mayoría, lo vive, no sólo como falta de amor y deseo, sino como franco rechazo.

Es un patrón cultural, los hombres nos construimos así, con inexpresividad verbal, con falta de expresión también en las caricias. Simplemente damos por hecho que ciertas acciones de la cotidianidad, como un beso en la mañana al salir a la chamba o tener encuentros sexuales, formaría parte de ese paquete que le doy a la otra persona, pero carente en apariencia de involucramiento emocional.

Vale la pena comentar aquí, que mientras que las mujeres no, repito NO han aprendido a modular, a administrar sus sentimientos; los hombres somos maestros en ello, porque lo aprendemos tempranamente, y lo entrenamos toda la vida.

V: Antes de la pareja, háblanos de este joven, este niño al que le dicen que no se ría, no llore, no tema ni exprese sus sentimientos. Cuando todo esto ha sido limitado por años, ¿qué va a pasar con las inquietudes sexuales que son naturales de su edad?

D: En general, atiende su necesidad, su deseo, pero de una manera mecánica. Recuerda que los niños somos adiestrados, esa es la palabra correcta, para manipular los órganos sexuales en pos de obtener un orgasmo acelerado y una eyaculación inmediata. Generalmente se hace con culpa y vergüenza, y los hombres vamos teniendo esa especie de preparación un tanto mecánica, difícilmente lo asociamos con sensaciones y sentimientos. Este erotismo exprés está basado en

la eficiencia y la velocidad para simplemente satisfacerse, "viniéndo-
se, más rápido y más lejos"

Los hombres recibimos también, me atrevo a decir, la orden, la
consigna, la indicación de que solamente experimentamos placer en
el pene, esto que algunos sexólogos, como Fina Sanz, entre otros,
han llamado la focalización. Centramos nuestro erotismo en la genitalidad, y más concretamente, en el pene. De tal manera que para
muchos varones, la única zona erógena es el pene.

Y, por lo tanto, con el proceso de desarrollo, primero con la masturbación y después con los incipientes contactos, la neta es, dicen
los chavos, "penetrar". En algún libro de mi autoría, señalé que es un
coito "a lo que te truje, Chencha".

El varón no erotiza el cuerpo. El varón no se toca el resto del
cuerpo. No se auto cachondea. Sus primeras relaciones sexuales y
seguramente las que tendrá posteriormente, van a ser muy mecá-
nicas. Es decir, penetración acelerada, movimientos pélvicos muy
agitados, eyaculación rápida, y se acabó, y muchas veces ignorando
o no importándole lo que la otra persona siente o deja de sentir.

**V: Precisamente, en todo esto, ¿dónde está, qué siente la otra parte,
el otro, la otra?**

D: Muchas veces el erotismo masculino es egoísta, quizá no con-
cientemente, pero da por hecho que la otra persona lo está disfrutando igual que él, aunque sea rápido, ansioso, acelerado.

Fíjate qué curioso, en el caso del erotismo femenino, está completamente alrevesado, como decimos; a las niñas pequeñas se les
enseña a tocar su cuerpo en términos de limpieza y de pulcritud:
"ponte la cremita", "que tus rodillas no estén ásperas", "báñate, tó-
cate", como diciendo debes estar limpia, pero nada más limpia, no
erotizada. Todo aquello que tenga que ver con un contacto corporal,
por ejemplo, con la vulva, puede ser visto como algo peligroso.

**V: Tienes razón, las madres y los padres nunca nos dicen: "lávate bien
tus labios mayores y menores", es poco frecuente, porque en general
no tienen ni idea de cómo se llaman nuestros órganos sexuales, lla-**

mados erróneamente "genitales"; digo erróneamente, porque la palabra "genital" alude a la función reproductiva exclusivamente. En general, cuando una niña se está enjabonando, su mano no pasa por la parte de la vulva, no separa los labios y se lava perfectamente; sus órganos sexuales externos no son parte del cuerpo, porque su madre no le enseña y regularmente le prohíbe tocarse "ahí". Así, sin nombrarlos. Las madres los niegan. Por lo tanto, no te enseñan ni a lavarte bien, ni a conocerte, por el miedo a que puedas tener sensaciones placenteras, a que te erotices, supongo.

D: Tienes toda la razón. De hecho, yo decía que está alrevesado, porque los hombres recibimos incluso la indicación de tocar el pene, las mujeres a limpiar y cuidar el cuerpo, pero no la vulva: "báñate, límpiate, aséate, ponte cremita en las rodillas, ah, pero prohibido tocar esa zona".

V: Creo que ni siquiera se prohíbe, sería como aceptar que hay algo en esa zona de nuestro cuerpo lleno de sensaciones placenteras. De niñas, es algo que explícitamente no existe, por lo tanto no se toca.

D: Y si sucede, hasta por accidente, algo le indica a la joven que eso está mal y se auto reprime. Recordemos toda esa serie de nombres muy peculiares para los órganos sexuales externos. Es curioso. El pene, cuando somos niños, es el pajarito, palito, flauta… Pero la vulva, cuando son niñas, es el chango, el oso, la araña; o sea, los nombres son algo que indica repugnancia, suciedad, algo maloliente, desagradable.

V: El "fuchi, no te toques eso, aquello", ¡sin nombres! ¡Qué barbaridad! Es cierto, es siempre peyorativo, absolutamente asexual o peor, ahuyenta cualquier idea de placer y gusto. Y muy culpígeno si te atreves a tocarlo.

D: Sí, también se emplean palabras rosas como: "cosita", "palomita", restándole importancia y significación sexualizada a la vulva.

Y pasa algo muy peculiar. Muchas mujeres, ya en su vida adolescente o adulta, se ven ante el espejo e invisibilizan la vulva, se la saltan. Esto a qué conduce. Bueno, si yo mujer no conozco mi vulva, si no la veo, no la toco, huelo, palpo es una zona desconocida. Y todo lo que es desconocido produce ciertos niveles de aversión o de fobia.

V: Imagínate, pobres de nosotras, aversión hacia nuestro propio cuerpo.

D: Por esa razón, junto con otros elementos de la represión sexual que ya platicaremos, muchas mujeres desarrollan una ausencia de contacto con su vulva y su clítoris, esa zona prohibida, maloliente, desagradable, no es autoerotizable. Y, por consiguiente, viene un bloqueo hacia las caricias del otro.

V: Supongo que la autoerotización de la que hablas ni se les ocurre. Cero masturbaciones, son pecado. Y construyen, entonces, una vida muy limitada en el terreno sexual.

D: Tiene que ver con todo. Lo vemos constantemente en la clínica con mujeres con inhibición del deseo o anorgasmia, por ejemplo. Hay un común denominador: no conocen su cuerpo, no lo tocan, nunca se acarician, por lo tanto no lo autoerotizan. Es más probable que una mujer desarrolle anorgasmia si no conoce su vulva y su clítoris, si nunca los ha tocado.

Es decir, sigue habiendo, pese a muchos avances en el terreno de la educación sexual, esa especie de actitud represora del contacto con el placer, principalmente dirigido a las mujeres.

V: Tiene que ver con la educación judeocristiana, predominante en México. Con la culpa del cuerpo desnudo, ese cuerpo desconocido y parcializado. Nos lo repitieron hasta el cansancio. Todo lo referente a sexualidad, si no es para la procreación, es pecaminoso, es pecado. Si le sumamos todo lo que platicabas anteriormente… Es casi un milagro que sintamos placer y tengamos orgasmos.

D: Sí, seamos o no religiosos, porque es cultural.

V: Confirmamos pues que vivimos en una cultura represiva y machista.

D: Totalmente. Yo siempre digo que cuando una persona, con relación a su cuerpo y su sexualidad, siente culpa, vergüenza o inadecuación, seguramente hay un introyecto. Esa palabreja se inventó en psicoterapia para referirse a las ideas ajenas que hacemos propias y que incrustamos en nuestro "disco duro" de la mente, de la piel y el cuerpo. Es decir, no se queda en cualquier disquete, se queda profundamente arraigada en nuestra mentalidad. Y resulta muy difícil de erradicarlo.

Por ejemplo, todo lo vinculado con el pudor, todo lo relacionado con la vergüenza por mostrar el cuerpo, el simple hecho de que alguien vea mi cuerpo, es inadecuado, de acuerdo a esa concepción. No sólo porque seguramente me alejo de algún estereotipo de belleza convencional, sino porque además es vergonzante mostrarlo, "vas a enseñar tus miserias". "Nadie debe ver tu cuerpo".

Muchas veces, aún en la vida conyugal, imagínate una relación de pareja de 20 o 30 años, ella no muestra su cuerpo y tiene relaciones sexuales con desnudez parcial y sin luz, a oscuras. Eso lo vemos mucho cuando hacemos historias clínicas sexuales. La soltura del cuerpo, el mostrar sin rubor la corporalidad, el compartir el contacto con el otro cuerpo, no es algo que se dé con demasiada libertad. Todo lo contrario. Se llega a hacer con mucha reticencia, con mucha timidez; y con: vergüenza, culpa e inadecuación. Y como el cuerpo soy yo, el cuerpo es mi persona, estoy sintiendo vergüenza por mí mismo, y absteniéndome de mostrarme tal cual soy.

V: Y si además no me gusto, me rechazo, todo se complica.

D: Sí. Decíamos que están los modelos de belleza que plantean el cine hollywoodense o las llamadas revistas femeninas, que nunca he sabido por qué son revistas femeninas, porque creo que tienen poco que ver con las mujeres de carne y hueso, pero así se les llama. Una mujer que se aleja de esta imagen impuesta culturalmente, una mujer que además, por religión y costumbre familiar, ha reprimido su sexualidad, vive un coctel muy completo: vergüenza de mi cuerpo, represión del placer porque eso es de las putas, imposibilidad de entrega corporalmente con el otro, porque me va a juzgar. Cabe mencionar que en este punto hay mucha razón, porque en su mayoría los varones critican y censuran a las mujeres muy flacas o a las gorditas o las que tienen cicatrices quirúrgicas o a las que tienen más arrugas, etcétera.

Es decir, también los varones por supuesto que contribuimos a esa imagen corporal deteriorada de las mujeres, juzgándolas. En procesos de terapia individual o de pareja, se repite esta queja femenina: "es que me dijo que estoy muy panzona", "es que me comentó que no me parezco a la modelo o actriz fulanita", "es que me dice que…" 80 más cosas. Todo esto contribuye y se suma a este coctel desastroso, donde la mujer intuye que será juzgada y que no es merecedora del derecho al placer, bueno, ni siquiera reconoce este derecho. Es evidente la misoginia en estos comportamientos masculinos y también femeninos.

V: Regreso a las chavitas. Veamos más detenidamente la conducta femenina. Algo que se habla entre las amigas, también lo vemos en la televisión, es la cirugía estética. Cada vez más jovencitas, las que tienen dinero, van y se operan, porque quieren más grandes o más pequeños los senos, no importa cómo los tengan, siempre los quieren más grandes o más pequeños. Por otro lado, es común escuchar los comentarios despectivos de una chavita sobre su cuerpo: el color, estatura: que es muy bajita o muy alta, que es gorda o flaca; esto evidencia intolerancia y rechazo hacia ella misma. El subtexto es: mi cuerpo no solamente es feo, sino que no lo quiero ni tantito. No hay una sola parte de mi cuerpo… de mi cabello, que es chino y lo quiero lacio; de mis ojos pequeños, de mi boca delgada… Todo siempre es como yo no quiero que sea. ¿Qué significa esta falta de aceptación? ¿Y qué va a implicar en las futuras relaciones sexuales? ¿Llevamos esta insatisfacción personal a la cama?

D: La insatisfacción, en las mujeres, pero también en muchos hombres, sobre todo recientemente, tiene que ver justamente con no alcanzar modelos idealizados, que son prácticamente inexistentes. Se ha podido apreciar que sólo alrededor del 2% de la población mundial se parece a los estereotipos culturales de belleza.

V: ¿Y el resto de nosotros qué?

D: No todo mundo es como Angelina Jolie. No todo mundo es como Brad Pitt. Eso debe quedar claro, porque además son modelos occidentales de belleza. ¿Dónde están las, para mí, hermosísimas mujeres africanas de nariz ancha, de cuerpos suculentos? Y, por supuesto, también nuestros varones y mujeres indígenas de distintas regiones del país. Eso no cuenta, "eso es feo, eso es desagradable, eso es naco, eso no tiene clase". Así lo vamos aprendiendo.

Por desgracia está homogeneizada la cultura predominante de estos modelos inalcanzables; en lo más recóndito de los pueblos y de las serranías de México hay tele, y puede haber hasta cable en mucho lugares. Hay revistas "de mujeres" que insisten en esos estereotipos. Entonces vamos homogenizando estos estereotipos culturales de belleza: todo mundo quiere ser blanco, alto, espigado, trigueño, preferentemente rubio, y parecerse a algún modelo de cine, de tele o de alguna revista.

Y, en efecto, las chavitas, las mujeres, muy jóvenes, son presa de esa imposición cultural. Las niñas quieren ser esbeltas y blancas. Las niñas desean poseer…

V: …yo diría que no sólo quieren, desean ser perfectas, pero antes vemos esta parte de rechazo, de no aceptación de cómo son, "lo que tengo me disgusta". Antes que "quiero" está el "no me quiero", "no me gusto ni acepto".

D: Autorrepudiarse.

V: Y si yo no me quiero y no me gusto, ¿cómo puedo relacionarme con la otra, el otro, desde dónde? ¿Desde el rechazo, desde la total falta de autoestima?

D: Lo que dices es psicológicamente muy complejo porque, por un lado está mi auto repudio: lo que tengo ni es suficiente, ni es bello, ni apetecible. Y entonces vemos a niñas que en un proceso "correctivo" se realizan diversas cirugías, para aproximarse a sus modelos de belleza ya mencionados. Veo en terapia y en talleres a chicas cada vez más jóvenes con: rinoplastías, mentoplastías, implantes de mamas y de nalgas, liposucciones, en vez de trabajar en su aceptación personal. El problema es que siguen y siguen, llegando a veces al "síndrome de Michael Jackson" porque nunca quedan satisfechas con el resultado físico de las cirugías; podemos entonces ver que el problema es más interior que de imagen corporal.

V: En un viaje que hice a Brasil, desde el aeropuerto, lo primero que me sorprendió, me pegó, fue esta casi desnudez, esta libertad con que las mujeres visten, se mueven y viven. Los hombres pueden voltear a verlas pero es una mirada de respeto y admiración, sin acoso ni actitudes insultantes. A una mujer bella, voluptuosa se le voltea a ver. Pero como es tan común y está en todos lados todo el tiempo, las mujeres siempre andan enseñando sus cuerpos con enorme coquetería, con cachondería. Por lo tanto, no es ni pecaminoso, ni se enjuicia. Una gran panza con un pantalón a la cadera y la lonja de fuera, o la piel de los antebrazos colgada y un sostén pequeño con unos grandes senos, allá, sobre todo en Río de Janeiro, no está mal visto, ni importa, quiero subrayarlo, ni a ellas ni a ellos. ¿Por qué en México sí, por qué nos tapamos tanto, por qué tenemos tanta pena de enseñar partes de nuestro cuerpo?

D: Me he hecho esa reflexión en visitas, por ejemplo, a dos lugares: Venezuela y Colombia. Ahí observo lo que dices de Brasil, el desenfado, la soltura, la coquetería de las mujeres para moverse, para deambular y para mostrar el cuerpo, aunque no corresponda a los estereotipos de los que hablábamos.

Hay que recordar que todo nuestro territorio fue tamizado por la tradición judeo-católica, y que el coloniaje español trajo consigo más culpas y vergüenzas que las que ya teníamos en Mesoamérica antes de la llegada de los españoles.

V: Salvo en algunos lugares de las costas, donde ves esta libertad de las mujeres con sus cuerpos, y los hombres las ven con esa misma libertad o con naturalidad, por decirlo de alguna manera; sí pienso que debe haber tenido mucho que ver con ciertos grupos indígenas de Mesoamérica. ¿Por qué en Colombia, Venezuela, Brasil las mujeres viven esta libertad y sensualidad de sus cuerpos con gran naturalidad, será por la negritud, los esclavos negros africanos?

D: Yo justo iba a eso, sin tener una respuesta precisa. Pero creo que hubo sumatorias: por un lado está la tradición religiosa, por ejemplo, de los nahuas, que era eminentemente represora y machista. Ahí hay un elemento. Luego llega la soldadesca y quizá el sector menos culto de la población española a invadir, colonizar y a producir el mestizaje. Peor aún, se agrega toda la religiosidad exacerbada de los conquistadores españoles, por una razón muy importante: se trataba de aplastar el politeísmo de Mesoamérica, particularmente lo que hoy es México. Se nos cargó la mano en ese sentido. Es decir, ideas como lo pecaminoso, la concupiscencia, lo pervertido, lo que no quiere Dios, el mismo pecado, se multiplicaron y se volvieron parte de la cultura nacional.

V: Somos un país conquistado. El tema fundamental de las tierras ganadas, y quién heredaría estas tierras nuevas. Los conquistadores necesitaban consolidar su permanencia a través de los hijos. Las esposas españolas no querían venir al nuevo mundo. Los conquistadores iniciaron relaciones con mujeres indígenas, con las que desde luego no se casaron. Ahí están estas mujeres, que no son las esposas, sino las otras, silenciosas, preñadas, en casa, guardadas, para que a través de este mestizaje se consolidara el lugar de los conquistadores-hombres, en el nuevo mundo.

D: El otro elemento tiene que ver con la peculiaridad del machismo. En todas las latitudes hay machismo, pero si se suma el machismo de antes de la conquista; el machismo español novohispano; la represión exacerbada contra la sexualidad por la imposición de un nuevo dios y una nueva manera de ver el mundo versus el mundo antiguo de esta región. Es decir, al tratar de aplastar la presencia de las diosas; más la labor pertinaz de las inquisiciones de distinto tipo, tanto las religiosas como las civiles, se produce otra bomba muy explosiva, que nos podría explicar, por lo menos parcialmente, cómo estamos.

Nuestro machismo es muy peculiar. Es un machismo que se sustenta, muy curiosamente, en su reproducción a cargo de las propias mujeres. Las mujeres en nuestra cultura han sido históricamente reproductoras de la visión machista.

V: Sí, las madres son quienes fundamentalmente repiten esta cultura a través de cómo tratan diferencialmente a sus hijos. Las hijas atienden

a los hermanos desde pequeños. Las labores de la casa son de ellas. El hombre puede salir, llegar tarde, andar con amigos, las hijas no.

D: La madre abnegada cediendo todo el territorio, aceptando, de dientes para afuera, pero se supone que con sumisión, las imposiciones de su macho, y además siendo excelentes reproductoras, porque al encargarse de la tarea de la educación sentimental, perfilan roles de género muy característicos. Todavía contemporáneamente se le asigna a ella, a la hija, las labores de cuidar a los hermanos menores y las labores de la cocina. Y él puede poner una instalación eléctrica, pero después sentarse a ver la tele y ser atendido por las mujeres de la casa.

Todos estos elementos contribuyen, así como lo geográfico, con la latitud, con la temperatura. Es claro, por ejemplo, que una mujer costeña tiene un desarrollo muy diferente a una mujer citadina del altiplano.

Es, entonces, una mixtura de cosas altamente complejas: geografía, educación, religión, conquista, machismo, acoso, agresión y desde luego la misoginia.

Los tamaños de nuestros órganos sexuales externos

V: David, volviendo al tema inicial de esta conversación, ¿por qué se le da tanta importancia al tamaño de los "genitales", ha sido siempre así? ¿Por qué preocupan tanto los tamaños de "mis" senos, o el tamaño "mi" pene?

D: Yo creo que ha sido una preocupación constante, y prueba de ello es que cuando vemos reliquias o vestigios arqueológicos, el culto a los pechos grandotes, y por supuesto al falo, al pene erecto y ·de gran dimensión, es motivo de deificación, pero también de culto, casi siempre enfocado a los aspectos reproductivos más que placenteros.

Encontramos, en las culturas clásicas, adoración hacia lo voluminoso: grandes pechos, penes descomunales. Y, por supuesto, ya en la actualidad, sigue siendo motivo de preocupación e incluso de consulta al sexólogo. En sesiones de terapia o de consultoría veo a mucha gente joven; los hombres, están enormemente preocupados por el tamaño de su pene.

V: ¿Qué les preocupa: tenerlo chico, flácido?

D: Todo ello les preocupa. El tamaño es algo fundamental. Hay la eterna comparación. Los hombres siempre, en una especie de acto ritual, están comparando el tamaño; en los baños públicos, en los sanitarios es clásico ver las miradas de soslayo, como diría Serrat, "a ver quién la tiene más grande", en la canción "Algo personal".

Y los chavos dicen: "yo creo que mi pene es muy chico". A la hora que hacemos una exploración física, excepcionalmente se encuentran alteraciones. Realmente es raro que haya problemas de micropene.

V: ¿Cómo es un pene chico?

D: Un pene chico tiene que ver con salirse de los estándares.

V: ¿Cuál es el estándar?

D: Pregunta importante porque tiene que ver mucho con la cuestión étnica. En general, los grandes estándares universales, aplicables a México, son: un pene en estado de flacidez tendría, en promedio, 9.2 centímetros de longitud, y en estado de erección, por ahí de 12.7 centímetros.

Aquí hay algo interesante, cuando un pene es menos grande, para no decir chico, a la hora de la erección se equipara con los penes de mayor dimensión. Y en cambio un pene grande, por ejemplo uno de 12 a 13 centímetros en flacidez, ya en erección crece proporcionalmente menos. Podríamos decir que, mal que bien, se van equiparando, se van igualando las dimensiones de los penes.

V: Pero eso debe ser una tragedia para algunos, porque dices que 9.2 cm en flacidez. Seguramente hay hombres que no tienen ese tamaño, que están por debajo de esas medidas. ¿Qué va a pasar? Porque como todo lo centran en su pene y tienen esa idea de que esos son los centímetros que deben de medir, vivirán angustiados.

D: Pasa mucho con lo de la estatura. Por ejemplo, las mujeres en México tienen una estatura promedio de 1.56, una mujer que mida 1.55 se podría considerar pigmea, pero es un centímetro, igual que una mujer de 1.57…

V: …pero no es lo mismo 1.57 de estatura que de 9 a 8 a 7 centímetros de pene.

D: Exacto, porque los hombres hacen una valoración de su virilidad en función del tamaño del pene, y esto es gravísimo, porque vemos que medio centímetro o unos cuantos milímetros representan mucho en su escala de valoración personal, en esta idea de ser menos hombres que los que tienen el pene de mayor dimensión.

V: Es normal –seré cuidadosa con esta palabra– que los hombres, los jóvenes sobre todo, piensen que su virilidad tiene relación con el tamaño de su pene, y no con muchas otras cosas culturales, sociales, de conocimiento, de información y desempeño sexual. ¿Quieres decir que seguimos con el asunto del tamaño del pene como el centro de la virilidad masculina?

D: Absolutamente.

V: Ay, no puede ser. Eso es falta de información.

D: A los hombres les daría una enorme tranquilidad saber lo que los sexólogos sabemos cuando entrevistamos a mujeres y hombres. Me explico: la inmensa mayoría de las mujeres, te podría decir que casi 10 de cada 10, o sea, casi el 100 %, está más interesada en el ser humano que está detrás del pene. Y lo digo en broma y en serio: yo no he encontrado a ninguna mujer que a la hora de un encuentro sexual saque la cinta métrica. A la gran mayoría de las mujeres eso les es irrelevante. Más bien les importa el modo de usarlo.

V: El desempeño. Vamos al desempeño. Pero si a mí me llega un hombre pensando en que ya es un hombre disminuido porque según él su pene es chico, ¿esta inseguridad cómo va a determinar el encuentro sexual?

D: Él puede estar dentro de los estándares, y sin embrago creer que su pene es chico, esto lo condiciona a que tenga un desempeño pésimo. Existe el viejo axioma de "cuando mejor quieres quedar, es cuando peor quedas". Entonces este hombre en vez de estar atento al contacto corporal, a dar y recibir caricias, a brindarse en un encuentro sexual, más bien lo que está haciendo es checando su tamaño en erección. Es decir, queriendo pensar que su pene no es tan chico o esforzándose porque no se vea chico, aún en ausencia de erección.

V: ¿Quién le enseña al hombre, al joven, cuál, cómo debe ser su desempeño? ¿Quién los educa en este sentido, para no sólo satisfacerse a ellos mismos, sino también a la pareja sexual? Porque tal parece que la única inquietud sexual es satisfacerse a ellos mismos, eyacular rápido. Lo que pase con la pareja antes, durante y después del acto sexual les importa muy poco.

D: Hay una imposición de egoísmo en el desempeño sexual de los hombres, que no es que se aprenda de alguien en particular, sino que hay como el mensaje generalizado del entorno. Es decir, el cine de contenido porno, las consejas populares, el diálogo dizque íntimo con el cuate, las experiencias con trabajadoras sexuales, la enseñanza del papá o del padrino, donde hay el mensaje de: "bueno, tu desempeño tiene que ser, efectivo y chingón", es decir, penetra y vente.

Se trata de coger, se trata de penetrar, se trata de un movimiento frenético y se trata de venirse. Esas serían las consignas sociales para el desempeño…

V: …y cuantas más viejas te chutes, más hombre eres, parece ser la otra consigna.

D: Exacto. Se privilegia primero la cantidad sobre la calidad, luego la eyaculación sobre las sensaciones placenteras. De hecho, hay muchos hombres que eyaculan pronto y que son anorgásmicos. Es decir, se vienen, como decimos coloquialmente, pero no tienen la sensación subjetiva de placer. Y los hombres vamos reforzando esa manera atropellada, tosca, burda y mecánica de ejercer la sexualidad.

Y ya tenemos combinados varios factores, primero la gran preponderancia que se le da al pene…

V: …inseguridad frente al tamaño o forma de "mi" pene, la rapidez con que debo tener erección, meterme y venirme, y entre más cojo más hombre soy.

D: Absolutamente. Y entonces, en función de estas observaciones que he hecho con millares de consultantes a lo largo de los años, sobre esta idea del coito "chin pun cuaz", que a muchos machos les ha confrontado profundamente, porque les digo, que su interés es simplemente penetrar, dos, tres movimientos pélvicos, una eyaculación acelerada y se acabó el asunto. A veces este varón ni se entera: si la otra persona sintió, si no sintió, si fue significativa la experiencia, si fue relevante, o bien si incluso le originó alguna molestia tanto física como emocional.

Los hombres nos vamos construyendo con un erotismo egoísta, unipersonal, insensible en muchos sentidos; y más dentro de una mecánica fisiológica, que dentro de un acto amatorio, placentero, pasional, lúdico. Insisto, muy mecánico.

V: ¿Este comportamiento sexual egoísta tiene que ver con otras conductas masculinas frente a distintas situaciones de su vida?

D: Sí, porque hay una especie de condicionamiento. Es decir, en la medida en que considero que es una mecánica muy fisiológica, yo me desensibilizo, puesto que le estoy apostando, inconscientemente por supuesto, a la eficiencia técnica. Mientras yo tenga el pene parado, pueda penetrar y no tenga ninguna bronca con la eyaculación, o si la tengo no importa, porque finalmente se trata de tener esta erección, entonces ya pasé la prueba, ya mi virilidad está más que demostrada. Se acabó.

Rara vez pienso en el placer de mi compañera, la persona que está conmigo, si su respuesta sexual, su excitación es lenta o acelerada, es algo que ignoro y poco me importa. Difícilmente acepto que hay un preludio erótico que le podría gustar a ella.

V: ¿Entonces poco importa la pareja, sus necesidades y deseos? Y las mujeres, ¿no dicen nada, no se quejan?, ¿o les piden que lo hagan de otra manera?

D: Aquí lo triste es que muchos hombres creen que esa es la manera de hacerlo, y muchas mujeres se adaptan a esa forma, de tal manera que no saben, no aprenden, a veces no intuyen, que hay otros modos creativos de tener un encuentro de los cuerpos y de disfrutar del erotismo.

Como si de pronto fuéramos aceptando en la práctica que así es de chato, irrelevante, superficial el encuentro sexual. Yo digo que es muy triste, porque de pronto creemos que eso es lo "normal", que así lo mandó Dios, que así deben ser las cosas, que no hay otras formas de hacerlo.

Nosotros los sexólogos vemos, en terapia sexual, a una serie de parejas que después de un cierto tiempo empiezan a experimentar gran insatisfacción, porque lo han leído o la comadre les dijo o vieron un programa de tele o escucharon a un sexólogo decir que hay otros modos de conquistar el placer erótico, de conquistar el derecho al placer.

En terapia, las mujeres me dicen: "yo quiero sentir, quiero que mi pareja no se venga pronto". Empiezan a hacer conciencia de su derecho al placer, algunas confrontan a sus parejas, y van ejerciendo presión en su conducta sexual. Algunos hombres acaban agarrando la onda, y logran darse cuenta que hay otras formas de erotismo, pero eso es un proceso paulatino y no generalizado.

V: ¿El varón llega solo a esa conclusión o es un asunto de confrontarse con la pareja, con la nueva pareja, con las otras parejas? ¿Cómo llega ahí? ¿Llega?

D: Algunos llegan. Pero cada vez hay más mujeres que no son conformistas. Es decir, es un fenómeno reciente. En mi experiencia tiene unos 20 años, en los cuales las mujeres empiezan a empoderarse en el sentido de reivindicar su derecho al placer.

V: Ellas ya están diciendo: "Yo quiero… a mí me gusta tal cosa. Vete más despacio…"

D: Sí, aunque hay exigencias que los machos perciben como algo injusto. ¿A qué me refiero? Ellas dicen: "yo quisiera que durara más el encuentro, yo quisiera que no me penetraras luego luego, sino que nos pudiéramos acariciar, besar, fajar, cachondear", etcétera. O dicen: "¿qué tal si no siempre hay penetración, qué tal si nos dedicamos a otra cosa, como una sesión de besos profundos?" A los varones ni les pasa por la cabeza que eso es posible y deseable, y dicen: "no, si no hay penetración, no tiene chiste el encuentro sexual".

Pero merced a esta presión femenina, que cada vez, por fortuna, es mayor, los hombres empiezan a decir: "bueno, algo debe haber de cierto, ella está inconforme, ella está molesta, ella me reclama", o simple y sencillamente ella empieza a decir: "bueno, así no estoy a gusto, quisiera un cambio". Y entonces como que inducen o empujan a los varones con esa actitud a solicitar asesoría o terapia sexual.

V: O de plano truenan la relación. ¿Algunas mujeres buscan experimentar con otros compañeros?

D: Así es, y te voy a decir porqué. Antes, la incompatibilidad sexual o la carencia de placer erótico no era motivo de crisis ni de separación. Las mujeres se aguantaban, simple y sencillamente. Decían: "bueno, es buen hombre, me da el gasto"…

V: Eso era, como bien dices, veinte años atrás. Aunque sigue pasando en muchos casos.

D: Sí, claro que sigue pasando, pero vemos cambios. Un ejemplo: ellas decían: "este hombre es buena persona, me da para el gasto, es buen padre, cumple con sus obligaciones, es a todo dar. Es cierto, no disfruto las relaciones sexuales, él se viene pronto, él no me acaricia, pero así es". No era motivo de conflicto. Ahora sí lo es, por lo menos en cierta parte de la sociedad femenina urbana, que ya tiene mucho más acceso a la información, y que empieza a atisbar que otros modos de erotismo son posibles. Entonces, esa presión que ejercen sobre los varones es la que impulsa a los hombres a hacerse cargo de su salud sexual, primero con reticencia, luego con timidez, pero cuando ya empiezan a ver de qué se trata y se dan cuenta, por ejemplo, que la terapia sexual también los beneficia a ellos, lo empiezan a hacer con gusto.

V: Regresemos a los tamaños: ¿los hombres están preocupados por sus nalgas, o alguna otra parte de su cuerpo, o lo único que les preocupa es el tamaño del pene?

D: Mayoritariamente les preocupa el pene. No les importa tanto el cuerpo hercúleo o ser esbeltos o carecer de panza. Más bien les importa el tamaño de su pene. Hay un sector minoritario de varones, sobre todo gente universitaria que accede a cierta información algo elitista, que procura brindar una buena presencia física, personas que van al gimnasio, que están en el "fitness" y que hacen dietas; y a esos hombres a lo mejor sí les interesa el volumen y firmeza de las nalgas, pero es excepcional. No es algo que vea demasiado en la consulta sexológica.

V: En el caso de las mujeres, estamos más preocupadas por el cuerpo de manera integral. Si bien los senos son un asunto fundamental, yo noto que es cada vez más integral, y relacionado, por desgracia, con el estereotipo de lo bello o de lo perfecto que nos transmiten los medios comerciales de comunicación. Pero siento que las mujeres somos más sensibles a este asunto integral, si bien los senos grandes, que además están de moda hace un buen rato, también ser acinturadas, con nalgas firmes y desde luego no estar panzonas. En fin, como que hay muchas preocupaciones estéticas.

Mi pregunta es, David, dentro de lo que tú ves como médico sexólogo, ¿cuál es la inquietud de las mujeres frente a su propio cuerpo?

D: Tienes razón, en el sentido de que ven más el todo. Es decir, procuran más la integralidad. Les puede interesar tanto la textura y la caída del cabello a la hora de peinarse, como la lozanía de la piel, y la firmeza y protuberancia de las nalgas, también la dureza de los pechos, por ejemplo.

Sin embargo, hay algo muy curioso, sigue la idea de complacer un determinado estereotipo que está forjado por los mismos hombres o por la mercadotecnia dirigida hacia los hombres. ¿A qué me refiero? a que hay una especie de figura femenina que se ha consagrado, la que se muestra en las llamadas revistas para hombres: modelos femeninos con ciertos rasgos muy estereotipados, donde la persona, la modelo, actriz, nudista, tenga cierta configuración corporal que, por cierto, se sale del común real de la mayoría de la población.

Por ejemplo, por las mujeres siguen siendo muy deseadas las mamas prominentes. Les parece que a los hombres les gustan y los atraen más. Algunas encuestas de opinión confirman dicha apreciación.

V: ¿Las mujeres perciben que son más deseadas si tienen el busto prominente?

D: Exacto. En algunas encuestas que se han realizado sobre el gusto de los hombres, se dice, efectivamente, que el atractivo número uno son los pechos, en segundo lugar vendrían las nalgas, y en tercer lugar los rasgos faciales, más o menos. Sin embargo, las mujeres tienen la necesidad de complacer al varón, más que por sentirse a gusto con su propio cuerpo, es para complacer al otro.

No tiene que ver mucho con el arreglo y el aliño personal. Tiene que ver con un atributo físico. Efectivamente, suele haber mucha inconformidad de las mujeres con sus senos y esto lo plantean en la terapia.

V: O sea, nunca estamos satisfechas.

D: Los hombres, en pleno siglo XXI, seguimos con la idea de que para poder atraer, para poder gustar, no necesitamos ser guapos, pero para tener virilidad se requiere de un pene de grandes dimensiones. Esa es un poco la consigna social para los hombres.

Las mujeres, en cambio, han hecho suya la idea de que la mujer debe tener dos características: ser buena, buen ser humano y estar buenota, en el sentido de prodigar, es decir, de darle al varón lo que busca, ¿qué es lo que busca el hombre que me gusta?: pechos prominentes, cadera ancha, cintura breve. Muslos y piernas muy torneadas. Yo no tengo nada en contra de este anhelo de decir: "yo quiero verme bien, quiero ser muy atractiva". Lo que pasa es que se entra en una carrera obsesiva, muy ansiosa. A las mujeres les da mucha angustia no alcanzar esos modelos de belleza, y entonces, lejos de disfrutar su cuerpo, lo sufren.

Ya habíamos comentado que muchas mujeres, ante el espejo, invisibilizan su cuerpo. En efecto, lo ven, pero no lo observan; están frente al espejo desnudas, y *borran* partes de su cuerpo que no les gusta. Finalmente no lo están mirando.

V: Creo que la gran mayoría de las mujeres no conocen sus genitales u órganos sexuales externos. Nunca en la vida se han visto los labios mayores, los labios menores, el clítoris, ¡vaya, el ano, por ningún motivo! Supongo que algunas, al leer esto estarán horrorizadas, o espero, por lo menos curiosas.

D: Nos han enseñado que son las zonas prohibidas, inescrutables, inobservables y, de hecho, muy asociadas con la idea de suciedad, de putrefacción, feo; algo que no se debe ver, oler, tocar…

V: Sin embargo, "sus genitales" desconocidos y rechazados por ellas mismas, se los entregan, se los abren a un hombre. ¡No entiendo nada, explícame!

D: Es una de las grandes contradicciones. La mujer que tiene el autoconcepto deteriorado, se valida en función de lo que le da al varón y de lo que el otro opina. Efectivamente, ella puede creer que su vulva es fea, que es peluda, mal oliente –a veces se dice: "esto huele a pescado", y una serie de juicios negativos–, pero también sabe la mujer que esa suerte de "tesorito", y el término sigue siendo válido en este contexto, es algo muy anhelado por el otro porque, efectivamente, esta vulva, estos labios vaginales, este clítoris y sobre todo esta vagina está hecha para que el otro la use…

V: Al consumo del otro.

D: Así es. Entonces, una mujer puede abominar su vulva o no tocar su vagina o ni siquiera conocer dónde y cómo es su clítoris, pero sabe que es una especie de atributo muy deseado por el varón, y que el varón tiene que obtenerlo para ganar placer.

Ahí hay una contradicción, como otras que hay en los seres humanos. La gran enseñanza de Freud, en medio de algunas equivocaciones, fue que los seres humanos a menudo no somos lógicos, racionales, ni éticos; y que nuestro comportamiento, a veces es realmente absurdo porque corresponde a impulsos que vienen del "ello", es decir, de impulsos no susceptibles a la conciencia y la razón.

V: Estamos peor que los animales, en ese sentido.

D: Así es. Totalmente.

V: Hemos hablado de los tamaños del hombre y la mujer, de sus deseos e inseguridades, y en algún punto este hombre y esta mujer van a juntarse –después analizaremos la homosexualidad y las orientaciones distintas a la heterosexualidad–, este hombre y esta mujer van a llegar a la relación sexual inseguros: ella con su cuerpo y él con su pene; él con su virilidad y ella con todo su cuerpo. ¿Y entonces qué pasa en ese encuentro?

D: Que hay un desencuentro sexual. Y eso que sólo hemos hablado de lo puramente sexual, pero yo lo generalizaría a los otros aspectos: lo afectivo y lo convivencial.

V: Pero veamos ahora ese encuentro sexual entre un hombre y una mujer inseguros.

D: Tiene que ver con lo siguiente: concepciones diametralmente opuestas. Él lo que anhela es, primero, un desempeño de Superman, porque así le han enseñado, es el dador del placer; el que justifica y valida la noción de ser mujer de la otra. Hasta José Alfredo Jiménez lo dice: "recuerda un poquito quién te hizo mujer".

V: ¡Qué tal! El dador del placer, uff. ¿Pero puede?

D: En el momento en que se realiza la penetración, que además debe ser preferentemente con una mujer virgen, en ese momento te convierto yo, dador de placer, en mujer. Entonces, el varón quiere un desempeño óptimo, quiere ratificar su virilidad a través de darle el placer a la mujer…

V: Pero curiosamente eso no es lo que sucede en la mayoría de los casos.

D: Así es. No solamente no se lo da, sino que creo que muchas veces se lo bloquea por su torpeza y su mecanicidad a la hora del encuentro.

V: Y por su violencia, queriendo ser muy macho y muy viril.

D: Y el hombre, en su anhelo y afán de penetración, logra su orgasmo, si es que lo logra, en el mejor de los casos, y una eyaculación pronta. Ese es el esquema.

V: ¿Le interesa que la mujer tenga orgasmo?

D: Ni siquiera lo intuye en el momento. Existe, sin embargo, una incongruencia: quiere el orgasmo femenino como una creación suya. Es otra de las paradojas y contradicciones.

V: Entonces tenemos a dos seres humanos: uno que cree que le va a dar placer y no se lo da; y la otra que llega insegura, que no sabe a lo que va, generalmente, y que a veces finge el orgasmo. Aunque pienso que los hombres sí esperan el orgasmo de la mujer.

D: Ya dijimos que los hombres son egoístas inconscientes en el erotismo, pero ahí está la contradicción, porque anhelan, al mismo tiempo, que la otra tenga orgasmos y que él tenga también placer inmediato. Debe ser el hombre quién otorgue el placer a las mujeres. Pero no se les ocurre preguntar ni cambiar su método de rapidez y mecanicidad.

V: La idea sería, "como tengo erección, soy potente, ésta va a tener cien orgasmos conmigo".

D: Si yo construyo la idea de que soy el hombre omnipotente que le da el placer a las mujeres, por supuesto que quiero que esta mujer tenga por lo menos uno, y si se puede, más orgasmos.

V: Pero tú dices que no es así en la realidad, ¿por qué?

D: Yo digo que no, basado en 31 años de experiencia y de haber hecho millares de historias clínicas sexuales. ¿Qué es lo que encuentro cuando hablo con hombres y mujeres, independientemente de su motivo de consulta? Pasa lo siguiente: hay una especie de juego de máscaras. Muchas mujeres juegan a ser complacientes porque intuyen o les han dicho que los hombres son los dioses del erotismo y que ellos son los que van a propiciar el placer. Entonces, se enseñan a no repelar, a no protestar cuando hay un erotismo empobrecido. Y fingen placer y orgasmos. Para eso es ideal el modelo hollywoodense: gemidos, gritos, los suspiros de este tipo de cine. Algunas mujeres se convierten en espléndidas actrices para poder complacer a su macho. Más que pensar en la conquista de su propio placer, piensan en hacer lo necesario para que el hombre crea que ella tuvo placer. Y los hombres, a menudo, con desconocimiento y una enorme inseguridad, preguntan: "¿cómo te sentiste, cuántos orgasmos tuviste?"

Este es el juego de máscaras, tú finges placer y yo te lo creo. Sin embargo, ya en la práctica los hombres hacen poco o hacen lo contrario para conseguir el placer de su pareja.

Seguramente te acordarás que hace algunos años yo acuñé una frase que ahora se usa mucho. Yo dije: "el orgasmo es de quien lo trabaja", un poquito bajándole la tensión a los hombres de que ellos no son los omnipotentes dadores del placer, pero también apelando a la empatía femenina, de que ellas tienen su propia responsabilidad al construirlo. Y recuerdo que dije, por aquellos años: "el placer se comparte, no es que uno se lo dé al otro".

Esto parece sencillo; sin embargo, realmente es muy difícil de comprender porque muchísima gente, hombres y mujeres seguimos con los viejos esquemas de: "yo, mujer, esperaba que me tú me dieras el placer"; y "yo, hombre, me siento satisfecho con tu simulación." Porque en el fondo saben que su desempeño es burdo, acelerado y egoísta.

V: ¿Qué tan frecuente es la simulación de la mujer, de acuerdo con lo que has visto y escuchado en consulta?

D: Hay por lo menos tres disfunciones sexuales de enorme frecuencia entre las mujeres: la inhibición del deseo, la anorgasmia (ausencia de orgasmo) y la preorgasmia (que es la sensación del *ya merito*, pero no llega). Una proporción más o menos equivalente a la mitad, por ahí del 50 por ciento, primero simulan durante meses o años que están teniendo placer o que tienen deseo, y llega un momento muy cruel para el macho mexicano, revelador diría, donde ella acaba admitiendo que no, que no era cierto, que no siente, y entonces es un golpe al ego del hombre y a su estima personal que lo devasta, pero finalmente sabe la verdad.

Hay otras mujeres que ni pio dicen: no manifiestan qué sienten o qué no sienten, simplemente siguen actuando toda la vida. Y hay un sector que va construyendo su placer del cero al diez, empieza simulando placer en su vida erótica, y con el tiempo van agarrándole el modo, descubren que ahí está el clítoris, distintas posturas placenteras, o ciertos movimientos que pueden favorecer su orgasmo, y finalmente dejan de simular porque ya están disfrutando su sexualidad plenamente.

V: ¿Por qué llegan las mujeres a ese punto de negación de su placer y de no pedirle al hombre lo que ellas necesitan, y en qué momento y por qué logran cambiar y se vuelven exigentes?

D: Aquí hay algo muy curioso: sucede con mujeres muy jóvenes, llegan solas a esa conclusión o lo abren claramente con la pareja. Llega un momento en el que dicen: "bueno, ya estuvo suave, voy a manifestar lo que no estoy sintiendo, y que se cumpla mi anhelo de sentir", porque tienen la idea de que el otro sí disfruta pero ellas no.

Hay mujeres, sobre todo de edad mediana, yo diría entre los 40 a 55 años, cuyo descubrimiento es a partir de la comparación, cuando tienen algún encuentro sexual con otra persona, porque entonces se percatan de que hay otros modos de acometer la vida erótica, otras maneras de besar, tocar, acariciar, otros modos incluso de efectuar el coito. Entonces viene el contraste: "la manera en la que lo he estado haciendo no era la buena, porque yo pongo mi parte, pero mi pareja no mueve un dedo –y eso es casi literal– para que yo me estimule, y abruptamente se dan cuenta, por esta comparación de su pobreza sexual: "aquí hay algo qué hacer: una de dos, o renovamos el erotismo o mejor se acaba esta relación estable y yo exploraré con otra u otras personas".

Esto también es un fenómeno reciente, no era tan común hace algunos años, pero cada vez hay más mujeres que se dan la oportunidad de vivir experiencias sexuales por fuera de la pareja estable. Hay varias condicionantes: una de ellas es que la parte afectiva y convivencial se está deteriorando en la pareja, nunca ha sido buena la vida erótica y dan ganas de explorarla con otra persona. Pero también muchas mujeres en estas edades, cuando sus hijos ya son grandes y se han independizado, y ya no tienen el temor de quedar embarazadas, se permiten explorar con más seguridad, encuentros sexuales que las vitalicen.

V: Y seguramente están trabajando. Son más independientes. Tienen otra libertad.

D: Así es. Y entonces es como decir: "ahora le hago caso a mi placer, a mi cuerpo y a este anhelo perfectamente válido y necesario".

V: En el caso de los hombres, ¿se modifica en algún momento su comportamiento egoísta? Ya sea que les diga su pareja de muchos años: "oye, ¿sabes qué?, fingí todo este tiempo". ¿Es común ver que el hombre en algún momento cambie su dinámica de sexo rápido, de desinterés por compartir placer? ¿O eso es más difícil, y por ello buscan jovencitas y cada vez nuevas parejas, porque no les exigen y no los comparan con otros?

D: Aquí quizá voy a ser muy esquemático. Yo dividiría a los hombres en dos grandes grupos. Los hombres muy machistas no van a cambiar, o si cambian, más bien tiene que ver con estar cambiando de parejas, como tú dices, un poco estar certificando continuamente su virilidad, diciendo: "yo estoy bien, la que está mal es mi mujer".

Los hombres que están trabajando su machismo, que están avanzando en una mayor o mejor equidad de género, sí cambian de actitud. En mi experiencia de hace años con grupos terapéuticos de varones, los hombres que deciden cambiar su machismo, muy honestamente trabajan para irlo liquidando, van haciéndole cada vez más caso al reclamo o al punto de vista femenino, y llegan a concientizarse de que algo está mal en su desempeño sexual, esos son los que sí cambian. ¿De qué manera cambian? En primer lugar, se percatan agudamente de que se necesita una mayor "democracia en la cama", como tú lo dices, y que la otra persona tiene los mismos derechos que él. Esto se dice fácil, pero es todo un proceso. Por otro lado, se dan cuenta de que la otra persona, al tener derecho al placer, tiene ganas de que las cosas se modifiquen, y entonces él empieza a *bajarle* a esta idea de que él es el dador del placer. Asimismo, amplía su repertorio erótico, porque estos hombres, con asesoría profesional, se salen del "chin, pum, cuaz". De pronto dicen: "ella me reclama que ya no beso"; y empiezan a besar otra vez. "Ella me dice que antes de penetrar debiera acariciarla y permitir sus caricias. Ella me comenta que yo necesito tocamientos más amplios en más partes del cuerpo, y que a lo mejor hoy no haya penetración, pero que sí una prolongada sesión, por ejemplo, de sexo oral".

Es decir, ellos *agarran la onda* de que hay que introducir cambios, con el enorme riesgo de que si no lo hacen, probablemente se acabe la relación. Y es ahí donde el peso específico del empoderamiento femenino cobra mucho valor, porque como ya lo dijimos, las mujeres antes se doblegaban, eran absolutamente sumisas. Ahora estamos viviendo cambios impresionantes en este sentido.

V: Ya no dependen de que las mantengan, tampoco les importa su soledad, estar sin pareja estable.

D: Así es. Ahora las mujeres, por su incorporación al aparato productivo y el hecho de hacer suyo el derecho al placer, ya no tan fácilmente se conforman, lo cual es muy afortunado, so pena de que se pone en crisis la relación de pareja, porque el macho se defiende como gato boca arriba.

Un macho clásico difícilmente va a renunciar a sus privilegios, pero cuando se deposita una semilla de cambio, los hombres somos muy capaces de movernos en ese sentido.

V: ¿Seguimos hablando de generaciones más jóvenes?

D: La pregunta es muy interesante, hay un parteaguas: las generaciones desde los 80´s para acá, son las que más fácilmente están incorporando cambios vertiginosos. Por supuesto que hay chavitos y chavitas que están en esa dinámica, pero creo que quienes hicieron conciencia de la transición y dijeron: "el feminismo es real y se expresa de esta manera", han tenido cambios de actitud; yo los observo yendo a cursos, a talleres, a terapias, solicitando asesorías de sexólogos. Ese es el sector masculino en el que yo tengo mucha confianza de que seguirá cambiando. Hay otros que están irremisiblemente perdidos, y ahí no hay nada qué hacer.

V: ¿Hay algo más que quieras añadir sobre el tema de los tamaños?

D: Un comentario, por un lado empático y, por otro, crítico. Estoy muy de acuerdo con que las personas, hombres y mujeres, hagan lo necesario para adaptar su cuerpo a lo que desean. Nunca he estado en contra de la cirugía estética, ni del *fitness*, las dietas, el ejercicio, ni de nada de eso. Pero también creo, y esta es la parte crítica, que de pronto entramos en procesos muy angustiantes por no alcanzar los modelos estereotipados de belleza.

Veo a muchas mujeres sufrir indeciblemente con las dietas y ejercicios con un frenesí absoluto, pendientes del más mínimo signo de celulitis o de una llantita adicional o de una arruga más, y de pronto se preocupan tanto, que ya no disfrutan sus cambios corporales, es decir, dejan de gozar el cuerpo y, más bien, lo sufren.

Esa parte es la que yo critico, porque si alguien va a cultivar el cuerpo, lo cual me parece muy bien, que lo haga gozosamente, no que lo haga con sufrimiento: "si no bajo 300 gramos en tanto tiempo, estoy perdida". Yo creo que entrar a estas ideas obsesivas y acciones compulsivas, lejos de propiciar salud emocional, la perjudican.

Es sano procurar la lozanía, el músculo firme, la esbeltez, todo lo que se quiera, pero no entrar en estas carreras compulsivas, en esta ansiedad extrema.

El cuerpo está para ser gozado, para ser visto, tocado, atendido, erotizado, pero no esa obsesión que causa mucho insomnio en la gente pendiente tanto de la báscula, como del espejo, todo el tiempo. No es para tanto.

Sin ser conformista ni resignarme, creo que los seres humanos esencialmente, estamos bien como estamos. Si queremos alguna modificación, hagámosla, pero que tampoco nos obsesione.

V: Más aceptación.

D: Mucho mayor aceptación.

V: Por lo tanto, menos estrés, menos azote, menos drama, y bienvenido el placer.

D: La idea no es resignarse, sino aceptarse.

V: Eso no quiere decir que si estoy gorda o muy delgada y me está haciendo daño a la salud, no me cuide.

D: Por supuesto. Eso es otra cosa. Procurar la salud orgánica, impedir el sobrepeso y la mala nutrición son bases para vivir mejor.

También quiero decir que el concepto de salud emocional y orgánica forma parte de nuestra vida sexual. Vamos a descubrir, y ese es un hallazgo de mi práctica profesional, que los seres humanos nos gustamos por algo más que el cuerpo, también existen la atracción emocional, espiritual e intelectual. El cuerpo es el estuche que portamos, pero la gente se enamora, se siente atraída, se interesa y gusta por un mil factores, además del cuerpo. Sin caer en el lugar común de que "lo esencial es invisible para los ojos", la verdad es que hombres y mujeres sí vemos más allá de lo evidente. Es decir, nos dejamos capturar por el intelecto, la pasión...

V: Buscamos gustos similares, empatía, conversación, afectividad, compartir la vida.

D: Así es, porque la vida no es tan simple, no nos relacionamos niños bonitos con niñas bonitas. La vida es más compleja de lo que parece, dice el cantautor uruguayo, Jorge Drexler, y creo que este es el caso.

Verónica: David, existe una muy amplia diversidad de posibilidades en las relaciones sexuales. A partir de tu experiencia en terapia individual y de pareja, ¿cuál es el tipo de relación sexual más frecuente y común, y cómo la viven el hombre y la mujer? Más adelante veremos si esto se repite en las relaciones homosexuales.

David: La pregunta me parece muy importante, porque si bien es cierto que hay una gama muy amplia de posibilidades, realmente el menú erótico está siendo muy pobre. Lo que veo en terapia es motivo de queja: un encuentro sexual apresurado, generalmente con un hombre mecánico –en una relación heterosexual–, muy técnico, que está ansioso y, por lo tanto, una vez que alcanza una erección suficiente, procede a penetrar de inmediato, dos o tres movimientos pélvicos, y se acabó el asunto, porque sobreviene una eyaculación pronta.

La pareja, muy desconcertada, se deja hacer. Es decir, sigue habiendo cierta pasividad, cierta receptividad en muchas mujeres. Este escenario, que parece atroz, a lo mejor es, en medio de todo, el mejor posible, porque ahora sabemos, gracias a algunos estudios, a historias clínicas, y datos del Consejo Nacional de Población, que en las parejas jóvenes se da, además, mucha violencia. Es decir, varones que obligan a las mujeres a que ellas hagan lo que no quieren hacer.

V: ¿Cómo las obligan, cuál es su petición? ¿Y por qué dices que la mujer sigue siendo pasiva?

D: Primero, la posición de "misionero" sigue siendo la más popular: ella abajo, él arriba. Se reduce a: "abre los muslos, separa las piernas, yo te penetro", básicamente. A muchos hombres machistas les sigue gustando esa pasividad femenina. Algo así como: "yo, hombre, soy el que conduce; yo, varón, soy el que emprende; el que penetra; tú déjate hacer". Quizá no lo declaran, pero eso es lo que finalmente están haciendo. Generalmente no hay un juego erótico previo. Es esa clase de "erotismo sin juego erótico" –vaya paradoja– que obliga a la otra a hacer algo que no sólo no desea sino que llega a serle aversivo.

Este panorama, lamentablemente, es el más generalizado: la posición de "misionero", una ausencia de preludio, relación coital inmediata, corta, y se acabó. Son encuentros muy breves. La otra persona, hablo de la mujer, ni siquiera llega a experimentar sensaciones placenteras, probablemente no lubrica, y al no lubricar, independientemente de la edad que tenga, se torna dolorosa la penetración, y en vez de gozar el encuentro, lo padece.

Alguien nos diría: "oye, eso es como del siglo pasado o del siglo antepasado", pero no. Chicas muy jóvenes, parejas contemporáneas, mujeres de distintas edades están teniendo estos problemas. Quizá el fenómeno reciente consiste en que muchas mujeres dicen: "bueno, ya estuvo suave. He escuchado que hay algo que se llama orgasmo, he leído que hay hombres que son más cariñosos y sensibles". Y entonces empiezan a protestar.

V: ¿Quiénes son estas mujeres, de qué nivel socioeconómico y edad?

D: Ese sector se encuentra entre la clase media ilustrada, mujeres que tiene cierta información, y buscan incrementar, mejorar la calidad de sus encuentros sexuales. Pero sería falaz pensar que es la mayoría de las mujeres. Yo sigo creyendo que es un grupo reducido de mujeres quienes están demandando más calidad en los encuentros.

V: ¿Qué pasa con las que se quedan calladas? ¿Por qué no están todas las mujeres demandando más calidad en sus encuentros sexuales? ¿Qué las detiene?

D: Son varios los factores. Uno es la condición de sumisión, que sigue siendo, con grandes comillas, "lo normal" para muchas mujeres. "Bueno, así lo mandó Dios. Él es mi hombre, el que sabe y me da placer, el experto, y además yo estoy aquí para servirle".

Por otro lado, la ausencia de información fundamental. Es decir, muchas mujeres crecen con la idea de que tener relaciones sexuales sirve para embarazarse, y si se llega a tener placer, que sea tantito; y si se tiene tantito placer, que sea en la penetración, no en la caricia, no en el *faje*, en el beso, en el contacto con el clítoris, que en general ni siquiera saben dónde está o qué es. Cada semana en terapia veo casos así. Parece mentira que en plena época de internet, de twitter, etc., esta conducta se repita.

El otro elemento tiene que ver con algo muy particular: cuando ya se establece una relación formal, tiende a haber tedio en los encuentros; ya es una rutina cansina, densa, ya no emociona. A lo mejor en el noviazgo, mientras había cortejo y seducción, había un ingrediente de emoción, pero ahora que estamos juntos, que vivimos juntos, la rutina deviene en rituales muy pesados, densos, la frase que más escucho es que está "de hueva".

Muchas mujeres entonces empiezan a evadir los encuentros, a argumentar dolores de cabeza, a decir "no quiero", y solamente cuando hay mucha presión del otro, acceden de mala gana a tener una relación sexual. En general, existe una miseria sexual muy grande, muy extendida.

V: ¿Qué significa miseria sexual en la vida de una pareja?

D: Antes de contestarte, quiero hacer una consideración importante: los hombres somos incongruentes en una solicitud. Es decir, queremos que ella, que se supone es la mujer de mi vida, sea digna, honesta, prácticamente una santa, magnífica esposa y muy buena madre; pero por otro lado le exigimos en la cama cosas que ella no ha sabido hacer por represión e imposición.

Entonces, en un momento determinado, la solicitud es esquizofrénica, porque de pronto le pedimos que se mueva más, que me la chupe, que me palpe, acaricie, que se voltee, que permita un coito anal, que haga un montón de cosas, casi como de "circofilia"; pero, cuando ella se niega, le imputo que es una frígida o que es una pasiva; y cuando lo empieza a hacer, le digo: "¿quién te lo enseñó, dónde aprendiste eso? Porque yo te lo debía haber enseñado". Hay esa suerte de incongruencia y doble moral.

El espectro de posibilidades sexuales es muy amplio, pero no es bien usado, porque un varón o le pide a su pareja "súbete", o una posición invertida, o dice: "lo hacemos de cucharita, permíteme que yo te penetre o dame chance del sexo oral", pero no ha propiciado un ambiente cálido, la atmósfera necesaria para favorecer la confianza y la soltura. Todas son órdenes frías.

Por supuesto que sería deseable un menú erótico amplio y variado, de mutuo acuerdo, y con el ambiente tanto físico como emocional idóneo.

V: Regresemos al tema de las relaciones sexuales y revisemos las posturas y opciones distintas que tiene una pareja, si viven con placer estas relaciones o con rechazo y aversión. Más adelante revisamos más profundamente esta frase tuya tan contundente y cierta: la "miseria sexual".

D: De acuerdo. Bien, entre todas estas posturas, otra de las más comunes o de las que se estilan más, después de la posición de "misionero" (ella abajo, él arriba), es la llamada "posición invertida"; se le llama "invertida", porque él está abajo y ella arriba: puede estar a horcajadas, en cuclillas, con los muslos un poquito más pegados, pero una de las ventajas de ésta posición, que vale la pena subrayar, es el que, por así decirlo, entre comillas, ella tiene el dominio.

Esto es muy valioso, porque la movilidad de él es reducida, casi no puede mover la pelvis. En cambio, ella a sus anchas, puede balancearse, embestir, subir y bajar, y esto le confiere mucha seguridad, en el sentido de que regula los movimientos pélvicos. ¿Por qué digo que es importante? Porque hay que recordar que el ritmo de esa cadencia, ese movimiento de quien está arriba, en este caso una mujer, puede ir modulando su propio acceso al placer y, muy importante, ella define la profundidad y el ángulo del pene ya introducido. Si bien es cierto que el clítoris y la vulva son sitios muy placenteros en su tocamiento y que pueden ir preparando una reacción orgásmica –esa es la principal fuente de construcción de un orgasmo–, también hay que recordar que ya dentro de la vagina, no todas la superficies de las paredes vaginales son iguales. Siempre lo pregunto en las historias clínicas. Entonces, hay sitios específicos, concretos, trátese de la llamada zona o Punto "G", trátese de la cercanía del fondo vaginal, donde habrá mayor o menor sensibilidad.

V: ¿Es más accesible en la postura invertida el famoso Punto "G"?

D: En efecto, es más accesible. También en la penetración vaginal *a tergo*, o sea el varón entra a la vagina, por atrás, la mujer está dándole la espalda. En los años recientes, una técnica más o menos novedosa otra vez ha puesto de moda el Punto "G". Recuerdo que a nuestra amiga Beverly Whipple, la descubridora o impulsora del Punto "G", no hace mucho le pregunté, en uno de los congresos en los que coincidimos, que qué onda con el Punto "G" actualmente. Y, palabras más, palabras menos, me dijo que le valía, que ya no le interesaba la localización de focos de placer, que ella pensaba ahora que, en efecto, el placer está en todo el cuerpo.

Pero digo que hay una nueva moda, porque los cirujanos reconstructivos como las y los ginecólogos están aplicando infiltraciones de ácido hialurónico u otras sustancias, para hacerlo más sensible. El ácido hialurónico crea una induración o protuberancia en la zona "G", y el roce de un dedo, dildo o pene podría, en algunas personas sensibilizadas, favorecer un orgasmo de características especiales de mayor intensidad. No todos los resultados han sido apetecibles: hay mujeres que lo reportan como "qué buena onda, está magnífico", otras que dicen "ni fu, ni fa, es irrelevante", y otras que dicen "yo no siento nada". Todo es válido en aras de incrementar el placer, y si a algunas personas les funciona, maravilloso, pero mucho cuidado con el especialista que lo haga.

V: En la petición de sexo anal hay mucho qué decir. ¿Qué significa y qué consecuencias puede tener una relación anal?

D: El coito anal es una demanda muy generalizada de los hombres, pero habitualmente rechazada por las mujeres, en el vínculo heterosexual.

V: ¿Por qué ellos piden y ellas rechazan?

D: Aquí hay un elemento simbólico. Es un elemento de poderío masculino. "Si yo te penetro por el culo", dicen los clásicos, yo estoy ejerciendo un dominio casi animalesco, en el sentido de que yo te poseo por donde se supone, en el imaginario, que los animales tendrían un contacto sexual. Pero además: "yo dejo de verte a los ojos, no te observo. Lo que observo es el orificio del ano y las nalgas".

A muchos hombres les es particularmente placentero el penetrar así, porque además hay un estímulo adicional: el orificio anal, por más que se expanda el esfínter interno y externo del ano, constriñe, aprieta al pene, y eso parece que representa un placer extra. Hay que recordar que el ano no tiene la misma lubricación que la vagina.

Las mujeres comúnmente lo rechazan porque es un contacto muy doloroso cuando se hace de manera burda y abrupta. Tal como lo realizan muchos hombres heterosexuales.

Nosotros en sexología pensamos que es una caricia que puede ser muy placentera cuando se hace bien. ¿Cómo se hace bien? En primerísimo lugar, entrenando la expansión del esfínter del ano. Hay una técnica muy usada en sexología clínica que consiste en pedirle a la mujer, solita, sin ninguna interferencia, que se introduzca los dedos portando un guante de látex, como los que usamos en cirugía, muy bien lubricado, donde empezamos a introducir primero el dedo meñique, después el anular, luego el medio y por último el índice, con el objeto de ir acostumbrando al esfínter a abrirse sin dolor conforme el diámetro de cada dedo. Obviamente, la introducción del dedo tiene que ser muy delicada al principio, quizá con más energía después simulando incluso el movimiento que haría eventualmente un pene.

Una vez que esta prueba ha sido superada, por así decirlo, y siempre que haya un vínculo de mucha confianza y de mucha relación afectiva con la pareja sexual, se le puede pedir a la propia pareja que haga lo propio con su dedo, porque estamos modulando las sensaciones. La mujer no sólo se adapta, sino que empieza a disfrutar del contacto. Una vez lo hayan logrado juntos, lo cual a veces no es tan rápido, ya que pueden pasar semanas y más, entonces se podría favorecer la introducción del pene en una relación de penetración, siempre con condón y lubricante soluble en agua. ¿Por qué? Primero, porque hay que recordar que la cavidad anal no es aséptica, es decir, puede contener residuos de materia fecal –por más aseada y limpia que sea una persona, es un conducto por el que se excreta. Sin lo anterior, puede haber infecciones o infestaciones parasitarias.

Por otro lado, el roce del pene o cualquier otro objeto que se introduzca, eventualmente puede erosionar, irritar la mucosa del ano y lastimar.

V: Puede llegar a ser placentero haciendo todo lo que indicas. Pero tendríamos que insistir en que también pueden haber infecciones y heridas, tanto para el hombre como para la mujer, si no se tienen todos los cuidados del caso, mucho lubricante, condón.

D: Sí, micro hemorragias, que hay que evitar. El ano bien lubricado, con el lubricante adicional soluble en agua. El pene provisto de un buen condón, que permita, que no sólo facilite la penetración, sino también las embestidas de los movimientos pélvicos.

Esta caricia realmente puede ser deliciosa, cuando la sabemos practicar bien. Pero, insisto, la mayor parte de las parejas heterosexuales requiere de un entrenamiento y de una especie de condicionamiento que les vaya permitiendo ir alejando miedos, dificultades y anticipaciones de algo que puede ser muy adverso, muy doloroso.

V: El problema que veo claramente es que si, como dices, hay esta miseria sexual, esta brevedad en los contactos sexuales, si el hombre no ha aprendido a tener un escarceo previo, una serie de tocamientos eróticos, me pregunto cómo lograr esta intimidad y caricias y preparación para tener una relación anal que sea placentera para la mujer. Complicado, ¿no?

D: Ese es el problema. Esta es una caricia que tiene que ser consentida, que tiene que ser voluntaria. Esto lo digo porque fuera y dentro de la relación conyugal, hay varones que técnicamente violan a su pareja penetrándolas por el ano, sin que ellas quieran, y esto, por supuesto, es algo que está proscrito legalmente, es una falta de respeto y una agresión dolorosa y con riesgos.

V: Uno de los actos más violentos, denigrantes y de consecuencias múltiples. Pero si hubiera consentimiento, es muy importante añadir que después de esta penetración anal, el pene no debe entrar a la vagina.

D: Sí. Una precaución importantísima es que después de haber tenido una penetración anal, no se proceda a una introducción vaginal por las infecciones bacterianas, por hongos y de otros microorganismos, o las infestaciones parasitarias.

V: Se quita el condón. Se lavan perfectamente tanto las manos como el pene y la zona, y entonces ya se puede seguir, desde luego con otro condón nuevo, ¿cierto?

D: Sí. Incluso, recomendaría que se hiciera con condón lubricado, porque a veces el tránsito, la maniobra del puente, como le llamamos, de un coito anal a un coito vaginal, puede reducir un poco la lubricación, porque el cuerpo de la mujer estaba sensibilizado para la penetración anal.

En este caso, sugiero caricias, besos, un contacto más estrecho, y habiéndose despojado del condón, y sustituido por otro, se puede realizar un coito vaginal, pero nunca en una maniobra inmediata, porque eso es potencialmente infectante; acarreo de bacterias que habitan en el recto, depositadas directamente en la vagina: infección segura. Hay que evitarlo.

Y, desde luego, todos los miedos, las reticencias, la idea de que va a ser algo dolorosísimo, con un entrenamiento correcto de introducir paulatinamente cada dedo primero y muy lubricada la zona, puede dejar de serlo. También es necesaria la solicitud, la propuesta, de hacerlo con delicadeza, porque los hombres no solemos empatizar con la percepción de que puede ser una agresión; y que la mujer que está dispuesta a explorar esta parte de su erotismo, lo haga con plena convicción. Estoy seguro de que para quienes se inician en este tipo de caricias, podrá ser algo muy placentero y disfrutable.

Por otro lado, cada vez hay más hombres heterosexuales que disfrutan el que su pareja mujer les haga una penetración digital, es decir, que introduzca un dedo en el ano.

V. Puede ser una caricia placentera para el hombre cuando vence el temor infundado de "volverse" homosexual por estos tocamientos, y también la mujer, estamos hablando de heterosexuales, mujer con hombre.

D: Sí, esta preocupación es de ambas partes, de la mujer y del hombre. Se piensa que es algo humillante e indigno. Superando estos atavismos, lo que debemos considerar es que hay fibras sensitivas a nivel rectal, cuya estimulación puede ser muy rica, por sí misma. También, por contigüidad, se puede acariciar la próstata. Es decir, introducir el dedo en el ano masculino y presionarlo y acariciarlo, puede originar un placer adicional, porque es un masaje indirecto a la próstata.

Muchos hombres heterosexuales ya lo están empezando a disfrutar, obviamente son hombres no machistas, hombres informados, hombres que están creciendo en su acceso al placer, para que no se crea que el coito anal con la penetración, con el dedo en el ano, es privativo de los hombres gay; hay hombres heterosexuales que lo pueden disfrutar plenamente cuando se dan ese permiso. Y si lo incorporamos como parte de un juego erótico general, puede ser una caricia adicional placentera, que le confiere una riqueza adicional a esa relación coital.

V: A ver David, ya nos fuimos por el coito anal. ¿Te parece si regresamos a tu frase "vivir en miseria sexual"?

D: Sí, es vivir experiencias desagradables, insatisfactorias…

V: …quedarte frustrado, prepararte para un coito, no tener tu orgasmo, que sea rapidísimo y que inclusive te lastime, que no lubrique…

D: Todo eso. No sólo es decepcionante, sino como tú bien lo dices, frustrante. Y hay dos respuestas muy probables a la frustración: una es la agresión…

V: ¿Agresión hacia quién, hacia la pareja?

D: Hacia la pareja, hacia el mundo, porque no hay cosa más frustrante y más dura que cancelar el acceso al placer. Es como una victimización del "yo", una amputación de la personalidad.

Y la otra respuesta que observo muy comúnmente consiste en cuadros de melancolía, depresión y ansiedad derivados de esta enorme insatisfacción.

V: La lista es compleja: frustración de vida, melancolía, tristeza, ansiedad. Supongo que después de muchos años de vivir así una pareja puede llegar a odiarse a separarse.

D: Si hablamos de una pareja estable, que vive junta, casada, va a dar al traste con esta relación.

Considero que en la relación de pareja hay tres elementos fundamentales: la afectividad, la convivencia y el erotismo. Podría ser que la afectividad y la convivencia estén muy bien, igual los sentimiento y comunicación, y esa pareja tiene confianza, respeto, se llevan bien en la cotidianidad, pero si el elemento pasión, el elemento erotismo está menoscabado, empobrecido o francamente es paupérrimo, como ocurre en muchas parejas, eso, sin duda, va a incidir en las otras dos cosas, y la relación de pareja puede empezar a deteriorarse.

V: Por años las mujeres han simulado orgasmos, se han aguantado silenciosas, sin protesta; pero eran infelices y estaban frustradas, supongo que muy enojadas.

D: Sí, frustración y enojo, que finalmente deterioraba esa relación. Ahora las mujeres encienden el foquito ámbar o la luz roja, y dicen: "cuidado, aquí hay algo que puede dar al traste con esta relación. Yo tengo derecho al placer". Aunque no lo digan con esas frases, finalmente es reivindicar un derecho, y empiezan a ser, afortunadamente, cada vez más exigentes.

Nosotros, en terapia sexual, las sexólogas y los sexólogos vemos con mucha frecuencia que es ella la que empuja, la que induce a su pareja a que haga algo por su salud sexual. Ellos pueden tener eyaculación precoz, disfunción eréctil o un arte amatorio muy pobre, y aparentemente les vale gorro o no hacen conciencia. Ellas dicen: "no, espérame, esto no es lo que yo quiero sentir. Yo tengo derecho a…" Esa postura de exigencia ha sido muy beneficiosa, porque son ellas las promotoras de la salud sexual de los hombres, de las mujeres y de la pareja.

Los hombres no nos habíamos movido en ese sentido. Había-mos "hecho concha". Adoptamos una postura conformista dicien-do: "bueno, ya me vine. Se acabó". Y ahora la gran revolución, en cuanto a la atención de la salud sexual, la están propiciando muchas mujeres, que se vuelven, por fortuna, insumisas.

V: ¿Qué gana un hombre al que toda la vida se le dijo que tenía que ser macho, que mientras penetre a más mujeres es más macho? ¿Qué le significa a ese hombre tener una mejor y más satisfactoria vida sexual, más completa no sólo para él, sino también para su pareja? ¿Le significa algo positivo?

D: Sin duda. Primero, enriquece su propio erotismo…

V: ¿No amenaza su machismo, su masculinidad como la entiende esta sociedad competitiva y que le asigna al hombre un deber ser que no se relaciona con lo afectivo, la ternura, los sentimientos?

D: Para salir de la crisis de la masculinidad, del machismo, primero hay que enfrentar esos miedos, sin duda. O sea, nos desestabiliza a los hombres salirnos del patrón machista, porque ante todo senti-mos que perdemos privilegios.

Pero una vez que superamos ese escollo y que empezamos a hacer conciencia, entonces la vida erótica se torna mucho más enriquece-dora. Los hombres empezamos a sentir con todo el cuerpo, porque estamos tan genitalizados que solamente nos reducimos a sentir pla-cer sólo con el pene, y cuando empezamos a disfrutar de las caricias, los besos superficiales y profundos, el cachondeo, la introducción de un dedo en el ano, por ejemplo, realmente se torna mucho más rico y estimulante el encuentro sexual y los orgasmos alcanzan mayor plenitud, son más globales.

También adquirimos la capacidad de compartirnos con la otra persona, como si hubiera una comunión del cuerpo. Es decir, ya no soy nada más yo y mi placer. Es como recuperar y ampliar su erotis-mo para hacerlo más global y enriquecedor, y también este hombre deja de ser egoísta, en el sentido de compartir el cuerpo, logran una comunión de un cuerpo con otro. No es simplemente complacer lo que ella quiere, sino complacernos de manera recíproca. Esto es importantísimo, porque se aproxima a lo que tú has dicho muchas veces, que la democracia inicia en la cama.

Y, por otro lado, torna a los varones mucho más sensibles y empáticos, lo cual es una demanda femenina muy grande. Las mujeres se están quejando continuamente en terapias, talleres y cursos, de que este varón es inexpresivo, indiferente, frío, mecánico, al que sólo le interesa coger, en el sentido rudo del término, y que no hacen el amor, en esta connotación más integrada.

Los hombres pueden volverse más empáticos, si dejan sus conductas machistas a un lado y entienden mejor esa sensibilidad femenina. La vida sexual se enriquece para ambos.

Ahí hay mucho que trabajar, porque casi todos los reforzadores sociales, es decir, la tele, los videos, internet, las revistas dizque para ellas y para ellos, las revistas femeninas y las masculinas vuelven a estereotipar.

V: Y casi todas las telenovelas, muchas películas insisten en ese tipo de machos y de mujeres sumisas.

D: Exacto. Salirse de eso es harto difícil, pero posible. Los grupos que trabajan varonilidad, y critican la vieja masculinidad, están contribuyendo a liquidar el machismo, pueden certificar lo que estoy diciendo. Este hombre se vuelve más completo, se entrega más en la relación cuerpo a cuerpo con la otra persona, y ella lo agradece.

Es más que palabras, hay que irse a los hechos concretos. Acariciar más, besar más, expresar más. Todo esto enriquece la vida sexual, la autoestima, favorece la comunicación sensorial y afectiva, y en general puede formar mejores seres humanos y por lo tanto mejores parejas.

No intento proponer un mundo idealizado, donde todo es maravilloso, perfecto, tipo Disney o Corín Tellado. Pero sin duda se pueden formar mejores relaciones, más completas y satisfactorias para ambos.

V: Tú hablabas de miseria sexual en la mujer, retomo el concepto. ¿Podríamos hablar de la miseria sexual del hombre por las limitaciones que has comentado?

D: Para decirlo en sentido figurado, es como entrar al cine a ver una magnífica película, solamente verla diez minutos y salirse. Es decir, me perdí la esencia de la película.

V: Hasta qué punto el hombre está consciente de lo que se pierde frente a su no contacto e inexpresividad, sus coitos rápidos, su incapacidad de involucrarse. Me parece que, en lo general, la mujer lo vive más conscientemente: va a terapias, lo discute, lo habla con sus amigas, llora. Pero el hombre no llora, no lo habla, menos lo discute con otros los hombres. No se lo permite. Supongo que se sienten vacíos, mal.

D: Primero, al no darse cuenta, no lo incorpora a la experiencia sensitiva. Es decir, al no conocer el sabor de eso, de alguna manera cree que así debe ser. Entonces, siguiendo con la metáfora, se priva casi del 100 por ciento de la película. Pero por otro lado, al limitar de tal manera su placer, reduce posibilidades de crecimiento y desarrollo. Con esto quiero decir que su imaginación se acorta, su capacidad de realizar fantasías se reduce, y la posibilidad de ser mejor amante también se cancela, y además se enferma.

Esto es algo que últimamente hemos estado viendo en terapia, porque se produce un proceso en el que la persona inexpresiva forja una coraza corporal, deja de proyectar energía hacia el exterior, la cual se transforma en energía negativa y sobrevienen las enfermedades.

V: ¿Quieres decir que somatizan, se enferman por todo lo que no logran expresar o se guardan, en general, y en particular en su mermada vida sexual?

D: Los varones se quejan de dolores de estómago, duodeno, cabeza, no duermen bien, se irritan fácilmente. En buena medida tiene que ver con no expandir la energía sexual propia y establecer un buen vínculo erótico. Y, ante todo, el orgasmo pleno y la sabiduría del cuerpo con todas las sensaciones que genera, es algo que favorece el bienestar y la tranquilidad emocional.

Los varones no estamos tranquilos generalmente, estamos estresados, presionados, siempre con la disponibilidad de demostrar *qué tan hombre soy*, y por esa razón muchas veces lo que buscamos es sustituir calidad sexual por cantidad. Nos encanta, como decimos en el argot machista, contar *a cuántas nos tiramos*; no importa si es un coito apresurado en algún establecimiento de Calzada de Tlalpan y *ahí nos vemos*. Lo que importa es demostrarme que tengo una muesca más en la pistola. O sea, "ya me cogí a ésta y me cogí a otra y pienso cogerme pasado mañana a zutanita" "Ok, lo disfruto brevísimamente, a lo mejor eyaculo pronto, se acabó".

Por favor, que no se entienda que esta crítica que hago es por moralismo. Si una persona tiene varias parejas y las disfruta a plenitud, es poligámico conciente y responsable, pues qué buena onda. Lo que pasa es que hay varones que están buscando ya sea fuera de la relación de pareja estable, o con diversas parejas, experiencias que certifiquen su varonilidad, que apuntalen su masculinidad, pero este comportamiento llega a ser, a la larga, ansiógeno; porque más bien estoy tratando de demostrar cosas y dejo de disfrutar, porque me pasa de noche el principio del placer. Más bien voy a la inmediatez, al coito rápido y a sumar y acumular pruebas de mi hombría. Y con el paso de los años, se va generando mucha frustración. Tú dijiste la palabra adecuada: un cierto vacío, que es insatisfacción. O sea, gozar de la inmediatez, relativamente, porque fue de muy poca calidad ese encuentro, me puede dar bienestar transitorio muy temporal, pero no es a plenitud. Alguien podría decir: "mi vida sexual es satisfactoria. No importa si tengo una pareja estable o dos o tres o no tengo. La cuestión es que mis encuentros eróticos respondan a ese placer al que tengo derecho".

En otras palabras, el placer masculino está tan empobrecido, tan miserable, que yo lo vería como victorias pírricas. "La gozo tantito, pero nada más tantito, y ya". Y, por el otro lado, me da la impresión de que los hombres nos vamos convirtiendo en muy malos amantes, porque nada más nos sabemos el coito rápido, la penetración de inmediato. No desplegamos las potencialidades que tenemos. No buscamos ni vivimos ese gusto por el beso, la caricia sutil, la caricia fuerte, por las palabras. No diversificamos nuestro repertorio erótico. Nos tornamos muy pobres en nuestro desempeño. En general, lo que tenemos que ofrecer es muy poco.

Si se combinan las dos cosas: la experiencia represiva y sumisa de las mujeres y este machismo ansiógeno y empobrecido de los hombres, a la hora del encuentro sexual, tenemos el cuadro completo. Todo esto en su conjunto, es miserable.

V: Para animar la charla, porque ya me deprimí sólo de ver qué difícil es llegar al placer –que es uno de nuestros derechos como seres humanos–, David, platícanos todo lo que sabes sobre el sexo oral.

D: El sexo oral, boca-pene, técnicamente es una penetración, sólo que en otra cavidad, que no es la vaginal. Aquí pasa algo muy curioso: mientras que ellos –hablando de la relación heterosexual– exigen el sexo oral o felación, no están dispuestos a dar el cunnilingus.

V: ¿Por qué, no saben, no les gusta?

D: Eso es muy interesante. Yo creo que hombres y mujeres han asociado la vulva con algo sucio.

V: Bueno es educación, así nos educan, ya lo vimos en nuestra primera charla en este libro. ¿Pero ellos también?

D: Sí, absolutamente.

V: O sea, ellos sí meten su pene a la vagina, pero su boca, su lengua en la vagina, no.

D: No, porque creen que es un lugar sucio, además velludo. Existe la idea de que esa zona del cuerpo no es algo visualmente bello. Los hombres también construyen esa idea. Y entonces se asocia con prejuicios sobre los olores. Los hombres, o por lo menos muchos, quienes en las historias clínicas lo aseveran, no gustan del olor de la vulva.

V: Pero a muchas mujeres tampoco les gusta. Vaya no lo conocen. Muy pocas han olido y probado, sí, probado a qué sabe su vagina, su lubricación.

D: Los médicos utilizamos latinismos y decimos que el olor de la vulva es *sui generis*. Pero muchos hombres y mujeres dicen que huele a pescado, les parece un olor desagradable. Esa idea se vuelve repulsiva para algunos hombres, en el sentido de que al aproximar la nariz y la boca a la vulva, buscar con la lengua, con los labios, la zona del clítoris, no lo toleran, porque lo asocian con olores desagradables, no con olores frutales o con el propio olor del cuerpo.

V: Pero si el olor del sexo es una maravilla. Debiera ser embotellado y vendido.
   ¿Este rechazo es cultural?

D: Absolutamente. El sexo oral es una práctica que muchas personas utilizan como una caricia previa al encuentro coital o coito vaginal, pero que en sí misma es muy rica. En el felasio, hablando de la relación heterosexual, ella pone la boca y él, el pene. En el cunnilingus, ella pone la vulva, y él pone la boca, la lengua y la nariz.

Sobre el sexo oral, entre mayor información tenga la pareja, entre más apertura haya a nuevas experiencias, se puede incorporar al repertorio sexual, y es una caricia muy enriquecedora cuando derrotamos esos prejuicios: Primero, el de que hay malos olores; simplemente son olores peculiares. Y, por otro lado, vencer también esa reticencia de hacer algo que se salga de lo convencional, que se salga del "chin pum cuaz". Cuando la pareja lo incorpora, cuando lo vive a plenitud lo va disfrutar, sin ningún problema y sin ningún prejuicio.

V: ¿Qué cuidados se deben tener en el sexo oral hacia ambas partes? Muchas mujeres se niegan a tragar la eyaculación.

D: El aseo, el baño diario. Algo que puede favorecer mucho ese encuentro, que puede hacer sentir más cómoda a la mujer y más dispuesto al varón, es: realizarse una tricotomía parcial, es decir quitarse un poquito de vello púbico, porque eso puede acomodar mejor la anatomía masculina, en este caso la boca y la nariz. Yo no estoy muy a favor de los pubis angelicales, o sea, de rasurarse plenamente.

V: ¿Lo has hecho? Es aterrador cuando empiezan a nacer los vellitos. Es una de las experiencias físicas más horribles que hay, porque te pican, se jalan con la tela de la pantaleta. Es espantoso.

D: Sí, estoy de acuerdo. Pero algunas personas practican la tricotomía parcial, o sea, quitarse algunos vellitos que permiten la función de cojincito, es más cómodo.

No recomiendo la utilización de fragancias sobre el pubis, el clítoris o la cavidad vaginal, porque suelen irritar, causar hipersensibilidad y alergia, y en algunos casos modifican el olor natural, porque hay que oler lo que es y no lo que no es. El olor corporal es rico en sí mismo y es promotor del deseo por la presencia de una serie de sustancias que lo hacen grato.

V: Sí, las famosas feromonas.

D: Sin embargo, algo muy importante es la higiene personal. La higiene personal es más que suficiente, no se necesita más que jabón neutro y agüita. Punto. Es decir, a la hora del baño, de la regadera, simplemente que se deposite agua jabonosa sobre la zona de la vulva, no hay que rascar ni irritar, simplemente un movimiento suave con los dedos, porque tampoco estamos ante la presencia de costras de mugre. Es una región anatómica. No hay que tallar ni cepillar. E introducir la punta de los dedos con agua jabonosa y las uñas bien cortitas a la entrada de la cavidad vaginal para limpiar superficialmente.

Tenemos que aprender, ambos, hombres y mujeres, que la cavidad vaginal no es sucia, como dice el mito. Al contrario, es una cavidad que celularmente se está renovando continuamente, que está esencialmente limpia cuando no hay ninguna infección.

Por ningún motivo prescribo el lavado vaginal a través de presión positiva, con estos tubitos de plástico que se introducen a la vagina y meten el agua. Porque si hubiera gérmenes, microbios patógenos que producen infección en la superficie, el agua que se empuja puede extender una infección, puede irse hacia arriba, hacia la zona del útero y ocasionar problemas serios de salud. No son necesarios los lavados vaginales, de hecho están prohibidos por los ginecólogos. Basta con una limpieza superficial, pero muy a conciencia del vello púbico, los labios mayores y menores, la entrada de la vagina, el clítoris, y no más que eso.

V: Y el hombre igual, bien bañado y un pene aseado. Retomo el asunto de los espermas, muchas mujeres rechazan tragárselo después del sexo oral.

D: Algunas mujeres son reticentes al aroma clorado del esperma, porque la secreción prostática dota al esperma de un olor *sui generis,* también. Algunas mujeres dicen que no les gusta. Y es un aroma natural. Irnos acostumbrarnos a ello pudiera favorecer la aceptación.

V: Hay muchos mitos sobre los espermas. Hay gente que dice sirve para tener un buen cutis, otros que si te lo tragas te hace daño.

D: El esperma en sí mismo no es ni bueno ni malo. No hay evidencia científica de que tenga bondades cosméticas, aunque es rico en proteínas, cloro y prostaglandinas, tampoco hace daño, no es nocivo.

Me voy a imaginar que después de una felación, donde ella ha chupeteado, mordido suavemente, besado, etcétera, llega a ser tal la excitación que el hombre llega a su orgasmo, y por ende sobreviene la eyaculación. Pueden pasar varias cosas: hay personas que prefieren recibir la eyaculación en el rostro, sin deglutir el semen; hay otras que se lo beben, otros hombres avisan: "ya me voy a venir", y desvían la dirección del pene para eyacular fuera del cuerpo. Todas las modalidades son válidas, siempre y cuando haya consenso y les guste a los dos.

Ahora bien, aprovecho la ocasión para decir, regresando al tema del coito vaginal: hay parejas que siguen utilizando el coito interrumpido como método anticonceptivo, es completamente erróneo, porque hay espermatozoides vivos y activos desde la emisión del líquido pre-eyaculatorio. Por lo tanto, como método anticonceptivo, el coito *interruptus,* o sacar el pene de la vagina antes del orgasmo y la eyaculación no previene embarazos no deseados. Por eso es recomendable utilizar el condón.

V: Esto hay que subrayarlo, porque escucho a muchas parejas todavía hablando de que se cuidan y cuando les pregunto cómo, me dicen que él se sale antes de eyacular. ¡Peligrooooooo! Si no quieren embarazarse, usen condón, punto.

Antes de terminar con este tema de las relaciones y posturas sexuales, háblame un poco más sobre la posición llamada "de perrito". Este coito por atrás, pero por vía vaginal, porque algunas mujeres me han comentado que es muy agresivo para ellas. El hombre evita verlas de frente.

D: Ahí también es muy importante el acercamiento emocional, porque muchas mujeres se sienten despersonalizadas cuando no hay un contacto cara a cara. Algo así como "tú lo que estás contemplando es mi espalda, mis nalgas, me penetras, pero no hay contacto con la mirada". Se sienten usadas, cosificadas.

Yo pensaría que siendo una caricia que puede ser muy rica y muy estimulante para ambos, es importante lograr consensos. Es decir, que no sea el único repertorio de ese menú, que sea una caricia más, una caricia muy rica, placentera, pero no la única, y en tal sentido, consensuarlo.

Cuando se produce el coito *a tergo* sugiero procurar mirarse, buscar la caricia plena y no llegar en frío, acariciar los hombros, los pechos y espalda, la zona lumbar, las nalgas, de tal manera que no sea la abrupta penetración. Eso origina mucha confianza, sensibiliza y favorece que se disfrute el coito.

Esa penetración posterior puede ser profunda, permite movimientos amplios, porque el movimiento de la pelvis y las embestidas pueden ser enérgicas, y sabiendo tocar bien la cavidad vaginal con el pene, esta posición puede ser muy rica en sensaciones y favorece buenos orgasmos para la mujer.

V: Muy bien. Pero cuando sólo así logra el orgasmo el hombre, ¿qué significado tiene esto para ambos, qué está pasando ahí en el fondo?

D: Tiene un valor simbólico y práctico muy alto, porque no es el encuentro de dos personas. Es el encuentro de un señor con una cosa, y eso es tristísimo y muy grave. Yo lo que sugiero es ampliar el repertorio erótico a partir de que ambos se sensibilicen. Ella tiene derecho a un contacto más personal. Quiere variar las caricias y el tipo de relación coital. Él tendría que "agarrar la onda", sensibilizarse, y tener el coito vaginal por atrás, pero como una caricia más y no como la exclusiva, la única. Él tendrá que aprender a desplegar un arte erótico más completo, un contacto más pleno y una diversificación de ese menú, en caso contrario sería un encuentro muy pobre.

V: ¿Cómo se logra esto que propones para la pareja?

D: Recomiendo un diálogo asertivo. Lo subrayo porque muchas mujeres se aguantan todavía; no todas las mujeres se han empoderado ni son insumisas, todavía se aguantan a lo que el señor diga, a lo que el señor mande. Eso no se vale si queremos ser ambos aspirantes al derecho al placer. Creo que los hombres, en la medida en que le van bajando a su machismo, van siendo cada vez más sensibles a esta solicitud femenina.

V: Te pregunto tu opinión sobre la queja de la mujer que dice que en cuanto ella se pone arriba del compañero, frente a frente, automáticamente su erección baja, porque ella tiene, como tú bien señalaste antes, el dominio, entre comillas…

D: Pensemos que vienen de la postura del "misionero", y ella se pasa arriba y entonces baja la erección.

V: Sí, exactamente. ¿Por qué les pasa esto?

D: Algunos hombres se sienten amenazados. Estoy hablando, por ejemplo, de un hombre sano que no tiene disfunción eréctil. Lo que pasa es que él se siente amenazado, justo porque piensa: "ella domina, cuando yo soy el que debe dominar. Ella es la que me está cogiendo, en vez de que yo sea el que tenga esta práctica erótica". Eso, centralmente, desde el cerebro, puede bajar la erección, porque hay un bloqueo.

Efectivamente, lo que señalas lo he visto mucho en clínica. Cuando empezamos a hacer el interrogatorio y exploramos, hacemos estudios de laboratorio, y nos damos cuenta de que no hay ninguna evidencia de un daño orgánico, tenemos que rehabilitar esa función sexual a partir de adiestrar prácticamente los encuentros.

V: "Todo iba muy bien hasta que ella se puso arriba", ¿eso es lo que te dicen?

D: Los hombres declaran que se sienten angustiados, porque pierden el dominio. Ellos están acostumbrados a ejercer ese supuesto dominio, porque son los que embisten, los que dirigen el coito. En el momento en que ella asume una posición de poder, entre comillas, es la dominante, y piensan: "ella es la que me está cogiendo". No lo verbalizan explícitamente, lo piensan, lo sienten, entonces la erección baja. Eso es muy común.

Y en general lo que hacemos en terapia, después de haber descartado cualquier asunto de compromiso de la salud orgánica como diabetes, hipertensión arterial, colesterol alto, depresión, es favorecer que él vaya generando confianza, que ella vaya desplegando una técnica en aproximaciones sucesivas, que le llamamos "poquito a poquito", no para sobre consentirlo, sino para que no sea tan abrupto el cambio o la adaptación y él llegue a fortalecer su confianza. Hay toda una serie de técnicas terapéuticas para que él restaure su confianza, no se sienta dominado, comparta el momento y pueda recuperar su capacidad de erección.

V: Ahora pensemos en otro caso, si el varón está encima, la mujer no puede tener un orgasmo aunque sea un buen coito. Sólo lo consigue en el momento en que ejerce este dominio de la postura arriba y con las piernas cerradas. Supongo que tiene que ver con el clítoris. Esa postura, dicen, es una de las que da más placer a la mujer, en general. ¿Mi pregunta sería por qué en otras no y en ésta sí?

D: Hay muchas mujeres que en la posición invertida –ella arriba– pueden tener más contacto con el placer por dos razones: primero, porque se favorece el roce del pene sobre la vulva y el clítoris. Es un estímulo de roce muy eficaz para incrementar la excitación. Y porque en el momento en que la cara interna de los muslos se pega, choca entre sí, aprieta más la vulva y hay una sobadita al clítoris.

Recordemos el viejo mito freudiano de que el orgasmo clitoridiano es inmaduro y el vaginal es el maduro, esta es una falacia rotunda.

La mayor parte de las mujeres tienen como estímulo principal, además de todo el mundo subjetivo de la imaginación y la creatividad, el contacto sobre el clítoris. Más aún, en la mayor parte de las relaciones coitales, el orgasmo se propicia o se estimula en las mujeres, por el roce de los pubis y el frotamiento del clítoris. Este dato es ignorado por muchos hombres y mujeres en pleno siglo XXI. Pero hay la insistencia de que el orgasmo tiene que ser durante y sólo con la penetración, y se omiten las caricias clitoridianas. Insisto, es un error. Yo propongo que ya sea con los dedos, la mano, boca, lengua, e incluso con el pene se puede acariciar perfectamente el clítoris y la vulva, e ir incrementando el placer para que en el momento de la penetración exista lubricación femenina durante los movimientos pélvicos que siguen y se logre un orgasmo de mayor intensidad para ambos.

Y sí, en efecto, la postura ella arriba, los muslos bien adosados, bien pegaditos, el roce que da sobre el clítoris, es una fuente de estímulo muy grande.

V: Claro, siempre y cuando se mantenga la erección del compañero, porque de lo contrario, nada de esto que dices podría lograrse o se lograría con dificultad.

D: Así es. Además, si no saben estimular, con o sin erección, será difícil acceder al placer.

V: Explícanos, por favor: ¿Qué es estimular?

D: En la sexualidad es todo. Estimular con las palabras, las caricias y besos profundos; va a sonar cursi, pero adorar la vulva y el clítoris, es una misión de los hombres que no hay que perder. Y en efecto, si la erección es profunda o no, si el pene…

V: …es grande, es chico y todos esos mitos…

D: …es tan irrelevante. El desempeño es lo importante. Yo diría que los hombres no debieran preocuparse por el tamaño, pero sí por prodigarse en el contacto con el cuerpo femenino a plenitud. Yo destaco mucho lo de las palabras, porque hay hombres que no expresan nada con la voz, no dicen cosas ni cachondas ni tiernas; están ahí como estatuas, como maniquíes que no verbalizan, y para muchas mujeres el estímulo auditivo, no solamente los jadeos o los gritos o los quejidos placenteros, sino también las expresiones de gusto, de lo que me está encantando ese encuentro, las erotiza.

Además, si hay un genuino amor, ¿por qué no en el momento de una erotización también decirle cuánto la ama? Está compartiendo conmigo no nada más la cama, sino la existencia. Todo eso se nos olvida a los varones, y cualquier práctica erótica que hemos revisado; coito vaginal, coito *a tergo*, coito anal, felasio, *cunnilingus*, dejan de ser relevantes porque falta el ingrediente principal, que es la persona con sus ideas, sentimientos, sensaciones, cultura, pasión, amor, verbalización.

Cuando eso se pierde, se pierde casi todo, y contribuye a esto que hemos llamado la miseria sexual.

3 ▫ Disfunciones

Generalidades

Verónica: David, has hablado del gran desconocimiento de nuestros cuerpos, y de la insatisfacción frente a ellos. Nos quejamos de nuestros tamaños sexuales, de si somos blancos, morenos, bajos, altos, flacos, gordos –en fin–, no nos gustamos. Y por el otro lado, nadie nos dice –nos educa– para tener relaciones sexuales satisfactorias. ¿El deseo nace con nosotros?

David: El deseo sexual, también conocido como apetito erótico o culteranamente como libido, es la primera fase de la curva de la respuesta sexual. Es eminentemente subjetivo, es decir no hay signos físicos que lo denoten. Sin embargo, en el lenguaje popular suele decirse "estar caliente" para referirse a que hay ganas de tener un encuentro sexual, y no es que suba la temperatura corporal, sino que ocurre una ansiedad placentera, una tensión grata, que antecede a nuestra excitación.

V: ¿Esto es "normal", quiero decir, todo mundo debería sentirlo, tenerlo?

D: El deseo sexual es un fenómeno eminentemente humano y en ese sentido, universal. Para que surja el deseo se requiere que existan estímulos eróticos eficaces, los cuales son variables de persona a persona. Por ejemplo, el deseo puede presentarse ante una fantasía que resulte estimulante, al ver a una persona que nos atraiga, al evocar un encuentro erótico anterior o alguno que vimos en televisión y en cine, o por el contacto placentero con la o el otro, a través de los sentidos. Hay personas que estimulan su deseo por el olfato, en tanto que otras lo hacen mediante el tacto, la vista, o el oído.

V: La música, el cine, la literatura, cuántos pasajes maravillosos, eróticos, nos prenden y excitan.

D: Así es, la poesía erótica o la novela de contenidos sugerentes, puede ser un buen vehículo para el surgimiento del deseo.

V: Sobre todo si lo haces en pareja, porque si te calientas solo, bueno te puedes masturbar, pero mejor entre dos...

D: ...no necesariamente. De hecho hay personas que se erotizan más y mejor sin compañía.

V: ¿Y luego qué hacen con esta erotización?

D: Se masturban, y con ello consiguen su placer, en este caso no compartido. Se cree erróneamente que hay una sola manera de acceder al deseo y con ello a un encuentro sexual satisfactorio. De las cosas más valiosas que he aprendido en sexología es que: hay diversidad dentro de la diversidad. Las personas en terapia o grupos de encuentro me platican sobre sus peculiaridades sexuales y los modos creativos e individuales para encontrar su propio placer.

V. Sí, las fantasías sexuales, y que esto nadie te lo quite, es realmente gozoso y un regalo individual.

D: Además es un derecho humano insustituible y una fuente de salud emocional y orgánica.

V: Amplio el tema, pero te parece que le entremos a las causas de las disfunciones eróticas.

D: Como para escribir un libro, porque es precisamente "la" gran pregunta. Como primer elemento, aún antes de abordar las alteraciones negativas del deseo sexual, te digo que las personas que nos dedicamos a tratar disfunciones de la vida erótica, deberíamos hacerlo más dirigidos a la educación sexual. Si hubiera una buena educación sexual en nuestro país, muchos problemas que ahora son clínicos, que son de ir al consultorio, podrían no existir. Es decir, mientras más prevengamos con educación, con información, menos problemas habrá en la vida sexual de las personas.

Retomo muchos de los temas que hemos hablado, porque todos tienen que ver con tu pregunta: estereotipos de género, dudas sobre los tamaños, muchas ideas y prejuicios de cuño religioso, mitos, culpas, vergüenzas, miedos configuran la mayor parte de los orígenes de las causas de las disfunciones sexuales, a las cuales hace algunos años propuse llamarlas disfunciones eróticas o de la vida erótica, tomando en consideración que sexualidad es el todo, y que la parte relacionada con deseo: excitación, orgasmo y lo que está alrededor de eso, sería justamente lo erótico. Sí, Verónica, todo esto tiene que ver con las disfunciones eróticas.

Técnicamente clasificamos a las disfunciones, y decimos que algunas son orgánicas, porque tienen que ver con un mal funcionamiento en la esfera biológica; a otras las denominamos psicoafectivas, porque se vinculan con rasgos de personalidad o con trastornos emocionales que en la vida le ocurren a la persona y que pueden menoscabar su erotismo. Por ejemplo, la ansiedad que tanto nos domina en la época contemporánea, o la depresión y las socioculturales, que tienen que ver con prejuicios, historias de vida, estereotipos culturales y ciertas consignas culpígenas que la sociedad, en pleno siglo XXI, sigue imponiendo.

V: Estás hablando ya de los distintos aspectos de las disfunciones: orgánicas, psicoafectivas y socioculturales. Aquí te pregunto todavía en lo general, antes de entrar a lo particular. ¿De estas tres, cuál es la más común o la que se ve más en terapia, cuál es la más frecuente?

D: La más frecuente de todas es una mezcla entre aspectos socioculturales y psicoafectivos. Es decir, lo social y lo psicológico. Lo relacionado con lo orgánico también se presenta con frecuencia, sobre todo después de los 40 años de edad. Pero vamos por partes.

Podríamos decir, en rigor científico, que no hay disfunciones puras, que prácticamente en toda disfunción orgánica hay muchos componentes psicológicos y culturales, y que en la más social de las disfunciones, podría haber algún componente biológico. Por ejemplo, los sectores educativo y de salud del gobierno de México combaten el sobrepeso y la obesidad, porque se sabe que es un factor predisponente de muchos problemas de salud: el síndrome metabólico, la diabetes *mellitus*, la hipertensión arterial, etcétera. Cada una de estas enfermedades conlleva a su vez problemas en la lubricación femenina, el deseo sexual de ambos, y la erección masculina.

Es magnífico que se combata, pero habría que ver los problemas sociales que están detrás de eso. ¿Por qué los niños y niñas están consumiendo comida chatarra?

V: A mí se me ocurre, de inmediato, decirte que por dos razones: falta de afecto y atención de los padres. No hay figuras afectivas cerca de ellos que los atiendan y apapachen. Y el bombardeo incesante de comerciales televisivos de comida chatarra. Hoy sabemos que los niños pasan más de 6 horas diarias promedio frente a la TV, creo que ahí están algunas respuestas.

D: Esto que señalas es tanto psicoafectivo, como sociocultural. Ahí la economía de las grandes empresas trasnacionales influye decisivamente en los nuevos modelos alimentarios transnacionales.

¿Y cómo decirle a un consultante, hombre o mujer, que tiene factores predisponentes, factores de riesgo para tener, por ejemplo, una disfunción eréctil orgánica o una hipolubricación orgánica, falta de lubricación en las mujeres? ¿Cómo decirle que transforme su cultura gastronómica o alimenticia a una más sana, si se impone socialmente, y en cada tiendita de la esquina se vende toda clase de comida chatarra y no hay ofertas alternativas? Lo social tiene mucho que ver con lo orgánico, si comes chatarra por meses y meses tus arterias se tapan y se llenen de placas de ateroma, acumulaciones de grasa, células arteriales acompañadas de modificaciones en la forma y estructura de las arterias *por la oxidación*, y amontonamiento de plaquetas —células que coadyuvan a la coagulación— para decirlo en pocas palabras.

Por eso no podemos ver este asunto por separado. Las disfunciones sexuales son multifactoriales: biológicas, sociales y psicológicas.

V: No lo había pensado así. Entonces la conducta de esa niña, ese niño o adolescente, tiene que ver con un patrón de enseñanza cultural en casa, en la calle, en la TV. Todo tiene que ver con todo. La sexualidad de ese jovencito, de ese niño o niña, al que le están enseñando

a comer mucha grasa, mucha harina y azúcar refinada, refrescos, fritangas, *hot dogs*, pizzas, etcétera, será una joven, un joven con sobrepeso, y posibles complicaciones orgánicas, por lo tanto, seguramente va a tener problemas de disfunción erótica.

D: Así es. Todo está estrechamente relacionado. Tú dijiste algo muy importante, ¿por qué tenemos compulsión, por ejemplo, en el acto de comer? Porque necesitamos cubrir con satisfactores artificiales lo que no obtenemos en el afecto, el amor…

V: La comida, la bebida, el cigarro, nuestra oralidad, la manera compulsiva de llevarnos algo a la boca para paliar nuestra depresión, soledad y angustia.

D: Entonces yo me lleno de papas, de frituras o de refrescos gaseosos, porque a lo mejor me falta una palabra de mi papá, una caricia de mi mamá, un gesto de afecto.

V: Sí, reconocimiento y afecto de tus amigos, maestros, familiares.

D: Todo forma parte de un entramado, y entonces el problema es magno. Por eso decía que la educación sexual nos podría permitir, por lo menos, matizar o reducir, y algunas veces anular, toda esta serie de factores predisponentes.

V: Complicado. Supongamos que este muchachito o muchachita de 10 o 12 años al que le enseñaron a comer mal (y además sus padres trabajan, no están presentes o ya se divrociaron), está muy solo. Llega a la escuela con unos kilos de más y sus compañeros se burlan de él. Esta agresión, el famoso y preocupante bullying, se suma al abandono que hay en casa y ese muchachito va a tener, aparte del problelma de nutrición y salud por sus kilos de más, una falta de autoestima, porque el mundo que le rodea lo critica: "qué piernas tan gordas, qué panzota, cachetón, bola de cebo": los niños son muy crueles entre ellos.

D: Así es cómo suele reducirse la autoestima y la forma como el autoconcepto se deteriora. En terapia observamos mucho que los mensajes negativos o los decretos pesimistas, como decirle a una niña: "eres una niña mala y fea", se meten al disco duro del cerebro, de la piel, del corazón; sobre todo cuando una niña o niño pasa por un estado de vulnerabilidad emocional. A lo mejor en el contexto de un juego, echando relajo, no influye que te digan que eres mala y fea, pero si vives con una carencia afectiva importante, te rompe el corazón, te rompe todo y además se convierte en una consigna de vida.

V: Que retrato tan cierto. Y muchas veces los padres, la familia, hermanos, amigos ni cuenta se dan del daño que hacen y las consecuencias que estos comportamientos agresivos y destructivos tienen en los otros. ¿Cómo modificas esta dinámica social?

D: Es una cultura estoica. Esa persona a la que su mamá, papá o alguien más le dice "eres mala y fea" o "eres una niña gorda" o simple y sencillamente "no me gustas", se vuelve consigna de vida, y aunque esa chica, pongamos por ejemplo, posea un estereotipo de belleza, siempre se va a sentir fea, mala, inadecuada, inapropiada y le va a dar vergüenza su cuerpo. Ahí se va incubando una futura disfunción de la vida erótica. Porque muchas de las disfunciones de la vida erótica empiezan en etapas muy tempranas del desarrollo. Hay una cultura que no favorece el placer. Es una cultura que aplaude el sufrimiento. Es nuestra cultura telenovelera, donde está muy bien hablar de las penurias, de los desastres, agonías, malestares. No es apreciado socialmente que alguien diga: "me está yendo muy bien. Hoy tuve dos orgasmos y pienso tener cuatro encuentros sexuales en los siguientes días". Eso es impensable en estas sociedades culpígenas.

V: No, cómo, ese no es tema de conversación. En cambio, toda la violencia y los desastres que estamos viviendo, son un tema cotidiano de conversación. La corrupción, las traiciones políticas, los descuartizados, el narcotráfico… pero ciertamente nunca hablamos de lo que nos causa felicidad, placer, bienestar. Estamos rodeados de noticias violentas en lo que leemos, vemos y escuchamos, tanto en la prensa escrita como en el cine, la radio, y la TV, es de lo que hablamos entre amigos, pareja…

D: …y ese derrotismo se aplaude, se alienta. Digamos que vivimos con una mentalidad de nota roja y de infortunio, porque en nuestras culturas se estimula mucho el estoicismo y el sufrimiento, tal vez por eso son tan aplaudidas y vistas las telenovelas. Aquí el efecto grave en la emocionalidad es que nos va determinando una mentalidad y personalidad acorde al sufrimiento. El sacrificio, la renuncia, el decir: "yo no tengo derecho a eso, porque no lo merezco", va a determinar un factor psicoafectivo y al mismo tiempo cultural, que generalmente se eterniza y que va a propiciar la matriz cultural para muchas disfunciones de la vida sexual. A esto le sumas el problema de nutrición…

V: …falta de afecto, mala alimentación, agresiones y violencia social, cero ejercicio, horas frente al televisor… es aniquilador.

D: Se va creando ese coctel maligno que va a originar que se tengan disfunciones sexuales no puras, sino una mescolanza de aspectos biológicos, psicoafectivo y sociales. Por eso es tan complejo y al mismo tiempo fascinante el problema.

En general, los sexólogos no recetamos una pastilla o untarse una pomada, sino que es una propuesta mucho más integral que incluye trabajar con el cuerpo y la emoción, que incluye a veces un refuerzo medicamentoso y en otras ocasiones una reflexión sobre cómo le vamos a hacer para contener y superar la fobia social que en muchos aspectos existe. La violencia de allá fuera, la sentimos cada vez más cerca, y cómo casi nunca podemos hacer nada para terminar con ella, ni influir en acciones de gobierno o de políticas públicas para escaparnos de ese ambiente tenso, nos frustramos más.

V: ¿A qué te refieres con fobias sociales?

D: Salimos a la calle con desconfianza. Desconfianza de cómo me mira el señor que está parado en la esquina: "no me vaya a asaltar". Esta situación de miedo y desconfianza se traduce en conductas antisociales y agresivas. Veamos a la persona que está detrás de la ventanilla atendiendo un trámite burocrático. En mi pueblo decimos que está toda jetona. Es una mirada y trato hostiles. Vivimos enojados y a la defensiva.

Hace poquito me decía una persona, una consultante, que hizo una cita por internet, medio a ciegas, con un galán que más o menos la atraía. La persona le parecía confiable, y entonces cuando él le dijo "veámonos en tal lugar", ella empezó a desarrollar una enorme paranoia, muy justificada por la situación violenta que existe en estos momentos: "no me vaya a citar en un parque oscuro o en un estacionamiento recóndito, quiero que sea en un lugar público a la luz del día, de preferencia. Voy a llevar a un chaperón o a alguien que me acompañe, no vaya a ser un secuestrador. Yo ni dinero tengo, no vaya a ser que me quiera agredir", etcétera. La mujer empezó a generar una gran angustia, ansiedad extrema, una verdadera paranoia, y acto seguido, canceló la cita, cuando a lo mejor había otras alternativas para asegurarse que el pretendiente ni era maligno ni era nefasto ni la iba a robar. Pero así estamos.

V: Tu ejemplo se refiere a la angustia y ansiedad de la mujer. ¿Qué tan común es que pase esto también en el hombre?

D: No cabe duda de que si habláramos de vulnerabilidades, por razones históricas o sociales y de roles, las mujeres están siendo más vulnerables que los hombres, lo cual no quiere decir que a los hombres no nos den golpizas, nos quiten la billetera y nos violen. También eso sucede, pero en mucha menor proporción. De hecho, ser mujer contemporánea supone realmente riesgos de variados tipos. Las mujeres están en mayor peligro que los hombres.

En la vida cotidiana, ya no nos atrevemos, por ejemplo, a filtrear, a toquetear en una reunión o aceptar una copa en un bar o aceptar la mirada sugerente de un posible galán o galana, porque tenemos miedo, "no vaya a ser parte de una banda de narcos o de secuestradores".

Todo esto no lo vivíamos antes. Íbamos a una fiesta y había chance del flirteo, del coqueteo, de una salidita, de vamos a irnos conociendo y a lo mejor después hay un rico encuentro sexual. Ahora parece que mucha gente acomete con miedo todo esto, y para no hablar de otros miedos más severos, hay algunos como: el temor al desempeño. "me va a criticar el cuerpo, a lo mejor no soy buena o buen amante, o no me muevo como ella o él quiere" e infinidad de otros temores más.

V: ¿Esta situación llevaría a nuevas disfunciones?

D: Sí porque se agregan muchas ansiedades que antes no existían hace 20 o 30 años o más. Es terrible cómo pueden ser los encuentros sexuales contemporáneamente.

V: ¿Te parece bien que después de esta amplia revisión de algunos de los motivos que provocan las disfunciones eróticas, nos empieces a hablar de ellas?

D: Propongo que incluyamos un cuadro descriptivo de la respuesta sexual y un resumen de las disfunciones eróticas.

V: De acuerdo, pero antes respóndeme esto de los motivos y las causas e inmediatamente después de tu respuesta añadimos ese cuadro.

D: Bien, por su presentación, hay dos clases de disfunciones: las primarias, es decir de toda la vida, desde que se inició la vida sexual de una persona; y las secundarias, o sea, las que se presentan después de un periodo de funcionamiento adecuado.

También se clasifican de acuerdo con algunos elementos del entorno. Por ejemplo, hay disfunciones que son situacionales, es decir, se requiere que haya un cierto ambiente para que se produzcan, como personas que no pueden tener lubricación vaginal en una habitación de un hotel, pero en la casa sí, o al revés.

También están aquellas disfunciones que se presentan con unas personas, pero con otras no. Éstas se llaman selectivas.

Cuadro 1. Disfunciones de la vida erótica	
Definición	Síndromes persistentes que alteran negativamente el deseo, la excitación, la meseta o el orgasmo/eyaculación.
Clasificación	Por su tiempo de presentación: A) Primarias, B) Secundarias Por sus causas: a) Orgánicas, b) Psicológicas, c) Socioculturales, d) Mixtas. Por variación personal y circunstancia: a) Selectivas, b) Situacionales. Por la fase de la respuesta sexual en que se presentan:

Deseo	Deseo hipoactivo, en el que se reduce el apetito sexual. Deseo inhibido, consistente en que desaparece la libido. Aversión/fobia sexual Disrritmia
Excitación	Hipolubricación Disfunción eréctil Excitación periférica persistente, disfunción poco común que estriba en congestión de la zona pélvica y una ansia desagradable de resolver la excitación.
Meseta	Preorgasmia Eyaculación retardada Inhibición eyaculatoria Eyaculación precoz*
Orgasmo	Anorgasmia Orgasmo rápido
Universales (en cualquier parte de la respuesta sexual)	Dispareunia, que es dolor en cualquier momento de la relación sexual, más frecuentemente durante la penetración. Vaginismo, la contracción involuntaria de la parte más exterior de la vagina, lo cual origina dificultad en la penetración o su imposibilidad. Puede producir dispareunia, o sea dolor. Anismo, contracción involuntaria de los esfínteres del ano. Dificulta o impide la penetración. No es exclusivo de los varones homosexuales.

* Hay autores e instituciones que clasifican a la eyaculación precoz en la fase de orgasmo. Yo la incluyo en la de meseta (fase en la que se estabiliza la respuesta sexual que sigue a la excitación y antecede a la fase de orgasmo) por varias razones, entre otras: 1) Orgasmo y eyaculación no son lo mismo: el primero estriba en contracciones musculares involuntarias, especialmente de los órganos internos pélvicos y, sobre todo, la sensación subjetiva de placer. La eyaculación es la salida del semen (líquido y espermatozoides) a través de la uretra. 2) Existe un gran número de varones que no experimentan placer en la eyaculación. 3) Es muy común que el hombre con eyaculación precoz haya tenido excitación (tiene erección que le permite penetrar), produzca las contracciones que impulsan el líquido seminal hacia el exterior, pero "se venga" sin experimentar la parte subjetiva del orgasmo. 4) La consecuencia de lo anterior es que la eyaculación sobreviene durante la excitación, con una meseta muy corta.

D: El cuadro anterior se explica en nuestro diálogo, pero me parece conveniente tener este "mapita" general.

V: Regresando al tema de las disfunciones selectivas, ¿suceden en todas las parejas?

D: Exactamente. Entonces, ahí habría factores individuales en la presentación de dicha disfunción.

Pero quizá la clasificación más importante es la que tiene que ver con la fase de la respuesta sexual en la que se presentan.

Te propongo que ahora sí, empecemos con la primera fase.

Deseo

V: ¿Podrías explicar qué es el deseo en las relaciones sexuales?

D: El deseo es una ansiedad por experimentar placer, es una tensión grata, no es angustia, no es la ansiedad fea, sino es una ansiedad placentera. Es ganas, es apetito. En la cultura mexicana, como dijimos antes, es "estar caliente". Y es algo eminentemente subjetivo. Es decir, no hay un signo físico, no lo traducimos en el cuerpo. De hecho, podemos tener deseo y no notarse. Es una vivencia muy interior, pero de que hay ganas hay ganas. Se le sigue llamando todavía libido, aunque la definición freudiana es mucho más compleja, pero ganas, apetito sexual, deseo, libido los podemos tomar como sinónimos.

V: ¿Cuáles son las disfunciones de la vida erótica en la fase de deseo?

D: Yo diría que, en primerísimo lugar está la inhibición del deseo; se va el deseo, o deja de haberlo. Es muy rara como disfunción primaria, es decir, lo más probable es que haya estado presente siempre. Se calcula que más o menos el 3% de la población nunca ha tenido deseo. Es una proporción muy baja. Y puede tener relación con algún problema neurológico. Por ejemplo, las personas que tienen anosmia congénita, que no pueden oler, que no tienen la faculta de oler desde el nacimiento, nunca se enamoran ni tienen deseo. Parece que tiene que ver con lo más primario, que es el sentido del olfato.

Pero fuera de ello, casi siempre es secundaria la disfunción. O sea, sí teníamos ganas, pero deja de haberlas. Esta disfunción de la vida erótica es mucho más frecuente en las mujeres que en los hombres; sin embargo, cada vez vemos más casos en hombres. En ocasiones, no las más, hay déficit o anulación del deseo por disminución de los niveles de testosterona, sustancia que tanto en mujeres como en varones es la principal promotora del apetito sexual.

V: ¿Hay edades específicas, viene con el tiempo o es algo que puede ser desde el principio de la vida sexual de una persona?

D: Esta pregunta es muy importante. No hay edades específicas pero estadísticamente la presentan más las personas de mayor edad de uno y otro sexo. Hay, no obstante, personas jóvenes que tienen reducción de la libido. En estas se presenta tempranamente y entre más rápido te des cuenta será más fácil superarla. Por eso es trascendente la educación sexual. Si a una persona muy joven, hombre o mujer, se le inocula la idea, entre comillas, que el sexo es malo, que tener placer es algo deleznable o que no es de gente decente, eso se mete en el disco duro y esta persona puede poner freno, detener su impulso erótico, ir alejando la presencia del deseo.

Todo esto lo digo como si fuera en conciencia, pero no, esta persona lo hace enteramente inconciente; es decir, no se da cuenta que está inhibiendo su deseo. He visto en mi práctica profesional que mucha gente con una religiosidad muy exacerbada, con estas ideas judeo católicas de la culpa, vergüenza, pudor, etcétera es la que con más frecuencia desarrolla este tipo de inhibición del deseo, ya sean hombres o mujeres, aunque es más frecuente en mujeres.

Todo lo vinculado con la idea del pecado, la concupiscencia, de que me voy a ir al infierno si tengo ideas "pecaminosas", etcétera, se relaciona con una inhibición del deseo que se presenta en forma muy temprana. Es triste encontrar chavitas o chavitos que ya están teniendo problemas con el deseo. Pero lo más frecuente no es en la gente muy joven, sino en las personas que rebasamos la cuarta o quinta década de la vida. Y casi siempre está relacionado con dos tipos de cosas: con trastornos de carácter orgánico, como sería la depresión, que hoy sabemos que frecuentemente es un asunto fisiológico que tiene que ver con una mala función de los neurotransmisores químicos; o bien, con las contingencias de la vida. Es decir, en la vida tenemos descalabros amorosos, duelos de gente que se nos va a veces muy tempranamente, conflictos para conseguir empleo, no tenemos dinero, problemas laborales múltiples, relaciones amistosas que se pierden, y 80 cosas más que tienen que ver con la vida cotidiana, pero que van repercutiendo en nuestra esfera emocional.

Si a esto le agregamos las desavenencias de pareja, que no son raras, tenemos otro coctel maligno que se suma a lo anterior y nuestro deseo se va apagando. Y si además hay cuestiones de coyuntura en la pareja, por ejemplo, un asunto de relación extra pareja, que es descubierto, o bien, problemas serios de dinero, el conflicto se exacerba. Veo en la consulta frecuentemente que la relación entre administración del dinero y la pareja genera problemas; si uno de los dos administra mal, agandalla la lana, sin duda, menoscaba la confianza y por ende la relación de pareja. Y a esto le agrego otro elemento, a veces intangible, pero que opera mucho en la dinámica de la relación de pareja: la lucha por el poder.

V: A veces sutil pero más violento...

D: La lucha de poder tiene que ver con dominio, machismo, con "aquí mis chicharrones truenan", pero no se expresa de manera tan clara. Generalmente son más bien gestos, actitudes, ley del silencio: hoy te castigo y en la mujer, no tengo relaciones contigo porque no se me da la gana o no me diste el gasto. Ese tipo de cosas.

Esas luchas de poder, que son tan destructivas en un vínculo de pareja, con el paso del tiempo, de los años, van convirtiéndose en una carga muy densa, muy pesada, porque ni es algo explosivo que detone un choque brutal que lleve a la separación, sino más bien algo que se va incubando, instalando y que se perpetúa haciendo un gran daño a la relación.

V: Tú dices que esto impacta en la falta de deseo. ¿Ahí es dónde se presenta este problema o después, ya en el coito o en diferentes momentos de la relación?

D: Aunque es diferente no tener disposición, a no tener deseo. Pero de alguna manera se van a concatenar, a juntar, se va acumulando la falta de disposición, ya que no nos hablamos como antes, ya no hay los detalles…

V: Es que estamos en guerra…

D: Así es, una guerra de baja intensidad, pero va siendo muy destructiva.

V: Tú me estás hablando de una disfunción erótica, la falta de deseo, pero mi pregunta va en relación a que sea una falta de deseo selectiva, esto es: no tengo ganas con mi pareja, por todo lo que ya mencionaste, pero sí podría tener deseo hacia otra persona. Por lo tanto, no hay una disfunción real. Hay una disfunción con respecto a esa relación específica.

D: Tienes razón. Sería una disfunción selectiva, dirigida a una persona en particular.

V: Y nos podemos confundir. Podríamos pensar que la falta de deseo es una falla personal; pero si como señalas, te está yendo mal con esta pareja, aunque tengas otros elementos con ella que te interesan, sobreviene esta disfunción de falta de deseo. ¿Podrías tener entonces una vida plena en otra relación?

D: Lo que dices es muy cierto. Ahí yo introduciría otra sutileza. También he visto en terapia que muchas mujeres, sobre todo informadas, que han trabajado aspectos de equidad de género, por una experiencia nefasta con un hombre en particular, empiezan a generalizarlo y a desconfiar de todo el género masculino. Ya no le entran con confianza a darse la oportunidad de reencontrar otra pareja u otra vinculación afectiva y sexual.

V: ¿Entonces este tipo de broncas con una pareja específica en ese momento, va a traer por consecuencia que se aminore el deseo por establecer nuevas relaciones, también?

D: Sí, la desconfianza de las mujeres está aumentando.

V: Te pregunto, eso es lo que estás viendo en terapia. ¿Está aumentado el maltrato del hombre hacia la mujer?

D: Sí. De hecho, el tema de la violencia, es algo que, desgraciadamente, tenemos que revisitar mucho. Creo que está aumentando, aunque con un disfraz y una sutileza que pueden no notarse.

V: Podrías darnos algunos ejemplos.

D: Hay muchas personas que tienen un discurso como de equidad. De hecho, si hicieras una encuesta pública, si salieras a la calle con un micrófono y le preguntaras a la gente, a los hombres y mujeres, si viven una relación violenta o machista, la mayoría te diría que no, que esa cosa es del pasado, bla, bla, bla.

Pero qué pasa en la esfera íntima, en la esfera más personal. Sí hay mucho maltrato, tiene que ver con utilizar el poder de la palabra o del silencio. Una palabra puede vejar, puede humillar a una persona profundamente, sin necesidad de un insulto soez, de una grosería.

V: El silencio es más agresivo.

D: El silencio más. Es "tú no me importas, me vale madre lo que piensas, tú no eres nada". Eso es muy destructivo y menoscaba la autoestima y sobre todo la capacidad de competencia. "Si yo no valgo, si yo soy nada, si todo lo que haga no le importa a este sujeto, ¿entonces quién soy yo? Pues probablemente tiene razón, y no soy nada", con todos los efectos desastrosos que eso tiene en la personalidad y en la autoestima.

Hay formas sutiles. Muchos hombres hacen ciertos comentarios, por ejemplo, sobre el cuerpo femenino, todavía se mueven con los modelos estereotípicos de belleza, y si su novia, esposa o amante no se parecen a Salma Hayek o Angelina Jolie, que es lo más probable, está varios grados abajo del ideal. Ciertos comentarios sardónicos, sarcásticos, burlones y/o ofensivos hacen que una mujer sienta inseguridad frente a su pareja, porque no tiene el cuerpo que él quisiera.

Y aquí pasa un fenómeno muy curioso que está siendo estudiado por las feministas: muchas mujeres se validan por la opinión adversa de otras mujeres.

V: Uno pensaría que las cosas cambian para mejorar, pero tú vas a una reunión, habla una mujer y todo mundo habla por su cuenta y no la pela, pero en el momento en que un hombre toma la palabra todo mundo se calla y lo escucha: todos, hombres y mujeres.

D: Así es. E incluso en los halagos, no tomas tan en cuenta si una mujer dice "qué bonita blusa, qué fantástico está tu peinado, me encanta tu labial"; si te lo dice una mujer, entonces no es relevante, pero si te lo dice un hombre ¡ah, el mundo te sonríe, qué maravilloso! Todavía, ustedes las mujeres buscan la opinión favorable de un varón como requisito de bienestar.

V: Y para que te lo diga un hombre cada vez es más difícil. Y cuando te lo dice, te cambia la vida. Qué horror.

D: Imagínate el peso que muchas mujeres le están dando a la opinión de un hombre.

V: Pero, ¿por qué eso no ha cambiado? No puede ser que sigamos ahí detenidas esperando la aprobación de los hombres, de nuestras parejas masculinas.

D: Es una pregunta que no sé contestarte con precisión. Te voy a decir algunas ideas. Creo que por un lado está el estereotipo cultural que tanto nos presiona…

V: …y cada vez está peor.

D: Yo sé que está peor, porque la gente me lo dice en terapia, ya desprovista del mecanismo de defensa, ya no tiene máscara. La encuesta en la calle no te da datos reales, porque dices lo políticamente correcto. Pero ya en la intimidad de un cubículo del terapeuta, la gente te dice la neta. Por eso sostengo que gracias a la opinión de la gente que decide ir a terapia, el maltrato al interior de la casa, de la pareja, en el plano más íntimo, va en aumento, de modo sutil, pero va en aumento.

A lo mejor ahora ya no es el clásico golpeador o el que veja con insultos, pero sí lo hace con la ley del hielo o te dice una frase despectiva. O algo peor —las mujeres no nos van a dejar mentir— las comparaciones. Muchos hombres, en su lenguaje, introducen comparaciones con otras mujeres, y es la otra el modelo a seguir. Esto es muy destructivo porque: "yo, haga lo que haga, esté como esté, tenga el cuerpo que tenga, me arregle como me arregle, me vista como me vista, nunca voy a alcanzar ese estándar que a mi hombre, que a este señor le gusta". Eso es una forma de maltrato.

V: Vuelvo al asunto del deseo. Todo lo que has dicho, esta mujer que tal vez tiene orgasmos, sueños húmedos, porque no está logrando tener una relación con su pareja, pero sí tiene deseo, y se autoerotiza; evita tener relaciones sexuales con su pareja para castigarlo, o no va a expresar su deseo con ese hombre que la maltrata y la humilla, también está cancelando una parte de su propia sexualidad compartida.

D: Así es.

V: Es brutal. Escondo mi deseo e incluso me comporto de una cierta manera para no echar a andar el deseo de la pareja: soy cada vez más fría, hosca, distante, apática frente a la sexualidad con esa pareja por cómo me maltrata, por su indiferencia y silencio o por su franca hostilidad.

D: Estas mujeres de las que estamos hablando, se tienen que defender emocionalmente, porque si se ponen "de a pechito" frente a la agresión se destruyen totalmente. Entonces cuál puede ser una defensa, que no les salva el problema, pero por lo menos permite su sobrevivencia emocional: respondiendo con desdén y frialdad.

V: Cierro las piernas.

D: Por supuesto. Una falta de disposición, que puede pasar a una situación de inhibición del deseo.

V: Y todo esto nos puede llevar a otra disfunción: la anorgasmia.

D: En el ejemplo que damos, a lo mejor esta mujer tenía deseo y era capaz incluso de autoerotizarse, recurrir a la masturbación y tener buenos orgasmos. Pero toda esta situación anímica tan desastrosa la puede llevar a no querer ni verse en el espejo, ni tocar su cuerpo, erotizar su vulva, acariciarse. Entonces se encierra.

V: Cierro mi cortina. Me protejo.

D: Exactamente. Todo mecanismo de defensa primero me protege, pero después daña. Y entonces, finalmente se convierte en algo que opera contra la misma persona.

V: ¿Tú como terapeuta qué les dices a estas mujeres? Porque si sigue esta situación con ese hombre, cómo pueden salvar su erotismo y su vida de placer, fundamental para tener una vida saludable.

D: Primero te voy a decir lo políticamente correcto y después lo que realmente está sucediendo. Lo políticamente correcto es, casi, casi me escucho como un sacerdote católico: "hablen hijos míos, pónganse de acuerdo, reconozcan los problemas que tienen, comuníquense mejor, aliviánense". Se puede intentar restituir una relación de pareja, siempre y cuando concurran dos voluntades; si no hay dos voluntades, lo siento mucho, pero es imposible.

Lo que procede es confrontar a esta persona. Si hay una ruta de posibilidades con la pareja estable, con la que está teniendo el problema, maravilloso, entran a un proceso terapéutico y de verdad que les puede ir muy bien. Pero si este hombre no quiere, se resiste, le vale gorro o su miedo es tan atroz que no se atreve a dar el paso, creo que confrontando a esta mujer, lo que sigue es la liberación de ella.

V: ¿El hombre, miedo a qué, a ser feliz y a hacer feliz a su pareja?

D: Hay temores conscientes e inconscientes, entre los primeros, es entregarse totalmente a esta pareja, porque lo viven como un yugo que cancela su libertad. Entre los inconscientes estarían: miedo a una profundización del compromiso afectivo, sentirse en fusión permanente, un no retorno a su individualidad masculina, miedo a feminizarse.

V: Decías antes que la opción de una mujer frente a este problema sin solución es su liberación.

D: Liberación puede sonar grandilocuente. Pero si lo es porque este yugo: "estoy con mi pareja sufriendo y soportando el vendaval de insultos, maltratos, ley del hielo, menosprecio, además no le estoy gustando y no sé por qué", esta persona tiene todo el derecho de tomar la llavecita que le permita abrir la cerradura y salirse de esa especie de cárcel.

V: Y por consiguiente una pésima relación sexual, si la hay.

D: Alguien podría decir: "pero qué terrible pérdida para una persona dejar de tener una pareja estable". Bueno, si se le ve desde otro punto de vista, también es una gran ganancia, porque ya no va a haber vejaciones, ley de hielo, ni maltrato y a lo mejor puedo recuperar mi deseo si me lo propongo, primero yo solita y después eventualmente con otra persona.

Yo no estoy a favor de esa absurda posición de que "un clavo saca a otro clavo", porque en la vida práctica no resulta. Pero sí creo en que los seres humanos tenemos derecho al bienestar, al amor y al erotismo. En un momento determinado, recuperándome yo, puedo recuperar el contacto con mi cuerpo, y reconocer mi derecho al amor, al amor realista.

Esta parte es muy importante, porque muchas mujeres siguen con la vieja idea romántica del amor eterno y siempre estable, y la melosidad permanente mañana, tarde y noche; y tú y yo somos la misma cosa, y bla bla bla, que no es real. Eso hay que desalentarlo por completo.

¿Qué sí es factible? Yo digo que un amor compartido, un amor democrático, un amor donde haya equidad; aceptar: "oye, ni yo soy todo para ti, ni tú eres todo para mí, ni somos siameses, y cada quien puede tener su perspectiva individual y luego compartir cosas juntos, (lo veremos en el Decálogo más adelante). Tampoco voy a satisfacer todas sus expectativas, porque soy un ser humano con muchas limitaciones, y creo que tú también lo eres".

Esa idea extremadamente idílica de un amor absoluto, eterno, pleno, compartido al 100, es imposible. La vida, la historia nos demuestra que no es cierto. Se tienen que poner los pies en la tierra, darse la oportunidad de un reencuentro consigo mismo, eso es lo primero, y después, si se quiere, intentar un vínculo de pareja con otra persona, a lo mejor puramente sexual, se vale, siempre y cuando no haya engaño, "lo que quiero contigo es tener relaciones sexuales. Punto".

O también abrirse a una relación afectiva, vamos a tratar de compartir, vamos a buscar amarnos si es que surge el sentimiento. Puede partir de algo así como de una amistad sólida y de vez en cuando tener escarceos sexuales. El acuerdo que se establezca es lo de menos, siempre que ambos lo acepten.

Lo más importante es que la persona se restaure, ya que a veces en ese proceso tan doloroso del duelo, cuando se deja de estar en pareja, la persona vive como en un callejón sin salida y no sabe ni qué onda, entonces sobrevienen depresiones, ansiedad, como que la vida deja de tener chiste, y otra vez viene esa validación: "si el otro no me quiso, si la otra no me quiso, yo ya no valgo nada". Y eso tampoco es cierto. Como dice el refrán, siempre habrá un roto para un descosido.

V: Todo esto que acabamos de ver es lo psicoafectivo y sociocultural. Pero está también lo relacionado con las enfermedades crónicas y cómo impactan en nuestro desempeño sexual.

D: Las enfermedades crónicas que padecemos quienes tenemos más de 40 años, son problemas de salud pública en México: diabetes *mellitus*, hipertensión arterial, exceso de grasa circulando en la sangre –los médicos le llamamos hiperlipidemia–, depresión; el crecimiento maligno de la próstata que amerita extirpación quirúrgica; los cánceres en las mujeres, es decir, muchos elementos de carácter crónico, biológico, médico que pueden perjudicar el erotismo.

Todos estos elementos están ahí presentes y, sin duda, los médicos, particularmente los que nos dedicamos al área sexual, tenemos que revisarlos con mucho cuidado, porque a veces creemos que todo es de pareja, que todo es social y no, también hay asuntos de carácter médico.

V: Algo nuevo que estamos viendo, en gente mucho menor a los 40 años son la bulimia y anorexia, padecimientos que darían para otro libro, y que también conllevan, supongo, una falta de deseo.

D: Sí. Baja la libido, porque hay un menosprecio de nuestro propio cuerpo, y ahí el principio del placer queda anulado. Si yo no amo mi cuerpo, si no me gusta lo que estoy siendo y viendo ¿cómo voy a disfrutar de mi vida erótica?

Y esto, como bien apuntas, se presenta en personas muy jóvenes, anhelantes de los estereotipos de belleza y de no engordar un gramo. Pero hay que recordar que esta condición también lleva a la depresión y a la muerte por desnutrición; se afectan los órganos vitales, particularmente el riñón, el hígado, sistema cardiovascular, cerebro, la gente muere, simple y sencillamente. En efecto, en la gente joven también orgánicamente puede haber trastornos del deseo.

V: ¿Hay algún otro tema de salud alrededor del trastorno del deseo?

D: En cuanto a inhibición del deseo, agregaría uno orgánico muy importante: el abuso de los fármacos. Hay medicamentos que afectan brutalmente al deseo. Casi todos los medicamentos que actúan sobre el sistema nervioso central, en mayor o menor medida, le pegan al deseo. ¿Cómo cuáles?: antidepresivos, ciertos medicamentos que les llamamos reguladores del estado de ánimo –los que tienen que ver con los inhibidores de la recaptura de serotonina. Otros que tienen que ver con los tranquilizantes o ansiolíticos,

Aquí es muy importante preguntarle al médico, como Sabina: "oiga, doctor", ¿de qué manera este medicamento que me va a aliviar la úlcera o que me va a permitir que duerma mejor o va a reducir la ansiedad, influye en mi vida sexual? Dígame por favor. Me interesa saberlo, porque el médico puede adaptar las dosis para impedir que afecte el deseo.

V: Qué bueno que lo dices, porque yo creo que a los médicos en general poco les importa, a la hora de mandar un medicamento, desatienden esa área fundamental de un paciente, porque somos integrales, no somos solamente el hígado, el páncreas; tenemos piel, zonas erógenas, pene, vagina. Entonces, en una enfermedad equis es fundamental que nos hagamos responsables de la pregunta: "este medicamento qué consecuencias tendrá en mi sexualidad, en mi desempeño sexual en mi deseo" y los médicos también deben informarnos.

D: Así es. Hacer a un lado la automedicación, que debe estar proscrita. Tenemos que recordar dos cosas: los medicamentos que actúan sobre el sistema nervioso central tienen una indicación médica y muchos efectos secundarios; pero además, si se usan por tiempo prolongado, es decir, no conviene suspender un medicamento de esta naturaleza, porque sale más caro el caldo que las albóndigas, lo que llamamos rebote, que puede ser funesto o afectar muchísimo. Entonces hay que tomar en cuenta que cuando un doctor nos prescribe un medicamento que va a actuar en el cerebro, lo más probable es que lo tengamos que usar muchos meses o muchos años. Por eso es muy conveniente preguntar de qué manera influye en mi vida sexual y en otros aspectos de mi cotidianidad.

El otro asunto es: la ciencia médica tiene notables avances en el terreno de los tratamientos antidepresivos y ansiolíticos; y los descubrimientos que continuamente hace son impresionantes. Pero también es cierto que la industria química farmacéutica se ha agandallado terriblemente, condicionando a los médicos a una prescripción casi obligada por una literatura médica a veces disfrazada, subrepticia, que dificulta que atiendan los efectos secundarios de los medicamentos. En general esto lo ponen en letras chiquitas, casi microscópicas. Además, los laboratorios inducen a los médicos a recetar lo que ellos quieren, porque les otorgan premios financieros por hacerlo. De tal suerte que muchos médicos están constreñidos a servir a la industria químico farmacéutica recetando, sin ton ni son, fármacos que no vienen al caso.

V: Bueno, el internet está a la mano. Si una persona tiene dudas sobre algún medicamento, nuestra recomendación es que investigue ahí. Siempre hay manera de enterarse de los efectos secundarios de un medicamento sobre tu vida sexual. O de plano consulta a un sexólogo, cada día hay más especialistas hombres y mujeres preparados.

D: Les recomiendo la siguiente página: www.findarticles.com. ¿Por qué doy esta página web? Porque tiene trabajos de investigación independientes en áreas antropológicas, sociales, médicas y psicológicas. Ya no es el resultado de la investigación que el laboratorio químico farmacéutico nos quiere mostrar, sino lo que hacen las investigaciones independientes. Y esto es crucial, porque son académicos, universitarios, científicos de sólido prestigio quienes presentan los resultados no mediados por el estímulo económico de la industria farmacéutica. Es fundamental que ahí busquemos con acuciosidad el medicamento y sus efectos colaterales indeseables.

Otras alteraciones del deseo

Fobias y disrritmias

Verónica: David, ¿existe la aversión, fobia o rechazo a la sexualidad, al encuentro sexual, como tal?

David: Sí, aunque no es tan frecuente como la inhibición del deseo. La fobia sexual forma parte de las disfunciones del deseo, y es una condición muchísimo más grave, por varias razones.

Cuando oímos la palabra fobia nos remite de inmediato a algo verdaderamente horrendo. Hay un rechazo absoluto, algo que nos da miedo, angustia, pavor. Ya no sólo es que no tengo deseo, sino que tengo miedo a la posibilidad de un encuentro.

La fobia tiene que ver con un temor primario, quizá poco claro, porque es irracional, al encuentro sexual y a las consecuencias de dicho encuentro. De tal manera que la persona, casi siempre son mujeres, aunque también hay algunos hombres, no solamente no quiere tener este encuentro, sino que lo evaden. Esa ansiedad extrema evita de mil maneras el encuentro sexual.

V: ¿A qué edad se da esta condición?

D: Yo lo he visto a diferentes edades, pero diría que cuando una mujer está empezando o va a iniciar una relación sexual, la conducta evasiva es la respuesta fóbica común. Tan es así, que hay mujeres que en la entrevista sexológica, dicen: "yo me paralicé literalmente del miedo. Empecé a tener temblores en brazos, piernas y abdomen. Y aunque por más que desde dentro, desde mi cerebro, desde mi mente, quería tener el encuentro, el cuerpo no me respondía".

Y sí, efectivamente, hay un enorme miedo. Hay personas que convulsionan, gritan, vomitan. Es decir, son cuadros muy dramáticos, pero el común denominador es ese: la huída del encuentro por un enorme miedo a lo que pueda suceder.

V: ¿Miedo a qué?

D: Esa es la pregunta: ¿miedo a qué? Si bien es cierto que el miedo es irracional e inexplicable…

V: …¿a ser lastimada, embarazarse, a sentirse sucia, a qué?

D: Hay miedos francamente conscientes. Te voy a mencionar el más elemental: el miedo al dolor. Hay toda una cultura, que poco a poco se va perdiendo afortunadamente, pero todavía hay muchas familias que les hacen creer a sus hijas, o manejan la idea de que es horroroso tener un encuentro sexual, que los hombres son malos y que lastiman, y que a eso se reduce el encuentro sexual. Muchas jóvenes piensan que al ser penetradas, tendrán dolores insufribles.

Y no es que mamá le diga directamente: "oye, hija, fíjate que cuando seas penetrada te va a doler". No. Es que hay actitudes de miedo y de vergüenza hacia el cuerpo o mensajes, entre comillas, sutiles. Por ejemplo: en una historia clínica, una adulta me dijo que cuando era niña escuchó platicar a su mamá con su abuela. Ellas hablaban sobre su experiencia del primer coito. Y las dos, entre palabras entrecortadas, risitas nerviosas, decían que les había dolido mucho.

Esta mujer, siendo niña se asustó y cuando les preguntó, hubo una negativa total de su madre y abuela para explicarle el sentido de su charla: "de eso no se habla, es un tema para adultos".

V: Y se quedó ahí ese pedazo de la información.

D: Y ese pedazo de información es básicamente la siguiente idea: "cuando yo tengo eso, que no me queda claro qué es, pero que tiene que ver con introducir algo en mi vagina, me va a doler horriblemente". Esto se internaliza, algunas mujeres lo hacen suyo y la idea va creciendo.

Démonos cuenta que muchas veces se asocia, por ejemplo, con la primera menstruación o la menstruación en sí misma, que ocurre en la pubertad. Esto en algunos casos también se asocia al dolor, aunque no necesariamente duela, no todas las mujeres sufren cólicos, pero la presencia de sangre remite a dolor.

Entonces, si le sumas el hecho de que tuvo su primera menstruación y que salió sangre y que nadie le explicó nada al respecto, y además esta niña aprendió que el coito es dolorosísimo, que los hombres lastiman, va haciendo la siguiente asociación: hombres que lastiman, coito doloroso, vagina herida que sangra.

Hay todo un mensaje simbólico pero al mismo tiempo muy contundente que se va desarrollando en el cerebro y en la vida de esta mujer.

Vale la pena subrayar que la ausencia de información hace que entre más misterioso sea un fenómeno, entre más desconocido sea, más le tememos.

V: Hay varias cosas aquí. Yo me quisiera detener en el tema de la virginidad, porque de jóvenes recibimos información, que se mantiene todavía en diversos grupos sociales, sobre la idea de un himen cerrado y, por lo tanto, la idea de que una penetración nos "romperá por dentro", cosa que me parece una barbaridad porque el himen no está cerrado. Y si lo estuviera tendría que hacerse una operación para abrirlo, ya que no fluiría la menstruación y nuestras secreciones vaginales naturales. Pero el hecho mismo de imaginar que el primer coito vaginal nos hará una herida, que una membrana se romperá y que sangraremos y desde luego habrá dolor es francamente aterrador. Y le sumamos esta idea machista que después de la "desfloración"– odio esta palabra– la mujer ya no será pura, ni respetable, etc.; todo esto tiene demasiadas connotaciones. Tal vez una buena parte de las fobias de las mujeres y también de los hombres tienen que ver con esta gran mentira que nos han vendido sobre el valor de la virginidad.

D: Absolutamente. Lo primero que hay que decir es que la virginidad, por sí misma, es una entelequia teórica, algo que no existe. ¿Por qué digo que no existe? Existe como construcción social, mito cultural y manifestación machista. Pero no es algo que exista de manera concreta, tangible. Me explico: para empezar, la membrana himeneal no es una capa que ocluye, que cubre totalmente la cavidad vaginal. De hecho, no existe tal membrana en la inmensa mayoría de las mujeres. En general, se puede decir que es un reborde de tejido, una especie de vestigio embrionario, que tan no tapa totalmente la cavidad vaginal, que permite que fluya la primera menstruación y las que siguen.

V: Eso es fundamental. Lo tenemos que subrayar. Necesitamos seguir explicando cómo es el himen, porque si el himen estuviera cerrado, no podríamos menstruar, esta sangre se quedaría adentro de nosotras, lo cual nos provocaría, de menos, una infección muy peligrosa y hasta la muerte.

D: Absolutamente. Un cuadro muy grave. Tan es así, que una condición patológica, una real enfermedad se llama himen imperforado. ¿Qué hace el médico ante un himen imperforado? Pues perforarlo de inmediato, porque es una condición urgente. Imagínate que se acumule el líquido menstrual ahí sin que pueda fluir hacia el exterior.

Pero esta es una condición patológica muy minoritaria. En general el himen permite la salida de fluidos, producidos desde la primera menstruación, la mayoría de las veces sin novedad. Tampoco es el himen una barrera que tenga que ser embestida, que se le tenga que aplicar mucha fuerza para que ceda, puesto que esa especie de membrana redundante que queda. El himen ocupa la orilla y permite que en el centro quepa perfectamente un dedo o un pene. Entonces, no hay tal cosa.

V: Porque esa zona vaginal, de hecho toda la vagina tiene una gran flexibilidad.

D: Así es. No es una membrana que tape de manera completa la cavidad vaginal. En muchas ocasiones, en personas que tienen más membranita, más territorio de himen, se rompe por cualquier cosa, ¿cómo?: en el ejercicio, aerobics, al montar a caballo, hacer algún esfuerzo adicional. Es decir, se rompe por cualquier motivo, y cuando digo que se rompe no es que se haga un agujero.

V: Me acuerdo que de chicas nos decían que no montáramos a caballo, que no nos subiéramos a las bicicletas, porque eso nos podía lastimar y podíamos dejar de ser vírgenes. Y el tono de nuestras madres era de catástrofe.

D: El problema es que esta construcción teórica es un mito genial, porque la humanidad se lo creyó durante mucho tiempo. Y aclaro, cuando se utiliza el verbo romper, no quiere decir que se le haga un agujero al himen. Quiero decir que puede erosionarse y que eventualmente, en algunos casos y bajo ciertas circunstancias, tener un pequeño sangrado, no impresionante ni hemorragia masiva ni nada por el estilo. Pero quizá, la parte más importante relacionada con esto es que si hiciéramos un estudio ginecológico a muchas mujeres con y sin relaciones sexuales previas, es decir, si se tomara una muestra amplia de la población de niñas, jovencitas, señoras adultas, descubriríamos que no hay tal himen cerrado, hayan tenido o no alguna relación sexual.

Esto falacia ha provocado mucho daño, porque se le ha dado el valor a la mujer a partir de la existencia de membranas demasiado pequeñas o inexistentes. De tal manera que cuando una mujer tiene relaciones sexuales asume que se ha roto el famoso himen y puede introyectar la idea de que vale menos que quienes conservan la virginidad, entre comillas. Es decir, "si mi amiga, mi compañera no ha tenido relaciones sexuales, vale más que y será mejor considerada que yo, que ya no soy virgen".

Si bien es cierto que las nuevas generaciones ya no se tragan completo el mito y han flexibilizado su opinión sobre las mujeres que no han tenido aún relaciones sexuales y las que sí las tienen; hay muchos chavos, en este siglo XXI, que le siguen confiriendo un gran valor a la supuesta membrana y a la virginidad, y clasifican a sus compañeras, novias, amigas, a sus parejas sexuales, a partir de si han tenido relaciones sexuales o no. Fíjate que peyorativo es que en el argot machista se dice: "le dio las nalgas". No son conceptos del antiguo o remoto pasado, son actuales, e incluso en personas que teóricamente tendrían una formación educativa más sólida y que quizá debieran haber derrotado esos preceptos machistas, no es así. Con esto no quiero decir que no haya muchos jóvenes sin estos atavismos. Hay muchos que ya vencieron ese prejuicio y entienden que una mujer vale por sí misma, no por la preservación o no de la dichosa membrana inexistente. Una mujer tiene inteligencia, sensibilidad, cultura, opiniones críticas, porque es un ser humano *per se*, por sí mismo.

V: Regreso al asunto de la fobia, veo que hay muchas chavas que engordan, no se arreglan para rechazar abiertamente a alguien que se les acerca. ¿Esta percepción es cierta?

D: Absolutamente cierta. No es algo plenamente conciente, pero en aras de su seguridad y bienestar, de no ser agredidas en la calle, molestadas, buscan, imperceptiblemente para ellas, dejar de ser atractivas porque consideran que siendo llamativas hay peligro. Se abandonan en el aliño, en el arreglo personal. Esto es, adquieren sobrepeso, se visten mal –con todas las subjetividades que tiene esto–, es decir, hacen lo necesario para cubrir sus formas; para que no se note la sinuosidad de su cuerpo, las características de sus nalgas o pechos; esto lo vemos en diferentes edades.

En los hombres también ocurre, aunque mucho menos, porque ese viejo precepto machista de ser feo, fuerte y formal para ser hombre, sigue siendo válido para mucha gente. Ahora se le han agregado más exigencias, pero un hombre no tiene que estar muy arregladito, ni tiene que procurar mucho su belleza personal, salvo que sea metrosexual.

Es decir, eso no es un requisito indispensable, pero para las mujeres sí. Hay un estatus de atracción socialmente impuesto que está establecido sobre el arreglo personal, maquillaje, peinado y la vestimenta a la última moda y, desde luego, el estar en su peso. Entonces, efectivamente, muchas mujeres se esconden mayoritariamente de forma inconsciente y otras con plena consciencia. Ahora tú preguntas sobre el rechazo abierto. Existe, algunas mujeres huyen abiertamente de un cortejo y evitan salir y socializar. Otras, de plano, asustan u hostilizan a los probables prospectos. Lo paradójico de ambas situaciones es que a menudo, en terapia, lo que manifiestan es un profundo anhelo de vincularse amorosa y sexualmente con otra persona.

V: David, hablaste del miedo al dolor. ¿Qué otros elementos son parte de esta fobia a relacionarse sexualmente?

D: Te voy a decir tres miedos que vale la pena desglosar. Uno de ellos es –paradoja terrible– el miedo a "dejarse ir" en el placer. El miedo, si se vale el término, a enloquecer de placer. Es muy amenazante decir: "voy a sentir, voy a disfrutar, voy a tener uno y más orgasmos", porque a la mujer se le ha dicho, ha aprendido que esto es de las putas, no de las mujeres decentes. Y también pavor a enamorarse y que las rechacen.

Una mujer que ha tenido escarceos eróticos y que ha logrado disfrutarlos, es como un anuncio de todo lo que podría disfrutar con un beso cachondo, una caricia clitoridiana, una penetración. Hay una prefiguración: "si esto lo disfruté, con lo que venga voy a volverme loca de placer", y aquí puede estar también la amenaza de sentirse posteriormente rechazada, censurada por haber manifestado intensamente su gozo.

V: Probablemente la mujer ve en este placer la posibilidad de enamorarse, porque una buena mayoría de mujeres viven el sexo en relación al enamoramiento. Antes que pensar que a lo mejor puede ser una puta o no, no es un pensamiento que le venga de inmediato a una mujer que siente mucho placer, su terror es enamorarse perdidamente de alguien, perderse en el enamoramiento, y no ser correspondida. Sabe que va a ser frágil porque lo entrega todo.

D: Estoy parcialmente de acuerdo contigo. Creo que son dos miedos distintos que no van asociados. Socialmente, culturalmente todavía se sigue adiestrando a las mujeres para el amor, mas no para el placer erótico. Para muchas mujeres, incluso contemporáneas, muy jóvenes, se vale enamorarse, porque eso está lindo, eso está bien, eso es de las mujercitas, entrecomillado. En su imaginario o en la ideación que tienen al respecto, de alguna manera establecen la posibilidad y a veces la búsqueda del amor, algo como en la esfera más romántica.

V: Y lo separan de la sexualidad.

D: Absolutamente. Es decir, una cosa es amar y otra cosa es coger, en esa dicotomía.

Los hombres no tenemos ese dilema, generalmente. Los hombres establecemos claramente la frontera de que una cosa es una y otra es otra. A los hombres sí nos amenaza mucho el poder enamorarnos perdidamente; creo que nos sentimos vulnerables, frágiles, y decimos: "vamos a perder la razón". En cambio, con la acción de tener encuentros sexuales ni sudamos ni nos acongojamos, de hecho, mientras más tengamos sin enamorarnos, mejor.

En el caso de las mujeres son dos miedos diferentes porque, en efecto, como dices, un miedo muy primario no es tanto a enamorarme perdidamente, sino "al *zapotazo* que me daré posteriormente cuando me decepcione o este tipo me abandone". Y ahí viene un miedo…

V: Sí, los hombres le tienen pavor a perder el control. A como se dice vulgarmente "encularse". Y las mujeres, como lo señalas, viven con miedo a enamorarse y luego al rechazo o a la crítica.

D: Exacto. Diría Corín Tellado: "le entregué mi corazón y me abandona". Eso, por supuesto que también opera, y ahí es donde entra la aversión o la fobia a la liga que hay entre tener relaciones sexuales y enamorarse. La dicotomía es, o estoy enamorada y por eso tengo relaciones sexuales, o mediante las relaciones sexuales el otro se enamorará de mí. Para evitar un dolor futuro, mejor me bloqueo.

V: Una conseja general es: "no te vayas a enamorar, tú mejor controla la relación, porque si te enamoras, pierdes". Eso se les dice tanto a hombres como a mujeres. Entonces, si después de estar oyendo esto todo el tiempo, resulta que me enculo, me encamo, me fascina y me enamoro, nos queda la idea de que ya perdimos algo en algún lugar.

D: Sí, sin embargo, creo que las mujeres, pese a los mensajes reiterados, sí conservan el anhelo y a veces hasta la búsqueda consciente o inconsciente del enamoramiento.

En cambio, el placer erótico está más difícil para la mayor parte de las mujeres, en el sentido de que no ven su cuerpo, no lo tocan, ni erotizan, pero sobre todo dicotomizan o disocian el enamoramiento y el erotismo. Tan es así que todavía sigue siendo un precepto válido para muchas mujeres: "yo me acuesto y tengo relaciones sexuales con alguien a quien yo quiera, no ando viendo con quién me va bien sexualmente o con quién tengo más orgasmos". Eso sí es muy de los hombres.

Este temor parece un lugar común, pero cierto todavía, lo sé porque la gente me lo dice en terapia: generalmente las mujeres –hablo de un estándar promedio–requieren, para tener relaciones sexuales placenteras, el haberse enamorado o establecido un vínculo afectivo. En otras palabras, primero el afecto y después el sexo.

En el caso de los varones puede ser al revés. Después de vincularme eróticamente y de tener varios encuentros sexuales placenteros con la misma mujer, tal vez puedo empezar a construir un vínculo mucho más afectivo. Entonces, en muchos hombres sigue siendo válido eso: primero el sexo y luego el amor.

Esto lo comento, porque ahí aparecen dos miedos importantes. Uno por cada género. El primer es el que ya apuntaste, el de decir: "me vinculo, me enamoro, le doy todo a esta persona y me va a dejar". Muchos hombres sumamente irresponsables en lo afectivo o no comprometidos pican cual abeja y huyen.

En el caso de los hombres, el miedo fundamental tendría que ver con "perderse", en un vínculo amoroso. Los hombres, entre más machos sean, más reticencias muestran al vínculo afectivo, porque contrariamente a lo que afirma el mito, los hombres creen que con eso pierden y además cancelan su autonomía.

Los hombres ven la relación de pareja estable y el matrimonio como un yugo, hasta la frase es el yugo conyugal o el yugo de estar en pareja. Los hombres tienen también miedo a esa supuesta pérdida de la libertad. Algo así como "al perder mi individualidad, al dejar de ser el soltero y comprometerme con alguien, el galán que soy o que quiero ser se pierde. Este es un miedo muy frecuente.

Luego estarían los otros miedos más tangibles, como al embarazo, a una infección de transmisión sexual, al VIH-sida, al virus del papiloma humano, a dejarse ir en la locura del erotismo.

V: Me salgo un poco del tema pero dime, ¿los jóvenes que van a iniciar sus encuentros, qué tanto están conscientes de las enfermedades de transmisión sexual, o no les importa, les vale, porque creen que no les va a pasar nunca?

D: Hay sectores de la población muy informados y conscientes…

V: … ¿cómo cuáles?

D: La clase media universitaria, porque han accedido más a la información, acaso han ido a alguna conferencia, taller, han leído, o buscado en internet. De alguna forma se enteran de manera más confiable de que hay riesgos potenciales que fácilmente se pueden prevenir.

V: Y entonces se ponen el condón.

D: Exacto. Se lo ponen, lo negocian o lo exigen. Hay otro sector de la población que no tiene conciencia alguna y que está guiada por el pensamiento mágico. El pensamiento mágico es constante, la idea de: "a mí no me va a pasar, le pasa a otros, pero no a mí", permea la cultura. Por ejemplo, podemos llegar a suponer que un hombre joven, atractivo y carismático puede ser presidente de la República que uno que no sea joven ni guapo. Es decir, nos vamos por el pensamiento mágico con un criterio absolutamente irracional.

V: Irreflexivo. Banal y peligroso.

D: Lo mismo pasa con la preservación de la salud. Es decir, "a mí no me va a pasar. ¿Por qué me va a pasar a mí? Les pasa a otros. Yo soy especial". Y entonces no se protege, ni cuida, ni exige condón. Se involucra en relaciones potencialmente riesgosas, sin que haya la menor previsión.

Esta parte de nuestra cultura llama mucho la atención, porque habría que reconocer que ha habido cierta difusión, campañas preventivas, promoción del uso del condón. Es cierto que se registra un ligero aumento del uso del condón, pero nunca suficiente. El uso del condón femenino es mucho menor pues grandes sectores de mujeres y hombres desconocen su existencia y su uso o les parece muy caro, o incómodo. Entonces, si reunimos pensamiento mágico, poca información, poca disponibilidad, el cuadro está completo para producir muchos daños a la salud sexual y general, porque no hay prevención.

V: El pensamiento mágico es muy cómodo. Les dejo a los otros mi propia responsabilidad. Es parte de la conducta machista "a mí, no, a mí no me pasa nada, soy hombre".

D: Así es.

V: Y además no cuestiono, no me informo, lo sé todo.

D: Absolutamente. Y también sucede con algunas mujeres quienes dicen: "no uso condón, porque no lo necesito, soy casada. Con mi marido no voy a usarlo porque somos pareja, estamos casados". Puro pensamiento mágico. Ya llegaremos al tema específico, pero las relaciones extra pareja en nuestra cultura, en todas, son frecuentísimas. Entonces, podemos suponer con bastante posibilidad de acierto, que tanto mi pareja como yo podríamos tener alguna relación por fuera; no es descabellado afirmarlo.

V: Pero otra vez estás dejando en manos del otro tu vida, tu responsabilidad, tu salud. Estamos viendo cómo crece el número de mujeres casadas infectadas de VIH.

D: En contraste, hay parejas abiertas donde no hay convenio de monogamia, que se cuidan, justamente por la franqueza, sinceridad y el uso del condón; además de otros mecanismos de vida erótica protegida, por lo que no hay riesgos o estos se reducen. Es decir, la condición de ser pareja casada o de tener una relación conyugal formal, de ninguna manera va a determinar seguridad en la esfera de la salud sexual como lo ha demostrado la vida.

V: Tú hablabas de otro miedo más.

D: Hay otro miedo muy importante, lo veo con frecuencia en terapia, es un miedo más intangible. Hay personas que son muy controladas, que tienen lo que llamamos personalidad tipo "A"; son avaras emocionalmente, no sueltan, no dan, no se dan.

Es un sector, fundamentalmente el intelectual, el más leído o "estudiado" que todo lo tamiza a través de la razón. Y este "no darse" por hiperracionalidad conduce, por lo menos a dos disfunciones eróticas: cierto tipo de aversión o fobia sexual, que se manifiesta al evadir un encuentro sexual por un gran temor oculto; y la otra disfunción: inhibición eyaculatoria; es decir, los hombres no dan líquido seminal "por ser avaros".

V: Para no entregarse.

D: Sí, el elemento semen, en este caso, está lleno de significado, es simbólico. Esto puede sonar absolutamente disparatado, irracional; pero quién nos ha dicho que los seres humanos no somos irracionales y disparatados. De hecho, podríamos decir que estas dos formas de ser predominan en nuestro comportamiento.

V: La normalidad de la sexualidad es absolutamente anormal.

D: Así es. Voy a mencionar algo que es matriz cultural de muchas disfunciones, lamentablemente, lo hemos hablado en otras ocasiones: los episodios de abuso sexual en la infancia, donde una figura de autoridad, trátese de un miembro de la familia, de un sacerdote, de un maestro…

V: El problema es muy común y puede estar en la propia casa, un tío, el abuelo, un hermano mayor…

D: …que ha tocado, besado, ha efectuado algún acto contra la voluntad del menor, del niño, de la niña que, por supuesto repercute en su historia futura de vida. Lo que le va a producir es una impronta en la mente, en la emoción, una huella que a la larga va a determinar mucho temor para tener encuentros sexuales de verdad. Porque eso fue una agresión sexual, no un encuentro sexual de verdad, no fue un acto erótico en sí mismo.

Lo remarco, según nuestros datos estadísticos, los que existen en sexología, medicina crítica y otras áreas, una de cuatro mujeres ha sido victimizada sexualmente en alguna etapa de su vida; y uno de cada 11 varones, también.

V: Cifras fuertes. Es por desgracia más común de lo que pensamos.

D: Mucho más común. Lo que pasa es que es muy difícil que un varón lo manifieste, salvo en terapia. Y, por supuesto, son casos que casi nunca se denuncian. Esto da un miedo muy concreto, muy tangible. El pensamiento es: yo asocio aquella agresión sexual de la infancia con este posible rico encuentro sexual que voy a tener en la adultez, como si formara parte de lo mismo. También lo introyecto, lo hago mío y puedo responder con aversión o fobia sexual. Diría que éstas son las causas más comunes de la aversión o fobia sexual.

V: Cuando además el abuso sexual ha sido con violencia, yo creo que pasan dos cosas. Una el registro de la persona victimizada: vive la sexualidad vinculada a la violencia. La otra es buscar tener sexualidad con violencia. Repetir el patrón. ¿En este caso la persona se convierte en agresora?

D: Sí, que es otro aprendizaje a veces muy temprano. Buscar, como requisito esencial la violencia para poder disfrutar mi sexualidad.

Más adelante, cuando toquemos el tema de las manifestaciones de la diversidad sexual, veremos que hay ciertas normatividades, ciertos criterios de validación para cuando tenemos una actividad, por ejemplo, sadomasoquista conciente y voluntaria.

Pero, efectivamente, hay personas que necesitan el estímulo agresivo para acceder al placer, porque así lo aprendieron. Por ejemplo, yo estuve tratando a una pareja donde ella, para poder acceder al orgasmo, invariablemente necesitaba ser abofeteada. Y aquí lo que ocurría era que su pareja, por supuesto, estaba de acuerdo, pero le costaba mucho trabajo. Él decía: "cómo te voy a pegar". Ese fue el motivo de la consulta.

V: Ahí está la película "Átame", de Almodóvar, como ejemplo de este tipo de relaciones enfermizas.

D: El caso es el mismo. Es decir, tengo que recibir algún tipo de hostilidad, algún tipo de agresión, para disfrutar.

V: Te pediría que hablaras de los casos de mujeres que han tenido una pésima relación sexual, agresiva, violenta, o que las abandonaron. Como resultado vemos que niegan su sexualidad, su deseo, ya no quieren volver a tener relaciones sexuales. Fobia a relacionarse sexualmente.

D: Algunas mujeres buscan cambiar el rumbo de su historia pero irónicamente sólo consiguen perpetuarla. Me explico: si ya tuvieron una, dos o tres parejas de las que recibieron agresiones: insultos, ley del hielo, vejaciones, golpes, abandonos, y obviamente no les fue bien en la esfera sexual, siguen buscando compulsivamente vincularse con varones que repiten este comportamiento, esto de manera inconciente. Sin embargo, de modo conciente, lo que buscan afanosamente es modificar esta historia de violencia. De alguna manera se parecería al Síndrome de Estocolmo: la víctima no sólo empatiza sino que puede llegar a simpatizar con su agresor hasta vincularse afectivamente con él.

V: Y repiten, y repiten. ¿Buscan terapia, ayuda?

D: En general no. Ellas van construyendo una idea bastante sólida de que, en efecto, como le dijeron, "los hombres son malos, agresivos…" Y ahí tenemos la base de otra serie de disfunciones, de las que ya hablaremos, pero en general hay un sustento bastante racional: "me van a seguir lastimando".

Agregaría algo sobre la fobia. Hay autores que las distinguen: la aversión es el miedo, el pánico irracional, la huída, evasión de los encuentros sexuales. Punto. Y en la fobia ya hay síntomas; es decir, hay algo que se expresa con el cuerpo. Por ejemplo, el caso de una mujer que convulsiona antes de tener un encuentro sexual, una mujer que no puede dejar de vomitar, una mujer que tiene un dolor de cabeza atroz. Estos síntomas son una señal evidente para detenerse. He visto casos de mujeres que, literalmente les da una especie de narcosis, se duermen antes de un encuentro sexual, y es la manera de evadirlo.

Hay otras que tienen erupción en la piel, como si se "enroncharan" por algún alimento descompuesto. Y es la manera en que el cuerpo responde al miedo frente a un encuentro sexual.

Las reacciones fóbicas son una manifestación, dirían los psicólogos clásicos, de histeria o de somatización.

V: ¿La anorgasmia puede ser una manifestación de fobia? No te doy mi orgasmo o no puedo porque siento que me lastimas. No sé…

D: La fobia no es quizá la causa más frecuente de anorgasmia, pero también sucede. Un cerrar los canales del placer en aras de una defensa. Recordemos que las defensas psicológicas sirven para equilibrarnos, pero después operan en nuestra contra. Es como un bumerán.

V: Y las repetimos.

D: Provocan experiencias displacenteras.

V: Hablemos ahora de otra disfunción, la disrritmia.

D: La disrritmia es una disfunción muy especial, porque es la única donde se toma en cuenta la dimensión de pareja. Existe en pareja, no individualmente. Todas las otras disfunciones, aunque afectan a ambos miembros de la pareja, existen de manera individual, por ejemplo, la anorgasmia y la disfunción eréctil. Hay autores que dicen que la disrritmia no es disfunción. Básicamente consiste en que no hay una coincidencia en el ritmo ni en la frecuencia del surgimiento del apetito sexual, de tal manera que no checan las dos voluntades. Es particularmente grave cuando se trata de una pareja estable, porque ella quiere y él no, o ella quiere pero no en este momento, y él quiere imperativamente, ahorita. Hay esa disparidad. Nuestros ritmos están alterados.

V: Tendría que ver también con la velocidad para penetrar, sin escarceo previo, no estás hablando de un eyaculador precoz. Pero ella quiere un faje previo, y a él ni se le ocurre.

D: Así es. La discusión que tienen algunos teóricos es que dicen que aquí no está comprometido el deseo; no es que ella tenga poco o mucho deseo o que él tenga poco o mucho, sino que no checan, no emparejan.

Pero sí se le considera disfunción en varios sentidos, primero porque genera muchas molestias tanto en el individuo como en la pareja. En segundo lugar, porque llega a ser de pulso crónico, o sea, se presenta muchas veces a lo largo del tiempo, una y otra y otra vez. Y luego porque puede dar lugar a descalabros en la propia relación amorosa, si es que existe en esa pareja. Es una real disfunción. Y ahí, más que una terapia convencional estructurada, los métodos de psicoterapia, llevan a una conciliación, a una negociación –quizá el término no es el más adecuado– donde cada cual pueda pedir y ceder. Es decir, negociar el número, la frecuencia de los encuentros de la manera más satisfactoria para ambos, de tal suerte que a lo mejor si yo no querría tener ocho encuentros al mes, sino cinco, y mi pareja me pide ocho o los que sean, igual y podemos negociarlo y decir "qué te parece si vamos alternando, en una semana tengamos seis, si se puede y lo buscamos, y en la otra semana nos quedamos con tres". Esa puede ser una negociación posible y satisfactoria. Pero llegar a eso se dice fácil y no es tan sencillo. En realidad, es todo un proceso donde además algo que hacemos en terapia es enriquecer el repertorio erótico, porque muchas veces, lo que sucede es que el acto sexual se repite, es siempre lo mismo. No hay creatividad. El enriquecimiento del erotismo puede llevar a esa pareja a buscar más y mejores encuentros conciliando los intereses de ambos.

V: Estamos hablando de la inhibición del deseo, en general. Este caso de disrritmia, ¿lleva a la larga a la inhibición del deseo con ese personaje en particular?

D: Así es.

V: Entonces no es que alguien no tenga deseo, lo que pasa es que frente a este tipo de relación sin ritmo, a través del tiempo, el deseo se extingue, al menos con esta pareja.

D: Totalmente, porque se perpetúa, y como hay una relación de pareja estable, va a repercutir en la afectividad y la convivencia. Es muy curioso, porque es una disfunción, la única, que es selectiva y al mismo tiempo recíproca. Es decir, "me pasa con esta persona en particular, no necesariamente con otra, pero a esta persona le pasa conmigo en particular y no necesariamente con otra", de tal manera que podemos decir, hasta cierto punto, que implica una amenaza para esta relación.

Sería válido pensar, "si nada más es contigo la disfunción, entonces yo tendría que tener otra pareja u otras parejas, porque me estoy perdiendo de una parte fundamental de mi vida, el placer sexual".

V: ¿Tendría? Es muy fuerte la propuesta: "tendría que tener otra pareja o parejas".

D: Por lo menos habría que plantearlo.

V: Claro. Por lo menos preguntarse, y abrirlo a la pareja. Me parece una reacción sana, aceptar el problema. "Si aquí estoy mal, qué tal que me va bien con otro u otra", sería la reflexión.

D: Exacto. Lo valoro, lo pienso, y eventualmente lo hago. Por eso es tan especialmente urgente reconocerlo y atenderlo. Mucha gente minimiza la disrritmia, con esta idea de "ahí nos vamos a ir acomodando poco a poquito y en algún momento habrá plena armonía", y bla, bla, bla. No es así. Ahí lo que conviene es una intervención terapéutica, mientras más oportuna, mejor, justo porque se está intentando una relación estable de pareja.

V: Vamos a suponer que uno de los dos es el que "sufre" más esta disrritmia, ella o él. Empecemos por los hombres, porque están educados para tener relaciones sexuales rápidas, sin previos: meten, entran, mueven y se acabó.

D: Sí, hay esa programación.

V: Te propongo dos ejemplos: Él tiene una eyaculación rápida y sin previo. Ella finge un orgasmo. El hombre quiere tener más relaciones sexuales y la mujer obviamente no, porque esta rapidez no le da placer.

D: Tradicionalmente, las mujeres han sido estabilizadoras de la relación de pareja, con el criterio del "*no problem*" o de "no hagamos olas". Entonces, muchas mujeres, como dices, fingen o no problematizan. Y esto se resume en tener un encuentro no querido, hasta simular un orgasmo o complacer, con el objeto de mantener la relación de pareja. Es duro decirlo pero es una realidad.

Algunas mujeres ven que este es un factor que puede llegar a ser crítico, y dicen "aquí hay algo que no me está gustando o no estoy enteramente satisfecha o simple y sencillamente no quiero", y entonces se la llevan, entre comillas, un tiempo sin problematizar. Esta decisión alarga la relación. Por eso digo que las mujeres son como estabilizadoras.

V: Las que mantienen la relación a pesar de su propio placer, dices. La idea no me parece muy "estable", al menos no para el bienestar de ambos, aunque sí para mantener esta "estabilidad" tan requerida por la sociedad conservadora. Diría, además que estas mujeres tienen un gran temor a que las dejen, a quedarse solas. Entonces viene esta reflexión: "cómo mantengo a mi hombre contento; le doy lo que pide sexualmente aunque yo no esté satisfecha". Mi pregunta es: ¿si después de un tiempo, se repite y repite este tipo de relación arrítmica, la mujer acaba cobrándoselo a su pareja?

D: Sí. Claro. Por un lado le hago creer, por un tiempo, que es un muy buen amante, que estoy de acuerdo con él. Pero por otro lado, yo mujer, lo que busco es mantener esa relación a pesar de todos los problemas.

Pero, en efecto, no hay mal que dure 100 años, y hay un momento en el cual la insatisfacción se va acumulando y explota, y muchas veces de una manera resentida, hostil. Entonces, a la larga se lo cobra y a veces de manera abrupta.

Se ha visto en terapia que una mujer que ha sido muy tolerante, incluso sumisa, abnegada, tranquila, estalle de ira y a veces agarre el estilo machista de descalificación: "Fíjate que contigo no siento nada. Fíjate que yo simulo que tengo ganas y que te hago caso cuando tú quieres pero…"

V: Supongo que es una olla de presión que de repente, explota, suelta todo lo que se ha guardado y lo hace de manera agresiva.

D: El efecto de olla exprés, en toda su extensión, y esto pone a la relación de pareja en una crisis mayúscula. He visto a muchas parejas en terapia, justamente a partir de esta explosión. Una mujer que se aguantó, se aguantó, se aguantó, no pudo más, y estalló.

Y por el otro lado, mi experiencia con los hombres que van a terapia por asuntos disrrítmicos es que suelen protestar más rápido. ¿Cómo protestan? Algo así como "Yo quiero tener relaciones sexuales, y ella dice que le duele la cabeza o simplemente dice que no, que su temperamento es otro, y entonces allá de cuando en cuando acepta que tengamos una relación, pero muy insípida, muy insatisfactoria".

Los hombres generalmente protestan tempranamente. Hay una crisis, pero no es de magnitud, porque además se vuelve negociable. "Vamos a terapia o ¿cómo le hacemos? negociamos nosotros, o cómo ves si tenemos más relaciones de las que hemos tenido hasta ahora". Etcétera. En ese sentido, me parece más peligrosa la tardanza femenina, porque lo va difiriendo, lo va posponiendo hasta que estalla la bronca terriblemente.

V: Es una bomba de tiempo. ¿Hasta dónde llega el engaño, cuánto puede durar? A veces toda la vida, lo vemos y lo sabemos, pero qué vida tan insatisfactoria y limitada sexualmente.

D: Y eso es válido para la disrritmia, la anorgasmia y por supuesto para otras disfunciones, donde no hablamos claramente, no nos comunicamos. Una muy notoria es la eyaculación precoz; muchas mujeres se aguantan con la eyaculación precoz de su pareja, justamente para no molestarlo, para no herir su orgullo machista, y en el peor de los casos "para que no me deje".

Ahí vuelve a operar otra vez el pensamiento mágico, la idea fatal de que por un asunto así me pueden dejar. Hay razones de mayor peso para dejar una relación de pareja, que buscar solucionar una disfunción sexual.

V: Pero esta disfunción se suma a otros problemas. De hecho no hay comunicación entre ellos, al menos en este aspecto.

D: … todo tiene que ver con todo.

V: Estás tocando un punto que me llama mucho la atención, porque creo que es una constante en parejas estables, entre comillas, que la mujer va haciendo que el hombre, que su pareja se convierta en eyaculador rápido. Desde luego además de las experiencias infantiles de cada hombre, las que determinan su entrada a la sexualidad: si fue con trabajadoras sexuales, sus competencias para eyacular más rápido entre los amigos; todo esto que sabemos que sucede en cuanto a la iniciación sexual de los hombres. Conozco a varias mujeres que provocan intencionalmente que sus hombres se vuelvan eyaculadores precoces e inclusive absolutamente incapaces de tener una erección. Ellas ejercen tal presión con respecto a que sea rápido. Con la idea absurda y egoísta de que entre menos bueno en la cama sea, "más difícil va a ser que alguien me lo quite". Lo he oído. He platicado con algunas mujeres castradoras.

D: Es muy grave. Tiene que ver mucho con esta negación del derecho al placer de las mujeres y la inmediatez, algo así como "bueno, ya para pasar el trámite, ok, cógeme, vente y se acabó". Y aunque no lo digan con esas palabras burdas, lo manifiestan en actitudes, de tal manera que sí, tienes razón, en ciertas eyaculaciones precoces secundarias, o sea, el hombre no era, se volvió y lo fue desarrollando con esta presión de "ya apúrate, porque hay cosas que hacer", o porque ya quiero que pase este trance que a mí no me satisface; ese es el mensaje.

V: Fingen, y les dicen: qué rico, qué rico, vente, vente.

D: Cumplimos y se acabó. Entonces el varón se va condicionando a eyacular pronto, con un agravio a la salud sexual de ambos, que eso al tornarse crónico y volverse disfunción…

V: Es muy triste porque al final, por una idea de control absurda: "es mío y de nadie más", finalmente ninguno de los dos vive con placer su sexualidad.

D: Y además conduce a otras disfunciones, como ciertas formas de incapacidad eréctil en los varones y a prolongar la anorgasmia de las mujeres. La pasión se ve muy afectada, también las otras dos áreas de la pareja, que son la convivencia y la afectividad, se alteran negativamente.

Durante mucho tiempo se le dejó de dar importancia al erotismo, se decía que era más importante la buena comunicación, el afecto, los cariñitos, llevarse bien y respetarse. Todo esto es maravilloso y está bien, pero se soslayó la importancia de las relaciones sexuales, y hoy vemos, por lo menos en cuanto a motivos de consulta, que son un factor importantísimo que afecta gravemente la dinámica de la relación de pareja.

V: Lo hemos dicho ya en varias ocasiones en estos diálogos, lo mejor es consultar a un, una terapeuta, un especialista para que ayude a entender qué es realmente lo que pasa en esta pareja. Si me duele la cabeza me tomo una pastilla. Si tengo problemas con los dientes, voy al dentista; y si tengo broncas con mi sexualidad, no tengo placer, no logro un orgasmo o tengo problemas con mi erección, entonces busco a un o una especialista. Creo que no podemos postergar un tema fundamental para nuestra felicidad integral: el placer sexual.

5 ▫ LA EXCITACIÓN EN HOMBRES Y MUJERES

Verónica: David, explícanos qué es la excitación en hombres y en mujeres. ¿La podemos controlar?

David: La excitación es involuntaria. Tiene que ver con una respuesta del sistema nervioso autónomo. Obviamente que no se produce de la nada, sino que tiene que haber estímulos eróticos eficaces, que sean capaces de *prender* esa excitación.

La excitación, a diferencia del deseo que es subjetivo, es perfectamente objetiva. Es decir, el cuerpo nos da manifestaciones que nos permite apreciar si una mujer está excitada o si un hombre está excitado. O sea, erección en ellos y lubricación vaginal en ellas.

Los especialistas diferenciamos dos niveles de excitación: uno muy interno, que le llamamos excitación central; se mueven factores de excitación en el cerebro, mentalizamos la excitación, también la vivimos desde las sensaciones. Y otra es la excitación periférica, que es cómo se comportan los órganos de la pelvis cuando están excitados. Y esto es lo que llamamos lubricación, donde hay un fluido que permite que se lubrique la cavidad vaginal en las mujeres; y hay erección del pene merced al llenado de sangre de los cuerpos cavernosos y la participación del óxido nítrico y una sustancia llamada GMP-cíclico.

V: Entonces, para entender excitación: en el hombre es erección y en la mujer lubricación. ¿Esa es la correlación?

D: Sí. Es la correlación con la manera de responder de cada individuo, pero no necesariamente se correlaciona con el otro. Por ejemplo, vamos a suponer que tenemos una pareja heterosexual y él está excitado, tanto central como periféricamente…

V: …porque vio a alguien, le gustó y ya tiene una erección.

D: Exacto. De inmediato él advierte que tiene una erección y además se le nota que la tiene. Así de rápido. Y se quiere vincular o se está vinculando con una chava y puede tener deseo o no. En las mujeres habitualmente no es tan inmediato. Ella puede estar procesando su deseo, venciendo quizá algunas reticencias y prejuicios, y se empieza a excitar desde el cerebro, pero no responde su vagina, no se lubrica todavía. Entonces esta chica tiene excitación central, pero no excitación periférica. No hay la correlación, la correspondencia de la que hablábamos entre la erección masculina y el deseo cerebral y periférico de la mujer.

V: Tú me planteas esto como una hipótesis, pero qué tan frecuente es esta falta de correspondencia: que el chavo vea a una chava, se la va a ligar, tiene ya una erección porque le fascinó, le encantaron sus piernas, sus senos, qué se yo… Lo que sea. Ya tiene erección. Pero la chava no, va mucho más lenta su reacción. Lo que veo es que una vez más, en esta explicación que das, otra vez hay un desfase real.

D: Absolutamente.

V: Porque a no ser que en ese momento la chava también sienta la misma atracción, que eso sólo lo vemos en las películas: el amor a primera vista, que es poco frecuente y posible; bueno, el chavo finalmente encama a la chava, y resulta que la chava apenas está empezando a ver si lo desea, ni siquiera sabe si le gusta. Entonces, hay un desencuentro sexual desde el principio, desde la excitación.

D: Así es. Aunque el fenómeno se supone que es biológico, también hay connotaciones culturales muy importantes, porque son dos concepciones diferentes del mundo…

V: Que ya hemos ido revisando. ¿En animales es igual?

D: No. En animales no hay erotismo. Hay monto, hay época de celo. Hay un afán de penetración, con vistas a la reproducción.

V: Entonces, la mujer no está más excitada o excitable cuando está en celo. A ver, momento, sí y no, porque también hay elementos cul-

turales. Cuando está ovulando o cuando está menstruando, ¿cuál es su situación?

La pregunta es: ¿la excitación de una mujer es la misma en todo su mes, su ciclo, por decirlo de alguna manera? Porque en la mujer, sí hay ciclos hormonales muy claros.

D: Hay diferentes evoluciones o modos de responder eróticamente, dependiendo de algunos factores biológicos, como la fecha de ovulación, por ahí de la mitad del ciclo menstrual, sexual o reproductivo.

V: ¿Este es el momento de mayor excitación en la mujer o de mayor facilidad para excitarse?

D: Sí, en algunas mujeres, más potencialidad de excitación. Pero —voy a decir un nombre feo— la hembra humana biológicamente hablando, por fortuna, no tiene que regirse con calendarios de monta o de querer embarazarse o de reproducirse a toda costa, sino que responde también a los estímulos amorosos, sensuales y eróticos, puede discernir cuándo le hace caso a su mayor potencialidad de deseo y de excitación, y cuando no, por ejemplo.

Vamos a suponer que una chica está cerca de la mitad del ciclo, es decir, está en el proceso de ovulación, y recibe el cortejo de un gañán, de un sujeto que ni le gusta, ni le atrae, ni es un estímulo erótico apetecible, no va a ir corriendo a sus brazos a querer ser penetrada y embarazada. De ninguna manera.

Ella requeriría, además de su potencialidad, deseo y excitación aumentados, todo este mundo subjetivo del que hemos hablado: un cortejo inteligente y sensual…

V: A ver David repítelo por favor… y pido que se subraye en el libro y se ponga con rojo.

D: Un cortejo inteligente, sensible y sensual, que pueda tener ternura y pasión, y no una manera burda. La vieja diferencia entre querer ir a coger y querer ir a relacionarse amorosa y eróticamente. La mayor parte de las mujeres quiere este tipo de cortejo. No se van a lanzar a los brazos de este sujeto (el burdo), sino van a desear que esta suerte de juego amoroso y sexual sea más cercano, más amoroso, más tierno, más pasional también, lleno de ingredientes. Y entonces un cortejo burdo, absolutamente mecánico, no lo va a aceptar, por más que estén en la mitad del ciclo.

V: Ahí otra vez te detengo. En este momento, referido a tu experiencia en clínica, la modernidad ha traído relaciones coitales más rápidas; pero, ¿también ha generado mayor rapidez en la lubricación de las mujeres?

D: No. La respuesta es: no. Lo que está sucediendo es una complacencia. A mi juicio, muchas chicas jóvenes y no tan jóvenes, están como entrando a la onda, se están apegando al erotismo masculino de la complacencia inmediata. Por esa razón, efectivamente, han aumentando los encuentros sexuales en el ligue o en la noche de copas o en la noche de antro…

V: Lo más probable es que no haya deseo sexual, pero sí deseo de otro tipo, a lo mejor de ternura, de tener una pareja, pero no deseo sexual y mucho menos lubricación. Estar en la onda…

D: Así es. Porque ya en el cubículo del terapeuta, la gente dice la verdad sin ninguna defensa psicológica. La chava dice: "me gustó el tipo, me encantó su sonrisa, sentí deseo y bueno, después de la cuarta copa me propuso que nos fuéramos al hotel, y yo me fui. Y, la verdad, es que aunque me gustaba, aunque me erotizaba la posibilidad de pensar en un encuentro… fue una cogida muy rápida, me dolió en la penetración, no estaba bien lubricada, no alcancé ningún orgasmo, y yo quisiera seguirlo viendo para ver si mejora el panorama. Pero así como una noche fantástica, llena de erotismo, no fue".

Ese dato cualitativo muchas veces no figura en las encuestas, porque con ellas el entrevistador suele irse al dato duro. ¿Están aumentando los encuentros sexuales ocasionales? Sí. ¿Está mejorando la calidad de los encuentros? No. Yo sostengo que no. Y digo que es un erotismo un tanto burdo, muy de la vieja masculinidad, al que muchas mujeres le están haciendo caso, están diciendo que sí…

V: Me encanta tu palabra: por complacencia.

D: Así es.

V: Yo quisiera subrayar la palabra "complacencia". Y, te pregunto: ¿para qué, David? ¿Qué consigue o qué piensa que consigue hoy la mujer joven en estos encuentros sexuales insatisfactorios para ella y que son por complacer a X cuate?

D: Mi hipótesis es que: las mujeres del siglo XXI, pese a la modernidad, pese a la relativa liberación en muchos aspectos, siguen muy adscritas, muy metidas en los ideales decimonónicos, que persisten ahora en este siglo. Siguen pensando en lograr el amor, la relación romántica perfecta y que de manera conjunta va con el placer sexual. En pocas palabras, sigue siendo un esquema muy romántico, rosa, telenovelero.

Entonces si esta mujer dice: "yo accedo a tener relaciones sexuales, porque me corteja, porque me gusta, porque creo que le gusto", lo más probable es que, con letras rosas, crea que así "conquistará su corazón". Hay un afán de muchas mujeres de tener pareja y de mantenerla a pesar de muchas cosas, y en ello a veces hacen concesiones que pueden ser muy dolorosas, como por ejemplo, suponer que primero es el vínculo sexual y después vienen el amor, la estabilidad y luego el compromiso, es una historia muy ingenua, francamente candorosa.

Hay una pretensión femenina de retener a la pareja. Tenerla, retenerla y perpetuar ese vínculo. En los hombres, no. Los hombres seguimos manteniendo esta idea de que una cosa es una cosa, y otra cosa es otra cosa. "Ésta fue una buena cogida. Ésta fue una relación instantánea, a lo mejor transitoria. Si me gusta la chava, a lo mejor la sigo viendo, a lo mejor no". Y esto rompe muchos corazones.

La chava puede declarar que es muy moderna, que no le importa un acostón después de una noche de copas, que al antro se va a eso, se va a ligar. Te puede decir 80 cosas, pero ya en el cubículo del terapeuta desaparecen las máscaras y las personas dicen su verdad. Lo cierto es que yo estoy procesando terapéuticamente muchos descalabros emocionales de mujeres de distintas edades por haber complacido al macho. Eso es lo que estamos viendo constantemente en terapia.

V: Me voy a referir a este "macho". Dices: este macho tuvo deseo, excitación y "una buena cogida", palabras tuyas. ¿Ese macho también se queda con algo? ¿Esa "buena cogida", según él, le deja algo? ¿O esa buena cogida, exactamente como lo estás narrando, lo único que hace es continuar con el esquema del machismo? No digo que coger te convierta en mejor ser humano, al menos no creo que ese sea el fin; pero, ¿qué le va a dejar a este machito, quien seguramente va a encontrarse mujeres que conceden en tener un momentito de cachondeo coital, sin experimentar satisfacción sexual en ese encuentro? Pienso que este tipo de encuentros generan una gran soledad. ¿Qué consigue el macho después de varias cogidas vacías, y además en situaciones en donde no va a volver a ver a la chava nunca más?

D: Aquí mi opinión sería ideológica, más que derivada de algún elemento científico. Yo creo que el macho que actúa así obtiene poco, casi nada. Obtiene satisfacción inmediata, indudablemente.

V: Un desfogue sexual.

D: Más fisiológico que otra cosa. Y también obtiene un refuerzo a ese viejo concepto de virilidad y de machismo, algo así como: "ya me tiré a otra más, otra muesca en mi pistola".

V: Ya lleva 145 y se confirma como macho.

D: Así es. Y ya. Ni siquiera adquiere experiencia, porque las relaciones sexuales se van perfeccionando con la práctica, sin duda. Pero ni siquiera experiencia, porque él sigue siendo el mismo macho del coito "chin pum cuaz", o sea, no desarrolla estrategia, imaginación, fantasía y creatividad.

V: Y su vida se va volviendo más pobre también en lo sexual, y digo también porque, sin duda, en una relación interpersonal hay muchos más elementos que considerar: una buena conversación, el disfrute

de algo más que el sexo, el intercambio de experiencias; y, por lo visto en este caso, parece ser que una buena cogida, salvo el desfogue momentáneo, como animalito, no le va a dejar nada más que eso a este macho.

D: Así es.

V: Y lo repetirá…

D: …lo va a estar perpetuando, hasta que llega un momento definitorio, porque también eso les pasa a ciertos hombres. Los hombres que están "en edad de merecer", deben tener, según la consigna social, una pareja estable, se tienen que casar, tener hijos y formar una familia feliz, la familia perfecta.

V: Eso lo dicta la sociedad.

D: Sí. Muy a menudo, los hombres, igual que muchas mujeres, se casan porque se tienen que casar, porque lo tienen que hacer. Y cuando hay un enamoramiento, que ya hemos visto que es algo fugaz y transitorio, se involucran en una relación estable, generalmente conyugal. Y lo que sigue es que seguramente van a buscar una vida extraconyugal, donde vuelve a surgir el macho que todos traemos dentro, algunos más desarrollado que otros.

En otras palabras, se involucra en una vida convencional familiar, sexual de pareja, y al margen de ello, sigue poniéndole muescas a su pistola o tratando de demostrar su virilidad teniendo relaciones fugaces con otras personas. Es, más o menos, un esquema conocido, en general, de doble moral, que todavía sigue existiendo, pese a los cambios de actitud que hay ya en algunos sectores de la población masculina.

V: ¿Qué pasa con un hombre que mantiene este tipo de comportamiento por muchos años, se vuelve casi un eyaculador precoz o con problemas de este tipo, debido a la fugacidad en sus relaciones sexuales rápidas, y con su falta de involucramiento emocional?

D: La eyaculación precoz tiene muchas causas, pero una muy común es la ansiedad que tiene un varón que todo lo toma de manera acelerada; un cortejo acelerado, una cogida acelerada, una venida acelerada, un ritmo de vida donde hay que demostrarse a sí mismo y a los demás que es muy hombre, muy viril...

V: ...que puede tener una erección cuando quiera.

D: Y entonces gana, entre comillas, eficacia con su rapidez en la erección y pierde calidad en sus encuentros sexuales.

Yo creo que la ansiedad y el frenesí y esta sobrepresión que tenemos los hombres en nuestra cultura, nos lleva, desde luego, a reforzar la eyaculación precoz, independientemente de la causa que tenga.

V: Me acuerdo que en los ochentas, en los primeros programas de televisión sobre este tema ya hablábamos mucho de esto. ¿A treinta años, los hombres siguen compitiendo en el asunto de la erección rápida, el tamaño del pene, qué tan rápido eyaculan, qué tan lejos eyaculan?

D: Siguen siendo los juegos iniciáticos de los chavos, sobre todo en secundaria, quizá en prepa. A lo mejor menos que antes, porque ahora hay más información y relativización de los tamaños, pero sigue siendo algo muy común. Hay mucha preocupación de los varones por el tamaño del pene; este ritual comparativo en el baño también es bastante frecuente, lo cual condiciona más ansiedad y tensión, y se dice: "¿cómo voy a quedar bien con una pareja si tengo el pene chico o si no demuestro efectividad en mi manera de coger?"

V: ¿Qué es lo que excita hoy al hombre, en una sociedad hipersexualizada, qué lo prende?

D: Yo hablaría de ciertos modelos culturales, que tienen que ver, antes de la excitación sexual, con el logro de un determinado prestigio. ¿A qué me refiero? Prestigio de fuerza y virilidad, de condiciones económicas. Parece que es muy importante para muchos hombres tener un carro del año, preferentemente deportivo. También la simbolización de la violencia como parte de su fuerza de atracción; de ahí que al cine hollywoodense le encante eso de las persecuciones en autos, los balazos y más; y además ciertos modelos de comportamiento que son, a mi juicio, socialmente muy peligrosos. Por ejemplo, hay muchos chavos que admiran al *Chapo* Guzmán, al narco poderoso, porque ese es el macho, el hombre, el que tiene el poder, el que pone en jaque a un sistema…

V: Y que tiene 25 mujeres y 46 hijos, y todo lo demás.

D: Así es. Se mitifica. Y reforzado por cierto tipo de corridos e incluso de manejo informativo: como cuando se presenta al *JJ* después de ser capturado, casi como un superhéroe, susceptible de ser imitado…

V: Con una super modelo cuerísimo junto a él, claro, extrajera y muy joven con la que vive, y el cuate además dice que trabaja y trabaja mucho y que gana muy bien.

D: Así es.

V: Y lo que hace es vender droga, y controlar el narcomenudeo ¡guau!

D: Y aunque no podamos creerlo, son modelos culturales deseables para mucha gente. "No necesito estudiar para ser como el *JJ*. No necesito hacer una tesis de grado o de maestría para ser y vivir como él."

V: Una idea ficticia de vida fácil.

D: Sí. Eso, estimula al macho convencional, porque es una motivación para estar en el mundo: lograr eso, alcanzar esa especie de meta social, por supuesto, éticamente muy reprochable. Pero luego viene lo otro: si yo soy muy hombre, conquisto mujeres. Si yo hago algo para demostrar poder, ya sea el poder del falo, el poder de la lana, el poder público o político o cualquier cosa que represente influencia sobre los demás, eso me excita como varón, porque se supone que me vuelvo atractivo, sexualmente deseable. Todo esto es un señuelo, pero finalmente es como se va asumiendo.

La otra excitación se relaciona con la respuesta fisiológica, en general, tiene que ver con los estereotipos de belleza socialmente publicitados. ¿Cómo cuáles? Bueno, se requiere una mujer joven…

V: Sí, claro una joven muy joven, delgada, alta, super cuerpo y muy guapa.

D: No puede ser una mujer de edad mediana o mayor, porque ¡horror, eso ya no es apetecible!, entre comillas. Una mujer que tenga atributos físicos muy concretos, como por ejemplo: pechos prominentes, nalgas pronunciadas, cintura juncal o muy breve, preferentemente de piel apiñonada, no puede ser ni muy blanca ni muy morena, atrayente para el gran público.

V: No se te olvide el cabello largo…

D: Sí. No importa que piense, estudie o lea.

V: Al contrario, mejor que no.

D: Claro. Mejor que no.

V: Porque entonces hablaría y preguntaría y pediría. La idea ideal es que sea una mujer aparentemente vulnerable, pero que dé la vida por el tipo.

D: Exacto. De preferencia, que no piense, y si piensa que piense en la convencionalidad del lenguaje de televisión o de revista popular o de las dizque publicaciones femeninas. Me parece que eso sigue atrayendo a mucha población masculina, y eso es capaz de excitar.

Me he dado cuenta, por ejemplo, paso por cualquier puesto de revistas, y lo que se observan son demostraciones casi ginecológicas de la anatomía femenina: una mujer parcialmente desnuda o con bikini o semidesnuda mostrándose generosamente en una posición, entre comillas, supuestamente lúbrica o excitante. Eso es lo que parece que le está gustando al grueso de la población masculina.

V: Pero no solamente en los puestos de periódicos. Lo ves en los espectaculares; vas por Periférico y ves mujeres hipersexuales, hiperchichonas, hipernalgonas, etcétera.

D: No se manejan otros atributos, otros elementos que pueden ser atrayentes para un hombre que tenga mayor sensibilidad, con menos machismo, con más inteligencia.

V: Voy a meter mi cuchara, veo a mi alrededor algunos hombres como los que estás describiendo: inteligentes, sensibles, y todo, y también les fascinan las chavas jovencitas buenísimas. No es cierto que el hombre de izquierda, intelectual, sensible, le llamen la atención las mujeres de su edad. Tienen un poco de poder y lo primero que dejan es a la esposa o pareja de su misma edad, la que les ayudó a llegar adonde están, e inician relaciones con una o varias mujeres mucho más jóvenes; y tienen, a los cincuenta, sesenta, sesenta y tantos años nuevos hijos. Lo que vemos son egos gigantescos, quieren que las niñas los vean como los grandes hacedores de todo, que los admiren, que ellas no hablen y que no les cuestionen nada, porque en general son jovencitas con poca o nula experiencia sexual que no los comparan con otros hombres, que sólo los admiran.

D: Te voy a poner un ejemplo: un hombre universitario hace poco me decía lo siguiente; el tenía dos revistas en la mano, que me enseñaba. Una revista en la que estaba una chica semidesnuda, mostrando generosamente las nalgas, y otra en la que aparecía una actriz que, por cierto, yo admiro mucho, Juliette Binoche. Juliette perfectamente vestida con un rostro entre picarón e inteligente, y entonces este hombre me decía: "a mí esto me puede gustar, pero no me atrae ni me excita –se refería a la chica semidesnuda. O sea, la veo, me parece que está bien físicamente, y se acabó. Ah, pero Juliette Binoche, con esa mirada sugerente, con esa entre seriedad y alegría, esa picardía que muestra, hasta cierto punto solemne, esto sí me excita, esto sí me mueve cosas en el interior que hace que me prenda".

Tiempo después me puse a reflexionar: ¿dónde está la diferencia entre lo que se muestra explícitamente, hasta cierto punto burdo, y aquello que tiene cierta sutileza? La diferencia está en el receptor. Cuando un varón es sensible, ha trabajado su machismo para reducirlo, y posee complejidad en su intelecto, suele ser selectivo en sus estímulos eróticos eficaces.

V: Qué interesante saber que ya hay hombres así. Pero volvamos a los problemas de excitación. Estabas explicando la parte cerebral, invo-

luntaria y que la relación en mujer es lubricación y en los hombres es erección. ¿Qué problemas hay frente a la excitación?

D: Los principales problemas en las mujeres tienen que ver con la reducción o la anulación de la lubricación vaginal, que puede ser también debido a una gama de causas muy grandes, desde las biológicas, las orgánicas, como complicaciones de enfermedades crónicas: diabetes melitus, por ejemplo, colesterol elevado, trastornos menstruales, y más que éstos, el climaterio. ¿Por qué? Porque cuando se reducen los estrógenos, en la etapa climatérica, puede haber falta o reducción de la lubricación.

V: Simplemente te secas. Te estás secando y si además no hay previo cachondeo en un coito, no veo cómo te lubriques.

D: Hay necesidad de terapias sustitutivas con estrógenos o de aplicaciones locales, geles que se disuelven en agua, para lubricar la vagina. Esto no quiere decir que se cancele la excitación central…

V: …o sea, tú sigues deseando y queriendo tener sexo, pero resulta que cada vez que lo haces, te lastimas, porque estás seca, si no te pones algo o un lubricante soluble en agua, no vas a querer tener relaciones.

D: Hay mujeres que fisiológicamente, desde la excitación central, están absolutamente bien, pero que no lubrican, y esto tiene que ver con el pésimo arte amatorio del otro. Dos-tres caricias ahí medio apresuradas, y *luego luego* la penetración. ¿A qué hora se empieza a elevar la excitación de esta mujer y, por ende, a mejorar su lubricación? Pues nunca. Esas penetraciones aceleradas, esa manera casi mecánica de acariciar, esa falta de creatividad en el contacto de los cuerpos lleva a que no se generen estímulos necesarios para una buena lubricación.

De ahí también que el espectro de causas sea muy amplio: dinámica de relación de pareja deteriorada, falta de tiempo y circunstancia para poder erotizarse convenientemente, a veces resentimientos o factores no tan conscientes que pueden hacer que respondamos negativamente con el cuerpo, y que pueden llevar a una deficiente lubricación.

Ya no digamos el temor a emprender un encuentro. A veces, yo mujer, me puede encantar alguien y querer tener un vínculo sexual, pero a la hora de estar, me bloqueo y entonces puedo haber tenido deseo, pero el miedo hace que se interrumpa el flujo de esta emoción y de esta sensación, y entonces detengo la lubricación.

V: Y si además sabe que será un sexo rápido y que puede lastimarla, menos va a querer.

D: Menos todavía.

V: ¿Las mujeres somatizamos, nos enfermamos como manifestación a nuestra falta de deseo y para evitar tener relaciones sexuales? O es un estereotipo. "A mí, mujer, me duele la cabeza, o tengo gripa o me duelen los huesos, etc. etc." Por eso no tenemos sexo. ¿Qué tanto estamos haciendo esto las mujeres?

D: Mucho, aunque no es algo confesable.

V: Claro, no se lo dices a tu pareja.

D: Lo hacen en el privilegiado cubículo del sexólogo, donde todo mundo dice todo.

V: Sí, hablas de tu realidad. Para eso vas y pagas. No para seguir engañando y engañándote.

D: Por supuesto, pero no es algo fácilmente confesable. Muchas mujeres, efectivamente, construyen algo, a veces conciente, a veces inconciente, para bloquear la posibilidad de tener un estímulo adverso, como una relación mecánica, dolorosa y que no me va a gustar. O sea, "yo para qué me involucro sexualmente con esta persona, si realmente me está resultando adverso, molesto, doloroso y, en general, deplorable". Es algo que se ve frecuentemente.

V: Estamos viendo a dos grupos de mujeres. Las primeras son las que conceden sin quejarse con tal de tener un poco de cariño, de amor, de presencia masculina...

D: Que finalmente son, volviendo al lugar común, migajas.

V: Eso es lo que obtienen, y se repite el esquema.

D: Sí. Le soban el ego al macho.

V: Yo me pregunto para qué: para que las embaracen y amarrarlos. ¿Por qué como no llenan su soledad con ellas mismas, tienen a fuerzas que estar buscando al otro y en el otro lo que no se dan a si mismas?

El otro tipo de mujeres de las que estás hablando son las cercanas al climaterio o por esas edades, de parejas que ya tienen tiempo juntas, pero que ya no están dispuestas a conceder, y que están –por desgracia, a lo mejor no hablando claramente el asunto con su pareja, tanto la formal, como la que puede ser esporádica– somatizando. Prefieren enfermarse que decir la neta. "Sabes qué, me lastimas, no me gusta cómo haces el amor, ya me tienes harta". ¿Por qué? Porque decirlo es tan difícil.

D: Yo creo que estas mujeres son parcialmente empoderadas, porque se atreven a decir "no" a algo que les es adverso…

D: …pero se enferman.

V: Sí, por otro lado, al no ser asertivas y no hablar claro y no plantear una demanda de tú a tú, respetuosa pero también enérgica, perpetúan esto. Entonces, vemos parejas, que pasan los años padeciendo los mismos encuentros sexuales tediosos, e insatisfactorios, en vez de encontrar una solución preferentemente en pareja. Obviamente, que si el otro miembro de esa dupla dice que no, sobre todo con actitudes, o te dice que sí con palabras, pero no hace nada, la otra persona tendrá que tomar algunas decisiones responsables. "¿Hasta qué punto voy a seguir complaciendo el relativo placer de él y a cancelar el mío?"

V: Esa pregunta es bárbara.

D: Está sucediendo mucho en las parejas más estables, ya no tanto en el noviazgo temporal, sino en los que viven juntos, ya sean casados o no. Hay una frustración muy grande. Además –y esto es algo que me parece muy doloroso y sobre lo que hay que reflexionar– muchas mujeres me dicen en terapia: "parece que le hablo a la pared, no me pela, de hecho me ignora. Yo lo he gritado, llorado, suplicado, exigido, y de pronto no veo acción del otro lado, como si hubiera una enorme indiferencia de su parte. ¿Qué hago ante esto? Ya le busqué, ya lo intenté. ¿Qué hago?" Y plantean preguntas: "¿me aguanto para siempre o hasta que la muerte nos separe? ¿Me busco otra pareja u otras parejas?" "¿Cómo la ve, de plano dejo a mi marido?"

V: Como si además hubiera muchos hombres dispuestos afuera esperándolas.

D: En efecto. Aparecen una serie de zozobras, dudas, inseguridades que ponen en crisis a esta pareja.

V: Según tu experiencia, pensemos en que esta mujer ya está en terapia. Quiere decir que esa persona ya dio un paso. Es probable que además, en algún punto quiera reunir a su pareja, macho, señor, amante, esposo, en la clínica para tratar estos temas. ¿Qué sigue? ¿Cuál es la constante, en ese sentido, cuando una mujer llega a terapia y dice: "ya no puedo más, me lastima, llevo años así, ya no soporto, no tengo orgasmos", y lo dice frente a él.

D: El terapeuta establece las reglas del juego sin perder de vista que las decisiones fundamentales le corresponden a la propia persona. Una confrontación empática, puede permitirle a la persona erigirse en su propia experta. Para ello es necesario aclarar dudas y confusiones, adoptar resoluciones que no son fáciles, pero si necesarias.

Ahora bien, dependiendo de cómo está, en general, la dinámica de relación de pareja en los aspectos afectivos, convivenciales y sexuales, viene una propuesta terapéutica para ambos. La propuesta idónea es trabajar en pareja. Mucha gente cree que la terapia sexual en pareja es como la mecánica del sexo.

V: O sea, a ver, vengan y tengan una relación sexual frente a mí. ¡No!

D: No. Tiene que ver con revisar cómo está la relación de pareja…

V: …la comunicación, la afectividad, las cosas en común, la agresión.

D: Así es. Y sobre todo algo muy importante, el deseo, ahí sí muy conciente, muy reflexionado, de decir: "vale, yo quiero seguir con esta persona, porque todos los aspectos positivos son los que predominan, y esto que nos perjudica lo vamos a arreglar".

Entonces, una primera propuesta es trabajémoslo en pareja en una terapia sexual. Insisto, al oír la expresión "sexual", a muchos hombres les da temor, miedo, porque dicen: "híjole, esto me va a poner en evidencia". Este hombre intuye que a lo mejor en la terapia va a quedar claro que le faltan modos de abordar, métodos de seducción, formas de tener relaciones sexuales satisfactorias, y que realmente esa hipervirilidad de la cual presume tal vez no resulta tan cierta o no es lo que pensaba.

V: Y se va a cuestionar. ¡Qué bueno!

D: Así es. Para las mujeres es más fácil acceder a un proceso de terapia, porque tienen la sabiduría y la humildad de decir: "sí, sí lo necesito". Pero muchos hombres no, como terapeuta hay que hacer una labor de persuasión.

El resultado es muy positivo cuando un hombre dice: "va, yo quiero entrar a ese proceso", y además actúa en consecuencia haciendo los ejercicios, respondiendo a las propuestas de terapia, aceptando la autoexploración; poniendo en la mesa y en la práctica cosas para mejorar. Ahí el pronóstico es muy bueno.

No lo es cuando este varón, ya sea conciente o inconscientemente, mete trampas, auto sabotea el proceso y finalmente acaba no haciendo nada o haciendo muy poco. Entonces ahí, evidentemente, esta mujer tendrá que adoptar decisiones autónomas, tales como: "bueno, me la sigo llevando así, o ya no puedo con esto".

Si los factores negativos predominan sobre los positivos, las mujeres en estas circunstancias tendrán que adoptar una decisión responsable. No es tan simple como decir si seguir o no seguir, pero finalmente es a lo que arriban, o esta opción o esta otra. Y si voy a seguir, sigo para mejorar o vamos a seguir idéntico. En fin, son cuestionamientos que cada persona se tiene que hacer por su lado, y en los que hay una gama muy amplia de diferencias.

No es ahorita el tema, pero hay muchas mujeres, y cuando digo muchas hablo de una proporción mayoritaria que veo en terapia, que dicen: "bueno, yo ya lo intenté, ya hice todo lo posible, vine a terapia, le propuse, él no está queriendo asumir. Entonces, ¿qué hago?". Y luego empiezan a actuar en primera persona: "a ver, ¿qué quiero, qué necesito? ¿Necesito una vinculación amorosa y sexual más satisfactoria para mí? ¿La voy a buscar o no? ¿La quiero tener o no? ¿Voy a salir del mundo en el que he estado enconchada o aislada para poder hacerle caso a mis ganas de ser respetada, querida, deseada y con buenas relaciones sexuales, o no?"

Y algunas mujeres están optando por tener relaciones alternas. Es decir, ya no tanto la pareja estable o convencional, sino buscar una relación por fuera. Y bueno, a mí me parece que es perfectamente explicable. Los terapeutas sexuales no somos normativos, en el sentido de decirle a la gente lo que tiene que hacer o no; podemos externar una opinión, pero somos trabajadores de la salud, no somos jueces, ni sacerdotes, ni policías.

Y lo cierto es que muchas mujeres están teniendo encuentros sexuales furtivos o más o menos abiertos con otras personas diferentes a su pareja estable. Es un fenómeno que estamos observando, y que hay que citar, porque está sucediendo.

V: No me lo imaginaba. Así que las mujeres están tomando decisiones sobre su sexualidad, su deseo y satisfacción. Me da mucho gusto escucharlo. Y qué pasa con los hombres y su excitación que es el tema de esta conversación.

D: La excitación de los hombres. Los hombres están teniendo problemas con su erección, principalmente por causas orgánicas: complicaciones de diabetes, hipertensión, colesterol elevado.

V: ¿Los hombres jóvenes también?

D: También, aunque en los jóvenes son más comunes los factores emocionales y culturales que los orgánicos. En ellos, empezamos a ver causas orgánicas…

V: Hay mucha obesidad, sobrepeso, cigarro, alcohol, mala alimentación y falta de ejercicio.

D: Absolutamente. Hombres menores de 40 años están empezando a tener problemas de carácter orgánico, sobrepeso, vida sedentaria, tabaquismo, alcohol, drogas, etcétera y, desde luego, debido a la auto observación hay un gran temor a su desempeño. Se suma la presión social que les exige ser excelentes amantes, todo esto los pone tensos, nerviosos, y como consecuencia, el pene no se para o no tiene la rigidez necesaria para un encuentro sexual satisfactorio.

Sin embargo, se ve más disfunción eréctil, es decir, este trastorno persistente de la erección, que veremos en otra conversación, en personas de 40 años en adelante, personas de edad mediana a edad mayor.

V: Lo interesante aquí sería que este personaje, antes de los 40, empezara a cuestionarse ¿por qué tiene problemas con su erección? pues no creo que de repente, a los 40 años, le suceda, sino que ha sido algo que ha estado construyendo contra su virilidad, su sexualidad y su erección. ¿Qué elementos tendría que estar observando ese hombre?

D: Tres factores, desde la salud orgánica, ver los elementos de riesgo, es decir, el informarse sobre: "no me conviene fumar; no me conviene tomar alcohol en exceso; necesito moverme, hacer ejercicio, no para ser atleta de alto rendimiento, sino simplemente caminar, cosa que ya se está abandonando en las grandes ciudades y, por supuesto, visitar periódicamente al médico para, por lo menos, checarme: cómo está la glucosa, el colesterol, mi función cardiaca, cómo me está creciendo la próstata, que siempre aumenta después de los 40 años, y ahora hay estudios muy simples para poderlo saber: así como las mujeres tendrían que ir a hacerse su Papanicolaou cuando menos una o dos veces al año, los varones cuando menos un par de veces al año tendríamos que visitar al médico, para revisar los aspectos de salud orgánica.

V: Y también la mamografía en las mujeres, por lo menos una vez al año. Es curioso, muchos hombres preguntan a dónde van para revi-

sarse esa parte del cuerpo. Así como nosotros tenemos ginecólogos, ellos a dónde tendrían que ir.

D: Hay cuatro tipos de profesionales que pueden investigar esto y, desde luego, proponer las medidas necesarias para corregirlo, que son el médico o médica general. Los médicos generales bien entrenados, que son los que salen de las escuelas públicas, como la UNAM y el Poli, tienen las herramientas necesarias para hacer una buena historia de vida y una batería de estudios de laboratorio que permita saber cómo está la salud orgánica e identificar los factores de riesgo.

También el médico andrólogo, que es el especialista en fisiología masculina y en las patologías que nos afectan, está bien equipado instrumentalmente y en conocimientos para resolverlo.

Los urólogos, con un buen entrenamiento, tienen estos elementos también. Y el médico internista, porque él puede observar de manera global, sobre todo las causas de carácter crónico que pueden menoscabar la salud sexual de los hombres.

V: Regresamos a lo que me estabas planteando, que eran tres aspectos.

D: Ya vimos un poquito el orgánico. El otro tiene que ver con lo emocional. Los varones nos tenemos que entrenar para no dejarnos presionar. ¿A qué me refiero? Este bombardeo mediático, esta presión de que para ser hombre tiene que conquistar chavas, que tiene que cogérselas a todas…

V: Que debes tener un cuerpo musculoso, cabello abundante, bien vestido, un macho alfa de revista.

D: Abraham Maslow, el gran humanista, decía: "el hombre verdaderamente autorrealizado es el que se resiste a la cultura". En otras palabras, aunque me esté presionando la tele, el periódico deportivo, las opiniones de mis cuates, respecto a cómo tengo que ser, yo, persona individual me digo: "esto no me gusta. A mí me gusta esto otro. ¿Por qué diablos me tiene que gustar siempre el futbol americano o el futbol soccer o por qué consumir las así llamadas revistas para varones? A lo mejor a mí me gusta leer otras cosas, y a lo mejor me gusta el ajedrez o algo muy diferente al futbol".

Resistirse a la cultura en nuestro medio es muy difícil, porque los otros machines hostilizan. A mí me tocó particularmente vivirlo muchas veces. En una reunión de hombres, por ejemplo, en un bar, empiezan a hablar de mujeres de una manera atroz, y a mí eso ni me divierte, ni me gusta, ni me parece simpático; sentía una incomodidad como con ganas de salir huyendo. Y si hablan de futbol americano yo no sé nada de eso, jamás me ha importado tal cosa.

Hay muchas burlas y denuestos sobre otros gustos. Recuerdo que en una primera etapa me costaba mucho trabajo manejar eso. Ya he ido aprendiendo a resistir esa parte de la cultura. Pero hay mucha presión sobre los hombres.

¿Qué tiene esto que ver con la cuestión del erotismo masculino, particularmente de su excitación? Que yo puedo aprender a que a lo mejor una foto de Juliette Binoche en una postura no necesariamente lúbrica, entre comillas, me puede resultar más excitante que una chica casi haciéndose una autoexploración ginecológica en una revista amarillista. O sea, puedo aprender, puedo desarrollarlo. Y eso se llama o es una parte de resistir a la cultura, resistirse a esta presión social.

Y el tercer elemento es también sociocultural. He visto que en la medida en que un varón se sale del estereotipo del machismo y de esa cárcel simbólica que nos limita, en otras palabras, mientras empiezo a liquidar mi machismo, avanzo hacia una nueva masculinidad que me va a permitir ver a las mujeres y a los miembros de mi propio género de manera diferente, más respetuosa; y entonces, ya menos macho, puedo empezar a aquilatar los otros valores que las revistas comunes, la tele, el internet, la sociedad de consumo no muestran comúnmente.

Como por ejemplo, empezar a apreciar… a mí me pueden fascinar las nalgas de una mujer, ah, pero qué tal su inteligencia para descifrar enigmas. Me pueden encantar sus pechos prominentes, turgentes y maduritos, ah, pero también su manera de asumir su aprendizaje, su desarrollo.

V: Hay tantas cosas valorables, como su responsabilidad como estudiante, empresaria, como trabajadora, su sensibilidad e inteligencia, su sentido del humor.

D: Puedo admirar que es una excelente madre y también apreciar qué bonitos ojos tiene. Ya no cosificar la figura y el cuerpo femeninos, y esto me va a permitir ampliar la baraja de posibilidades de vincularme amorosa y sexualmente con alguien, y capaz que empiezo a desarrollar modos alternos de excitación, que no son los comunes y corrientes.

Alguien preguntaría si eso es posible. Pues sí. Los grupos que trabajan masculinidad, que se han formado y estructurado para trabajar en nuevas masculinidades y liquidar el machismo, nos demuestran que sí lo están consiguiendo. Los varones que acuden a terapia para derrotar su vieja masculinidad nos lo están demostrando. Es decir, es perfectamente posible.

Y aquí no pensemos que se requiere una gran educación para derrotar al machismo. Me ha tocado trabajar con obreros industriales, mecánicos, policías judiciales que están revisando, por ejemplo, su machismo y están consiguiendo cambios, porque a veces pensamos que eso es como de iluminados, como de personas que van a tomar talleres especializados de equidad y género… No, la gente común puede acceder a trabajar esos aspectos y a "bajarle" al machismo en un esfuerzo persistente, porque tampoco existe quien diga "yo ya superé mi machismo".

V: Pero cualquier macho que supone o piensa que tiene buenas cogidas, te contestaría: "¿y yo qué consigo con eso? Estas alternativas, ¿qué me van a dar a cambio?"

D: Dejar de limitar su vida erótica y sus maneras de abordar al otro género, ampliar su repertorio de caricias y de posibilidades de excitación y, por lo tanto, de orgasmo y de placer personal, porque entonces ya no sería "me vine y se acabó, y a otro asunto. Ahora puedo disfrutar a plenitud un encuentro sexual".

Pero también el ser mejor apreciado por muchas más mujeres. Esta idea de que el galán es el macho burdo, es falsa para cada día más mujeres. Si bien es cierto que ya dijimos que hay mujeres, sobre todo jóvenes, quienes buscan complacer al macho; también las hay con un espíritu crítico que están desarrollándose impresionantemente, y que ya le piensan tres veces antes de involucrarse con cualquier machín. Una persona, que desarrolla esa cualidades de mayor apertura y que está derrotando su machismo, puede resultar más atrayente, no para ver a cuántas se tira, sino para establecer vínculos con mayor fortaleza en lo afectivo, convivencial, emocional y erótico.

Y esa es una ganancia que le va a originar mucha tranquilidad a los hombres. Los hombres que quieren graduarse en machismo, son hombres tensos, ansiosos, nerviosos, inseguros.

V: Y que finalmente y fatalmente, para ellos y para las mujeres con las que tienen relaciones, en algún momento van a desarrollar una eyaculación precoz; y como dices, con tanta exigencia de ser ponedores desarrollarán enfermedades relativas a esta presión y ansiedad.

D: Absolutamente.

V: Por lo tanto, más insatisfacción.

D: Claro. Los hombres más equitativos generalmente van a disfrutar mejor sus encuentros sexuales. Yo creo que ese es el plus o la ganancia que los varones pueden tener.

V: Sobre todo si seguimos en esta cultura falocrática. Finalmente, si van a sentir más rico en el falo, pues probablemente eso los haga pensar que las alternativas de las que hablas pueden ser interesantes.

D: Sí. Sería tranquilidad, el asumir una virilidad más completa, el ampliar el repertorio erótico, y algo muy importante: lograr una mejor empatía con el otro género; entenderlo desde el mundo interior.

V: Empatía.

D: Y además, en el sentido del que hemos hablado, ser más atractivo para la otra persona, porque este hombre se convierte en un ser humano más completo.

V: En la homosexualidad, cuando hablamos de excitación, hablamos de erección; evidentemente no hay lubricación, hay otros elementos pero, ¿es más o menos lo mismo? ¿Los estereotipos y los comportamientos se reproducen de manera parecida?

D: Sí, por una razón: porque hombres gay y mujeres lesbianas muchas veces agarran el modelito hetero, el modelito buga, como se dice en el argot, donde hay roles muy establecidos, algo así como "jugar a que tú eres el fuerte y yo soy el débil, a jugar a que tú eres el proveedor y yo quien recibe, a que tú seduces y yo nada más me pongo".

Desafortunadamente esos modelos de rol, que tanto daño le han hecho a la humanidad, se siguen reproduciendo para muchas personas, con algunas salvedades. Por ejemplo, a mí me parece más grave la situación de dos hombres gay, porque muchas veces son dos machines compitiendo...

V: Y se han de hacer pedazos.

D: También vemos cada vez más parejas homosexuales integradas y de muchos años que han logrado ampliar y profundizar sus relaciones en todos sentidos.

V: Es cierto, las buenas parejas homosexuales, cuando logran romper estos roles de machín o hembra compitiendo, duran años, muchas son para siempre. Hay una integración intelectual, emocional, sexual. Y hay un elemento más, son extraordinariamente solidarios con su pareja.

D: Y en el caso de la relación lésbica, algo que he venido observando, sobre todo en los últimos años, son relaciones más equitativas y un erotismo más amplio, porque ya no depende del poder del falo. O sea, hay una integración de todo el cuerpo y caricias más ricas.

Lo más común es ver varones, tanto heterosexuales como gays, que siguen centrando mucho su erotismo en el pene, en su erección y en la eyaculación. No así el erotismo lésbico, que es más amplio; no digo que mejor, sino más amplio y diverso. Eso lo vemos mucho en la clínica sexológica: las mujeres lesbianas que ejercen su vida sexual generalmente tienen un erotismo que no se limita a la zona pélvica y a la penetración; por ello, desarrollan más posibilidades de expansión y exploración creativa.

Verónica: Querido David, háblanos sobre la erección porque me parece una promesa deliciosa para analizar.

David: La erección es la parte de la respuesta sexual caracterizada por la excitación masculina. Es lo que se evidencia, lo que se nota. Es decir, un varón puede estar excitado por dentro, cerebralmente, pero el signo característico en su cuerpo, el principal, es el llenado de sangre de los cuerpos cavernosos. Esto hace que el pene se rigidice, que aumente su dimensión y su firmeza. Esa es la erección, la cual biológicamente tendría un origen relacionado con la reproducción, en el sentido de que es la forma idónea de penetrar, posteriormente eyacular y con ello hacer que los espermatozoides propicien el embarazo.

Pero principalmente está vinculada con el principio del placer. Esto es, la erección es importante para tener placer, se penetre o no, que es otro tema interesante, porque una queja muy recurrente de las mujeres es que los varones inmediatamente quieren penetrar, saltándose olímpicamente todo el juego erótico.

V: Has dicho como 25 mil cosas. Quiero irme al principio de la historia. ¿Cuándo empieza la erección en los hombres? Se presenta ya desde el estado fetal…

D: Sí, se ha visto en estado fetal, con estudios ultrasonográficos u otro tipo de imagenología. Los bebitos masculinos tienen erección, y se presume que ésta tiene que ver con el contacto con el placer, por ejemplo, la caricia que les proporciona el líquido amniótico. Entonces, su código interior de respuesta cerebral y sexual no tiene que ver con la del mundo adulto. Pero se presume que ante el contacto con el placer, como sería estar nadando, estar flotando libremente en el amnios, en el líquido amniótico, esto generaría una respuesta placentera, excitante, que se traduciría en su erección.

Sin embargo, los niños de cualquier edad, me refiero a lactantes mayores y menores, en edad preescolar y escolar, llegan a presentar erecciones reflejas, que no corresponden a nada sensual o excitante, desde el punto de vista erótico. Es decir, un niño puede experimentar un gran placer y, por ende, una erección, porque su equipo favorito metió un gol o al deslizarse por un pasamanos, donde incluso podría acceder a un orgasmo, en esta caso sin eyaculación, porque todavía no se llega a la pubertad.

Y ojo, esta respuesta física que vemos en los chavitos muy pequeños es muy común. Toda madre de familia que se haya encargado de la puericultura, toda tía o nana que haya atendido niños varones, puede acreditar el hecho de que los niños tienen erección, aunque, insisto, con una connotación sobre todo subjetiva enteramente distinta del mundo adulto, e incluso puede ser una reacción refleja.

V: Y es totalmente normal. Y no sólo eso, si no sucede, algo está mal.

D: Así es efectivamente. Muchos adultos pueden ver, por ejemplo, que los niños chiquitos se ponen colorados, empiezan a sudar copiosamente, se alegran porque están teniendo un orgasmo. El orgasmo puede ser por el contacto de algo muy placentero, sin el límite que nos impone el mundo adulto; o sea, se sueltan, se dejan ir.

Entonces, el que no suceda esto, el que no haya una respuesta excitatoria, ya sea por placer o por reflejo, el que no haya el contacto con el placer que se puede notar por la respiración jadeante, los gritos, las risas, la sudoración, nos hablaría de que hay algún bloqueo, incluso a una edad muy temprana, porque recordemos que la represión fuerte empieza de la pubertad en adelante. Estamos hablando de chavitos preescolares, entre cuatro y seis años o entre los seis y los 11 años, que es la edad habitual de la primaria. Ya después vienen otros códigos, cuando empieza la pubertad.

V: Quisiera detenerme en esta parte. Vamos a suponer que una mamá a un bebé o a un niño de uno o dos años, lo limpia, lo baña, le pone

cremita, y este infante tiene erección. ¿Cuál es la respuesta que debe tener esa mamá o ese papá frente a la erección de su hijo?

D: Eso está sujeto a un tamiz cultural. Por ejemplo, sabemos que hoy en muchos lugares del campo mexicano, cuando las mamás quieren arrullar, quieren propiciar que sus niños duerman, los masturban. Es decir, les estimulan los órganos sexuales, porque saben que viene mucho placer y luego la situación de reposo. En esos lugares, en esas serranías del campo mexicano no está mitificada la idea de que es malo o negativo tocar los órganos sexuales de los niños, es como una práctica común.

Pero ya la mujer contemporánea citadina que observa la erección de su hijo, por ejemplo, durante el sueño…

V: …o cuando lo está bañando, limpiando, encremando…

D: …se saca de onda. Generalmente lo vincula con el código adulto. O sea: "si se le para el pene, es porque se excitó y a lo mejor se excitó conmigo, yo mamá, ante mi desnudez o mis caricias o cuando lo limpio, algo estoy haciendo mal". En muchos casos es un desconcierto muy grande. Porque no tienen información al respecto. En general, lo que hacen las mamás, y me lo dicen en terapia o en los talleres, es reprimir esa conducta, como si el niño —en un absurdo— voluntariamente decidiera que el pene se le parara, cuando todo el mundo debería saber que es un reflejo involuntario.

V: Sí, tiene que ver con algo tan elemental como el placer, pero ahí empieza la represión, y lo terrible es que los padres reaccionan reprimiendo algo natural en sus hijos varones, a partir de su desinformación. ¡Qué peligroso!

D: Claro, porque ese niño no le pide a su pene que se pare. No es voluntario. Entonces las mamás reprimen: "niño cochino", pueden hasta darles un manazo.

V: Si lo entendemos como es, con la naturalidad del hecho, es hermosísimo, porque sin esta connotación adulta, lo que te está expresando tu hijo chiquito en esos momentos es que tiene placer, que está

contento. Imagínate, a mí me han contado mujeres que cuando ven el pene erecto de su hijo de dos o tres años, le dan un *garnuchazo* para que se les baje, o un o pellizco. ¡Eso es una monstruosidad!

D: Absolutamente. Y aún cuando no fuera esa erección causada por un placer sensual, por ejemplo, cuando el agua cae en el cuerpo, aun cuando fuera nada más un mecanismo reflejo, quiere decir que su hijo, su bebe está funcionando bien, que fisiológicamente está bien.

Creo que la actitud conveniente aquí es la naturalidad: sucedió esa erección y va a desaparecer. No hay por qué sacarse de onda. Motivo también que nos permite subrayar otra vez la necesidad tan imperiosa de que haya educación sexual para mamá y papá…

V: Es fundamental que la gente, los padres de familia, los maestros y maestras entiendan que es normal y natural y que no lo repriman o le den otra connotación. Porque si alguien ve la erección de su hijo, y se excita con ello o intenta provocar, desde el código adulto, esta erección, a esta conducta se le llama abuso sexual. Desgraciadamente con frecuencia nos enteramos de este tipo de comportamientos negativos de adultos hacia pequeños.

D: Ahí entramos a un problema muy complejo, por múltiples razones. Voy a poner un caso típico: una mamá con absoluta desnudez está bañando a su hijo pequeño y éste, por el contacto sensual, o sea, con los sentidos, del agua, del tocamiento, de la manipulación, de la piel de la mamá, quizá de sus pechos, puede experimentar una reacción eréctil, es decir, una erección.

Hasta ahí, me parece que asumirlo con naturalidad es la conducta adecuada. Aquí lo que sucede es que a veces desde el mundo adulto, con ese código de vincular una respuesta del cuerpo a un acto erótico adulto, hay casos de abuso. Recordemos que los abusos sexuales también tienen que ver con tocamientos no queridos. Entonces, me imagino a un adulto que está bañando a un pequeño, que nota la erección propia, y este adulto, casi siempre un hombre, estimula al pequeño para que éste tenga una erección.

Como bien dices, ahí ya estamos ante la presencia de un abuso, no porque sea per se, por sí mismo, desagradable para el niño, sino porque es algo no consentido, y a veces nos olvidamos de que los niños tienen derechos. Y un derecho es tener una actividad consentida, gustosa, querida, consensuada.

V: Y propia de su edad. Cuando ya puedan decir no o sí. Cuando tengan información suficiente para saber lo que quieren y lo que no.

D: Por supuesto. Recordemos que muchos contactos de abuso sexual no son coitales ni implican siquiera penetración, lo que llamamos la masturbación asistida, o sea, cuando un adulto acaricia los órganos sexuales de un niño o niña; acciones de exhibicionismo, donde se le pide que haga poses o movimientos que pueden inducir a un tipo de excitación al adulto, por supuesto, tocamientos, besos no deseados, sexo oral, etcétera. Todo esto forma parte de ese capítulo nefasto del abuso sexual hacia infantes.

Yo creo que mamá y papá o cualquier persona vinculada con la puericultura de un chavito debiera, si no habituarse, porque quizá no sea la palabra, ver con absoluta neutralidad o con naturalidad la reacción física de un niño que tiene una erección. En las niñas es más complicado darse cuenta, porque la lubricación no suele verse a simple vista.

Aquí es muy importante adiestrar a los niños a que rechacen un tocamiento no querido, para lo cual es básico darles credibilidad, porque a veces los adultos no les creemos a los niños: "¡Cómo es posible que digas que tu tío te hizo esto, te hizo lo otro, si él es incapaz de hacer eso!"

V: Por desgracia a veces son los propios padres, hermanos, abuelos, amigos de la familia.

D: Claro. Negamos la versión de los niños, no les hacemos caso. No nos damos cuenta de sus derechos, los atropellamos.

V: Pasemos a otro tema relacionado con la erección, David. ¿En qué momento la erección empieza a ser ya una erección que va a tener

eyaculación? ¿En qué momento el niño deja de serlo y pasa a ser pú-ber, adolescente, con toda la carga erótica?

D: En realidad no podemos hablar de un momento porque las erecciones y los orgasmos se presentan, no así la emisión de una eyaculación en el caso de los varones. Empieza justo en la pubertad. La pubertad constituye la serie de cambios biológicos que se producen en un niño que transita hacia el ser adulto. Cuando digo ser adulto no me refiero a adulto cronológico, sino con las potencialidades de crecimiento, desarrollo de la osamenta y los caracteres sexuales secundarios. Esta fase del desarrollo también incluye la capacidad reproductiva, que es muy importante.

V: ¿A qué edad se da eso?

D: En general, los niños tienen una pubertad más retrasada, en comparación con las niñas. Una niña entre los 11 y los 14 años puede empezar a tener su pubertad, y un niño puede empezar un poco después de los 13 años. De tal manera que se dan casos en los que una niña, por ejemplo, en sexto año de primaria, ya menstrua y ya tiene, por ende, potencialidad reproductiva, y un niño que va en primero de secundaria todavía no.

Hay una disparidad, que más adelante se va a empatar, pero al principio las niñas dan el estirón, crecen, se consolidan sus caracteres sexuales secundarios: sus pechos, su cuerpo se torna curvilíneo, por supuesto, se desarrollan la vulva y la vagina y, en general, los cambios físicos de esta etapa. Y los varones se tardan un poquito más. Por eso muchas veces niños y niñas contemporáneos tienen un desarrollo desigual.

Aquí hay dos cosas muy importantes. Una es que empieza a surgir el deseo con una connotación más adulta. La otra es que los procesos de atracción física, emocional e intelectual, se manifiestan de modo más contundente. Si bien es cierto que en la niñez somos capaces de gustar, atraer y enamorarnos, también lo es que en la pubertad biológica –pues adolescencia es un fenómeno sociocultural– la expresión de estas potencialidades es más constante y manifiesta.

V: Al principio dijiste una frase: connotación adulta, ¿podrías explicarla más ampliamente?

D: Es decir, en esta etapa ya suele haber atracción física, deseo de caricias recíprocas, hay mucha literatura al respecto –sin señalar el internet– que habla de noviazgos y de cortejos en etapas tan tempranas como la primaria o el primer año de secundaria. Ya la atracción tiene que ver mucho con una connotación física, más de fusión del cuerpo: los besos, el noviazgo, el faje, el cachondeo y eventualmente las relaciones sexuales.

Digo eventualmente, porque no es que todos los niños y las niñas empiecen a tener actividad erótica, es que la edad del primer coito en nuestra cultura, se presenta mayoritariamente entre los 15 y los 19 años. Entonces, es previsible que un chavito o una chavita en segundo o tercero de secundaria estén iniciando ya su vida erótica coital.

No hay que olvidar que ya está la potencialidad de la reproducción. O sea, ya se producen células germinales, ya puede haber óvulos maduros en la niña y espermatozoides activos en el niño. Lo comento porque un mito muy difundido es que las primeras producciones de espermatozoides no van a ser capaces de fecundar. Todavía escucho esa vieja frase, que es como una leyenda: "los primeros contactos sexuales no te van a producir un embarazo; no ha madurado tu aparato reproductor".

V: Otra vez la peligrosa desinformación o el manejo de los mitos alrededor del sexo.

D: Entonces tenemos embarazos no deseados en chavitos muy jóvenes, niños y niñas que se asustan ante el hecho y que jamás hubieran pensado que biológicamente serían padres.

V: En este caso la recomendación es que desde el primer coito, aún en edades tempranas, si así lo deciden, siempre utilicen el condón, porque de otra manera puede haber embarazos no deseados y todas sus consecuencias, además de enfermedades de transmisión sexual.

D: Así es. La incidencia de embarazo adolescente es muy alta.

V: ¿Tienes una cifra?

D: Se habla de cientos de miles en un año, según el Sector Salud. Estamos hablando de un serio problema de salud pública que afecta la vida de muchos jóvenes.

V: David, en estos días escuché que más del 40 por ciento de embarazos son no deseados. No se refería sólo a adolescentes, hablaba de embarazos en todas las edades. Cuarenta por ciento de los niños que nacen en este país no son deseados. Con razón estamos como estamos.

D: Sí, Verónica. Eso es muy grave.

V: Volviendo al tema de la erección. ¿Cómo vive un hombre sus erecciones? Me refiero a un adolescente, porque ya hablamos de los niños.

D: En ocasiones he dado talleres para adolescentes. Y me cuentan cosas como ésta: "estaba en la clase de geografía en la secundaria, pensando en una chavita que me gusta mucho y que se me para el pene, justo en el momento en que el profe me llama al pizarrón". Este caso se vive con gran vergüenza y mucha culpa, porque el joven no pasa al pizarrón, no porque no conozca la respuesta, sino porque se le tiene que bajar la erección primero.

Se vive con reacciones diversas como: gusto, porque no deja de ser simbólicamente un signo de virilidad en nuestra cultura, vergüenza, porque *hace el oso* ante sus compañeros. Y de presunción: "mira, ya se me para y ve cuánto mide", etcétera.

V: Esto es muy común, la competencia de tamaños.

D: Sí. Además, muchas veces, a diferencia de los adultos, que tienen erecciones intermitentes, se pueden presentar más o menos a permanencia, es decir, por varios minutos; de tal suerte que un chavito en el Metro, en el pesero, en la calle puede tener una erección no querida en ese momento, y que además le cuesta un poquito de trabajo que se baje.

No obstante, creo que en general se vive como satisfactoria, excepto en esos momentos angustiosos o de ansiedad, pero también me han tocado testimonios de chavitas, de mujeres que se desconciertan mucho cuando un varón tiene una erección, como que no saben qué hacer ante eso, por ejemplo, ante la proximidad física, ante un besito de despedida o simple y sencillamente están haciendo juntos una tarea de la secundaria, están muy juntos, y él presenta una erección que, obviamente, no puede pasar desapercibida; ella se percata y dice ¡qué pasó aquí! Puede haber desconcierto en ellas. Pero en otras ocasiones, al contrario, es como: "híjole, algo me vio que tuvo erección", porque algunas chicas ya tienen la información de que es parte de una respuesta sexual. Es muy variado.

V: Siguiendo con el tema de la erección, cuáles serían los criterios para valorarla. Incluido el tema de los tamaños y medidas.

D: Justamente en la pubertad es cuando viene el crecimiento de los órganos sexuales, en este caso, obviamente, del pene. Empiezan también momentos de mucha zozobra para los chavitos, porque dudan sobre si es correcto, si es adecuado el tamaño de su pene. Esto lo subrayo porque, efectivamente, en el periodo que va de la adolescencia a la adultez joven, es cuando el pene alcanza su mayor dimensión, por razones fisiológicas y anatómicas. Se ha visto que los rangos, los promedios son variables. Recordemos que en nuestra cultura latina, por factores genéticos, un pene adulto en estado de flacidez suele ser de 9.2 cm. de longitud, y en estado de erección su longitud alcanza 12.75 cm. Sin embargo, estos promedios son otros en las etnias africanas, por citar algún ejemplo. Recomiendo a los mexicanos nunca comparar sus dimensiones con las de algún africano.

V: ¿Por qué, son muy grandes?

D: Sí, en promedio. No obstante, debo recordarte que más importante que el tamaño es la rigidez y el modo de usarlo.

V: Volviendo al tema de la firmeza del pene: ¿existe alguna forma para medir esta erección desde que inicia?

D: Hay un método al que se le conoce comúnmente como escala de firmeza de la erección, también llamada Índice de Goldstein, porque fue Irwin Goldstein, un investigador, quien la propuso y que permite tanto al varón como a su pareja, una suerte de autodiagnóstico para ver cómo está funcionando su erección.

Divide los grados de erección en cuatro. Y se explican así: en el grado 4, donde no hay ningún tipo de disfunción, el pene erecto tiene la firmeza, la consistencia de un pepino. Ahí no hay problema para la penetración y para que dure dicha penetración en el caso de que se optara por esa caricia.

En el grado 3, el pene erecto tiene la consistencia de un plátano con cáscara. Le falta firmeza, pero hay la suficiente dureza para penetrar. Ahí hablamos de una disfunción eréctil mínima.

En el grado 2, es como un plátano sin cáscara. Se dificulta o se impide la penetración, le falta mucha consistencia. Hablamos de una disfunción eréctil moderada.

Y, por último, en el grado 1, hay flacidez. Es decir, la consistencia del pene erecto es como una gelatina cuajada. Ni remotamente se podría penetrar.

¿Por qué es importante esta escala de firmeza de la erección, este Índice de Goldstein? Porque permite que cada hombre se auto-diagnostique, es decir, que pueda checar cómo está su grado de erección ante un encuentro erótico, o bien, que le pida a su pareja le ayude a evaluarlo.

V: ¿Cómo hacerlo? ¿Esto no sería un tanto agresivo para el varón, que su pareja diagnostique cómo es su erección? Es un golpe al pequeño o gran macho que todos los hombres llevan dentro. Aunque evaluarlo es fundamental para poder enfrentarlo y hacer algo al respecto, porque la falta de erección no es para siempre, hay terapias para lograr revertir este problema si es sólo psicoemocional y no biológico.

D: La actitud de la mujer heterosexual es definitiva. El respeto por delante, pero también una genuina preocupación compartida en aras de restituir la salud sexual. Y sí, una evaluación es necesaria y oportuna, porque en el momento en que se diagnostica, hay que ir de inmediato con el médico, preferentemente con uno que tenga formación sexológica, dado que un problema de erección es un "foquito rojo", no solamente por la función eréctil y la relación sexual en sí mismas, que ya sería importante, sino porque se ha visto que puede ser el primer signo de problemas de salud más severos.

Las arterias helicinas o penianas son más delgaditas que las arterias coronarias del corazón y que las arterias cerebrales. Si hay un problema de disfunción eréctil, puede ser el primer signo de que puede haber, tarde que temprano, infartos al miocardio o accidentes cerebro vasculares, lo que llamamos trombosis, hemorragias cerebrales, etcétera.

Es como un signo que le permite al médico decir: "tratamos la disfunción eréctil o el problema de salud que está en este momento, y acto seguido prevenimos problemas de infartos al miocardio o que puedan conducir a que se pierda la vida". Y, desde luego, siempre es muy importante tratar la parte orgánica, porque la gran mayoría de los problemas de disfunción eréctil tienen una base física, a diferencia de las otras disfunciones.

Entonces, complicaciones de diabetes melitus, colesterol y triglicéridos elevados, depresión –que es un problema orgánico– de hiperplasia prostática, que es el crecimiento natural de la próstata, y en general de problemas de salud orgánica de los hombres, tienen como complicación que se afecte la erección, porque se dañan los nervios periféricos, los vasos sanguíneos o a veces todo en su conjunto.

Hoy se le está dando mucha importancia a la integridad del endotelio vascular, que es una capita celular que reviste internamente a las arterias. Si esa membranita, al interior de los vasos sanguíneos, está íntegra, en general no hay problema. Cuando se afecta o está alterada justamente por erosión, por inflamación de los nervios o por problemas de aporte de sangre, entonces va a producir un síndrome de resistencia a la acción de la insulina, taponamientos parciales y otras alteraciones severas. Esto conduce a lo que los médicos también llamamos el síndrome metabólico. Es una triada: hipertensión arterial, grasas elevadas en sangre y diabetes mellitus.

Estos elementos configuran un problema de salud muy importante que puede conducir, si no es bien cuidado, a un deterioro muy grande y a la muerte temprana en los varones. Por ello, el asunto de la erección es importante por sí mismo y como un signo indicativo de que se puede poner la vida en riesgo.

V: ¿La edad de los varones tiene relación con su erección? Porque es común escuchar entre los hombres que si ejercitas tu sexualidad y tu erección, toda la vida estarás como tú dices, con una erección rígida como el pepino.

D: Hay una correlación estrecha, no por la edad en sí misma, sino porque a partir de los 40 años somos más susceptibles a padecimientos orgánicos, justo por la evolución natural.

V: Tendemos a separar lo sexual… como que el pene es otra cosa, y más los hombres. A los 40 muchos hombres siguen pensándose y obligándose a vivir como si tuvieran 20. Las mujeres también, pero ahora estamos hablando de la erección masculina.

D: Empezamos a tener algunos problemas de salud inherentes a la edad. Por ejemplo, la próstata empieza a crecer, y es natural que así sea. Si tenemos antecedentes familiares y, por ejemplo, dieta rica en grasas, fumamos y no caminamos, se crean las condiciones propicias para la diabetes mellitus, la hipertensión arterial y lo que llamamos la dislipidemia que es la elevación de las grasas "malas" y la reducción o inactividad de las buenas. Estos padecimientos orgánicos van a llevar a alteraciones en los vasos sanguíneos y, por ende, que suceda la disfunción eréctil, que puede ser un síntoma muy precoz de problemas severos, como ya dijimos. Pero además los hombres, de los 40 en adelante, en general, estamos angustiados, estresados, luchando por sobrevivir o para alcanzar metas que nos habíamos planteado en la juventud. Esto es importante desde el punto de vista de la salud emocional. Por ejemplo, los hombres de mi generación, muchos nos comprometimos con el cambio social; nosotros queríamos una revolución, para decirlo claramente. Y a veces contemplamos, con frustración, que no alcanzamos ni tantito lo que nos habíamos propuesto. Que no obstante las luchas, huelgas, protestas, manifestaciones y marchas, y en otros casos la participación activa en la política, no nos alcanzó para cambiar las estructuras.

Eso nos genera frustración, ansiedad y un sentimiento muy adverso de "híjole, mi vida de qué ha servido, si mis propósitos de cuando iba en el CCH o en la prepa, o en la universidad no se han cristalizado". Pero también estamos luchando por metas materiales inmediatas. Es decir, a lo mejor no tenemos los bienes materiales que quisiéramos, ni le podemos heredar a los hijos el bienestar que nos gustaría.

Y tal vez empezamos a dudar de nuestra virilidad, porque ya no surge el deseo tan fácilmente como antes o nos cuesta trabajo la excitación, y esto va generando un círculo vicioso: entre más ansiedad y estrés haya, menos capacidad eréctil tenemos. Es curioso: puede estar presente el deseo, pero al no presentarse la erección, por ejemplo, tener un grado 2 en lugar de uno 4, nos frustra y nos hace sentir mal.

Entonces, se suman la crisis de la edad mediana, los padecimientos orgánicos, la ansiedad, el estrés y las sensaciones de que no la *hemos hecho* en la vida. Es como un complejo entramado lleno de cosas que hacen que nuestra función sexual se deteriore.

V: Añádele que venimos de una educación en donde el centro de lo masculino es el pene y su erección y desempeño, lo acabamos de hablar, y si vemos que a partir de los 40 años, los hombres pueden empezar a tener problemas como los que estás mencionando, ¿qué es lo que le pasa a un hombre frente a esta situación?

D: Es un cuadro que puede ser dramático y devastador emocionalmente, porque como bien has dicho, si un varón centra en la genitalidad y en la erección del pene su concepto de virilidad, si ya no está teniendo la firmeza de erección como cuando tenía 30 años, desarrolla internamente la idea: "tal vez ya no soy suficientemente hombre". Y es muy triste porque entonces, si de por sí era pobre su erotismo, ahora se vuelve nulo.

¿Qué es lo que hace? Son conductas paradójicas. Por un lado se puede estar absteniendo de tener relaciones sexuales con su pareja estable, porque tiene temor al desempeño, o teme la descalificación de ella, algo así como: "ya no me va a querer y no me va a desear". Pero por otro lado, trata de subrayar o de enfatizar su virilidad porque "donde hay cenizas hubo fuego". Y lo que trata de demostrar es que sigue vigente, con otras parejas, y entra a esta carrera muy intensiva de conquistar a cuanta chica se pueda, preferentemente joven, porque entonces "sí la hago. Tal vez con mi mujer –mi posesión– ya no, pero voy a demostrar que soy galán, que puedo conquistar y que puedo tener un encuentro sexual".

Y entonces recurren al pastillazo. Felicité profesionalmente y agradecí la existencia del Viagra y semejantes. Lo que pasa es que los hombres con esa ansiedad y obsesión, lo único que quieren es pasar la prueba: que se me pare, la meto, eyaculo y se acabó. Empiezan con un afán de no vinculación genuina, sino con la idea de a ver a cuántas me tiro.

V: De verdad que es un problema de salud pública, pero como seguimos en una sociedad falocrática, estos temas no se tocan; y el sistema del macho a toda costa, simulado, pero macho, sigue vigente, con la estela de sufrimiento y frustración para él y para los que afectivamente y sexualmente lo rodean.

D: Estos hombres se tardan mucho en ir al sexólogo, al médico, porque dicen que se la llevan así, evadiendo relaciones sexuales con su pareja, fingiendo demencia o tratando de dosificar estas relaciones, en un afán ansiógeno de conquista que a veces es de mucha presión. Además hay sentimientos de culpa, por eso no va al médico, porque no quiere enfrentar su realidad.

V: ¿En qué momento, o por qué razones, hablando del común denominador de los hombres, pasa finalmente por su cerebro, el que ese tipo de problemas que están teniendo a nivel de erección, tienen que ver con el resto de sus padecimientos físicos? ¿O siguen separando el pene del resto de su cuerpo para siempre?

D: Absolutamente. Es algo impresionante, porque hasta gente que se supone muy informada, no logra establecer esa correlación. Y si lo ves, no puedes hacer algo para solucionarlo.

V: Van a ver al médico –a los 40-50-60 años– a hacerse un examen general para ver triglicéridos y colesterol. Y resulta que están altos sus

niveles de grasa. ¿No se les ocurre que parte del problema de erección que tienen puede venir de ahí?

D: No. Se resisten inconscientemente. Hay defensas muy fuertes. Es como: "el pene es otro sujeto, un ente independiente y yo soy otro". Y eso se traduce en algo muy elemental. Los médicos tenemos una frase que dice: "no hay apego al tratamiento" y, en efecto, no se apegan al tratamiento, porque lo niegan inconscientemente. Aunque desde la razón lo admiten. Y dirían: "para qué quiero hacer dieta, para qué tomar estos medicamentos, hacer ejercicio, dejar de fumar, si yo estoy bien".

Dejan de cuidarse y atenderse, y se va deteriorando la capacidad de erección y el cuadro se va haciendo cada vez más agudo, porque aquí hay otro elemento muy importante: de por sí nuestra sociedad es violenta y el machismo es violento. Cuando un hombre se frustra reiteradamente, se torna más violento, y lo vemos en la dinámica de la relación de pareja: insultos, evasiones, a veces golpes, ley del hielo, chantajes. Y este hombre que está angustiado, estresado, reacciona contra la otra persona, su pareja o la persona que tiene más cerca.

Y el hecho novedoso, como ya lo decíamos en otra charla, es que cada vez más mujeres se están percatando de esto, y dicen: "¿y yo qué hago aquí?"

V: Sí, nos estamos preguntando: ¿qué derechos tengo, además, este hombre me está martirizando con sus problemas que no resuelve: fuma, bebe, no hace ejercicio, no hace dieta, y nosotras como mamás, enfermeras sobre ellos. Y nos repetimos y repetimos, a veces me escucho parezco tía regañona, hasta que me agoto.

D: Ese es el momento en que ellas empiezan a reivindicar este derecho al placer y al bienestar, además de su autonomía, cosa que enfurece más al varón: "yo te tenía aquí y ahora te dejo de tener". Es algo muy complicado que forma parte de la crisis de la edad mediana, pero es un fenómeno que se produce cada vez más.

V: Qué fuerte e importante que lo digas. ¿Tú lo ves en terapias, a partir de los 40 años, eso es lo que está pasando?

D: Ahí empieza, a veces antes.

V: ¿Cuándo se agudiza?

D: Cuando se ingresa al sector de entre los 50 y los 60, es cuando ocurre el impacto más severo, porque ni nos sentimos hombres jóvenes ni viejos. Estoy en medio. Y esa sensación de no pertenecer a ninguna parte y tratar de encontrar una base, de reivindicar el placer y la virilidad, es algo que puede ser muy desesperante.

Hay varones que se llenan de miles de cosas como distractores. Desde que se inventaron las agendas y los celulares, encontramos 90 cosas que realizar, y cada vez son más, trabajos y/o compromisos "ociosos" que nos hagan evadirnos. Quizá no nos damos cuenta de ello, pero más allá del trabajo prolongamos nuestra parte laboral y social y finalmente el encuentro íntimo, no necesariamente una relación sexual, sino el poder verse, platicar, hablar de nosotros…

V: Se clavan en la televisión o en el Sodoku o cualquier jueguito del celular, lo que sea para evadirse, para no pensar ni hablar de sus broncas, para finalmente enfrentarlas y ver si se puede mejorar o cambiar algo a través de especialistas en el tema. Y el problema es que si no se cuestionaron antes, más jóvenes, ¿cómo lo van a hacer ahora? ¿Cómo van a enfrentarlo? Me parece una tarea casi imposible.

D: Se da una gran paradoja. Vivimos en pareja, pero somos como perfectos extraños, porque ya no hay el espacio íntimo para hablar de nosotros… Estamos juntos, pero estamos solos.

7 ▫ HIPOLUBRICACIÓN

Verónica: David, hablemos ahora de las mujeres. La mujer a partir de los 40 también tiene una serie de cambios naturales. Nacemos y empezamos a morir. No quiero ser negativa, pero es la ley de la vida. La mujer, además, tiene cambios hormonales, porque paulatinamente va a tener pérdida de estrógenos, por lo tanto, problemas en huesos, menos lubricación. Y sobre este tema, excitación, en relación con lo que hablábamos, la erección en los hombres y la lubricación en mujeres; ellas, por la baja natural de hormonas, van dejando de lubricar ¿o es finalmente también una reacción, se van secando, por la falta de tocamiento generoso, amable, previo, atento de su pareja? Años de autismo emocional, de vivir con avaros emocionales, ¿pueden dar por resultado esta falta de lubricación, de humedad vital en las mujeres?

David: Es una pregunta compleja. Para contestarla, voy a apelar a la experiencia viendo a una enorme cantidad de mujeres. No quiero minimizar la importancia de los estrógenos, pero a mí me parece que se ha exagerado su protagonismo. El hipoestrogenismo –baja en los niveles de estrógeno– que, según la persona, puede presentarse a diferentes edades, alrededor del climaterio, origina dos problemas de fácil resolución: uno es el que la vagina lubrica menos, y el otro tiene que ver con la turgencia de los pechos a la hora de la respuesta sexual. La capacidad de congestión se reduce un poco. Nada más. Nada de eso impide un buen encuentro sexual, sobre todo ahora que hay terapias sustitutivas de estrógenos, cuando hay toda suerte de…

V: …también hay mucho cáncer. Tenemos que estar prevenidas, porque no por tener lubricación nos metamos todos los estrógenos del mundo. Están los lubricantes locales a base de agua como el KY y muchos otros. Ya les daremos la receta de la gelatina sin sabor hecha en casa.

D: Claro. Mucho cuidado. Esta baja de estrógenos no explica el que la vida sexual pueda empobrecerse. Yo lo que veo en las mujeres que están en el rango de 50 a 60 y tantos años, en un primer momento hay un saque de onda espantoso, porque la pareja estable, cuando la hay, ya no pela, como que está enfocado a otros temas, como que ignora su cuerpo, presencia, deseo. Deja de tomar la iniciativa, y entonces viene un desencanto muy grande. Eso se da en un primer momento.

Pero luego viene un segundo momento, que yo vería como de renacimiento. Ya pasó la etapa de los partos y el cuidado de los hijos. Yo mujer ya no me preocupo por la anticoncepción; no es un problema para mí, porque no me voy a embarazar. Ya tengo más tiempo, trabaje o no trabaje de manera formal; dispongo de más tiempo para mí. En este segundo momento dicen: "voy a ver si logro reanudar mi vida amorosa, de pareja con este ser humano que vive conmigo". Y se afanan en eso una temporada.

Si el otro es sensible a esto, maravilloso, sensacional. Qué bueno. Se puede reestructurar una relación de pareja, amorosa, erótica, muy padre. Pero si no, "lo que voy a hacer, es algo por mi bienestar, por estar bien conmigo misma", y ahí el espectro es muy grande, desde personas que subliman, y dicen "me voy a dedicar a cosas no precisamente amorosas y sexuales, pero sí que me mantengan ocupada", hasta personas que dicen "yo lo que voy a hacer es atender mi cuerpo. Me involucro en masajes, en *fitness*…" Otras mujeres dicen: "yo sí me procuro eróticamente y recurro a la masturbación". Y otras dicen: "una de dos: o me involucro en una relación amorosa plena, que incluya encuentros sexuales, o bien, busco uno o varios compañeros sexuales, porque yo también quisiera compartirme eróticamente, corporalmente con otra persona".

V: Las mujeres también tienen ese derecho. Sobre todo cuando sus relaciones han sido francamente malas. Pero no es fácil.

D: ¿Quiénes son las que lo están empezando a hacer? Nuevamente eso que yo llamo la clase media ilustrada, que son las personas más informadas y que, por ende, tienen más oportunidad de liberarse.

Algo así como: "una nueva oportunidad para disfrutar de mi erotismo compartido con otra persona".

Y volviendo a lo de la excitación femenina, la hipolubricación no se presenta tanto por hipoestrogenismo, que también existe, sino más bien por un deficiente arte erótico del compañero sexual o de sí misma. En otras palabras, si yo mujer tengo un compañero sexual que no es muy buen amante y yo misma no me he adiestrado en ese oficio, seguramente que por más que le hagamos no voy a tener buena lubricación. O si me autoerotizo, con una metodología inadecuada, a lo mejor no alcanzo buena excitación. O si no me conecto con mi fantasía o con mi imaginación, por más que esté acariciando el clítoris, no logro lubricar. Eso es más frecuente que por el hipoestrogenismo *per se*.

Ahora, cuando el problema es exclusivamente la reducción de estrógenos, hay recursos como geles neutros de aplicación local, pomaditas con estrógenos o terapias con estrógenos, que siempre deben ser administradas por un médico…

V: …que conozca la historia clínica familiar. Se recomienda, cuando no hay lana, que se preparen una gelatina sin sabor, sin azúcar, natural, grenetina pura. Ya cuajada la guardan en un frasco de vidrio. Y lo tienen a la mano. Ese es el lubricante más económico, hecho en casa. Dura una semana.

D: Hay que recordar que algunos cánceres son estrógeno-dependientes, como el cáncer del cuerpo de la matriz o el de mama. Finalmente te diría que la mayor parte de los casos de lubricación vaginal reducida, puede ser tratado con terapia sexual, en la que un objetivo central es reestructurar la experiencia erótica para mejorar los encuentros sexuales.

Parejas abiertas

V: Aunque no es tema, quisiera que abordáramos lo siguiente: los hombres va a ser difícil que abran la relación, que propongan una "re-

lación abierta", no obstante que están teniendo relaciones sexuales con otras mujeres, aun con una pareja estable. Es común, tú lo ves en terapia. En las mujeres es más complicado; abrir la relación sería tener el permiso del marido para otra relación. ¿En qué medida las mujeres actualmente piensan y proponen a sus parejas abrir la relación?

D: Está sucediendo, aunque no mayoritariamente. Lo que tenemos que examinar es la relación de pareja cerrada, que es la más común, donde no se habla nada y las cosas se producen sin que haya conocimiento del otro o de la otra.

V: Relaciones de engaño mutuo.

D: Eso siempre ha existido, es subrepticio, y la gente cuando lo descubre se siente traicionada. En la pregunta que me planteas se propone un nuevo estatus…

V: …sí, es un nuevo estatus. Tú lo que plantearías como sexólogo clínico es el tratar de abrir la pareja, para que no hubiera traición, deslealtad, para que nadie se sintiera mal.

D: Sí. Además con normatividad. Si se va a producir la relación extra pareja, con qué normatividad. ¿Por qué es importante la normatividad? Porque, por ejemplo, existen las infecciones de transmisión sexual y en las personas fértiles puede haber embarazos no deseados. Entonces, si vamos a tener nexos con otras parejas, ya sea encuentros ocasionales o relaciones un poquito o totalmente estables, ¿cómo le vamos a hacer, cómo nos informamos, en qué quedamos y cómo queda el vínculo afectivo entre nosotros?

Abrir la relación de pareja no es permiso para coger. Abrir la relación de pareja es un estatus de honestidad, apertura y confianza, con una redefinición de lo que son los conceptos de fidelidad y de pareja. Hoy por hoy, las mujeres están más preparadas para eso…

V: …porque no es: "te dejo, y ahí muere, adiós", sino "quiero seguir contigo porque te quiero, porque tengo una serie de cosas contigo que me importan, pero quiero abrir la pareja porque necesitamos más estímulos." ¿Algo así?

D: Exacto. Eso es válido, planteado por uno y otro. Pero lo que sí tiene que haber es equidad. O sea, no es sí para mí y no para ti. Yo puedo coger y tú no. Más bien, que sea un acuerdo recíproco.

V: Supongamos que la pareja masculina no abra la relación, y él haga lo que quiera, siempre y cuando se cuide y no sea muy evidente, entonces ¿qué opciones tiene la mujer frente a esta no posibilidad de pareja abierta explícita que su marido le niega?

D: Una cosa es lo que yo quisiera, yo David, y otra lo que realmente está ocurriendo. Lo que está ocurriendo es que hoy la pareja abierta es utópica para los hombres. Los hombres con pareja dicen que sí a los encuentros extrapareja. Es como decimos en mi pueblo: "una cosa es que creas en el diablo y otra que se te aparezca". Ya a la hora de la verdad, los hombres no pueden con eso, porque ven herido su orgullo personal, su machismo, su falso concepto de virilidad.

V: Volvamos al tema de la falta de erección. El hombre ya empezó a tener problemas, y de pronto llega la pareja que le dice: "oye, porque no abrimos la pareja a otras relaciones sexuales", y en el remotísimo caso, pensemos que él acepta, y luego la ve con alguien en la calle, y se "muere", porque tiene toda esta inseguridad acumulada también por sus problemas de erección.

D: Te lo pongo más tangible. Una pareja heterosexual que lleva varios años de casados, platican para abrir la relación, y dicen: "ok, cuando esto suceda nos informamos respetuosamente…"

V: …y usamos el condón y nos cuidamos, etcétera.

D: Ok. Hasta ahí, en el plan teórico, todo va bien. Pero, por ejemplo, en esta misma pareja, ella le dice: "fíjate que ya tengo una cita con un cuate que me atrae mucho, y en aras del acuerdo que hicimos, te quiero comentar que me encantaría tener una relación sexual con él". Entonces, el macho reacciona ya sea con ira, sarcasmo, agresión pasiva o activa o bien dice: "en estos momentos rompemos el acuerdo." Eso es lo que estamos viendo, en realidad. "De lengua me como un plato". Yo por eso hace rato decía que hoy por hoy, las mujeres están más preparadas que los hombres porque, en primer lugar, asumen que el varón lo ha estado haciendo o lo puede estar haciendo…

V: …lo sabemos y muchas veces ya los perdonamos mil veces.

D: Así es. Se da por hecho de alguna manera, ya sea que lo hayan descubierto o intuido. Entonces "ahora va la mía", no tanto por venganza, sino más por equidad. Pero entonces, al haber esa reacción adversa del hombre, las mujeres se ven muy confrontadas, porque dicen: "a ver, qué voy a hacer en esta circunstancia. Si yo me animo a lo que habíamos acordado, seguramente este machín se va a ir. O si no se va, me va a hacer la vida imposible. Va a ser un infierno. Me va a estar presionando, agrediendo…"

V: …así como lo pones, mejor no digo nada…

D: Exactamente. Y ahí vamos a la realidad: que muchas parejas, entre comillas, abiertas, regresan a ser parejas cerradas y siguen el viejo esquema de relaciones subrepticias, porque si no, arde Troya. Entonces es triste que una propuesta tan renovadora, respetuosa en realidad, equitativa, como es la relación abierta, en la práctica, para mucha gente, no está resultando.

Las parejas que tienen el grado de crecimiento como para honestamente abrir la relación, les va bien, pero son contadísimas. Implica renunciar a la posesión del cuerpo de la otra persona. Para un macho común, es imposible. Estos temas generalmente en el mundo exterior no se platican, aunque los damos por un hecho. Me explico: yo, por razones de género, a veces interactúo con hombres en ausencia de las mujeres, y me divierte ser observador de lo que dicen. Las ideas, las consignas, los estereotipos acerca de las mujeres son verdaderamente fantasiosos y absurdos. Pero yo que tengo el privilegio de también entrar al mundo de las mujeres, por mi oficio terapéutico, conozco la otra visión del mundo; me siento privilegiado porque conozco los dos mundos.

V: ¿Los dos son igual de fantasiosos?

D: Son igual de fantasiosos, nada más que los hombres no lo sabemos, no lo intuimos o no lo imaginamos. Los hombres creemos que somos siempre racionales, reflexivos, que pensamos las cosas, que nos vamos con las ideas y no con los sentimientos, más no es así, es de alguna manera reforzar un estereotipo, que no siempre es real. Nos la creemos así.

Esto lo comento, porque a la hora de hablar de pareja, de fidelidad e infidelidad, de relaciones extraconyugales o de problemas de erección y lubricación, de pronto las ideas que nos hacemos son enteramente irreales, equivocadas, y es un motivo más de que no logremos acoplarnos.

V: Sería muy sano afrontar y vivir nuestra realidad.

D: Hay gente que sigue sosteniendo, yo no lo creo, que las mujeres son de Venus y los hombres de Marte, no porque vengamos de planetas diferentes, sino porque nuestra formación, nuestra educación es enormemente disímbola.

V: En algún momento de las parejas, esta opción que tiene la mujer de buscar, estando en pareja formal pero cerrada, alguna posibilidad de una relación que no le comprometa, es complejo. Las mujeres se asustan mucho de abrir una relación, porque entre otras cosas sabemos que podemos enamorarnos. Otra vez es cultura, educación. No logramos establecer una relación sexual sin una connotación emotiva. Y esto no es así para el hombre. Las mujeres se la piensan mucho. "¿Cómo le hago, cómo ligo y luego cómo me va a ir si me involucro afectivamente?

D: Sigue existiendo este miedo, pero muchas mujeres, en algún sentido, informadas, liberadas, empiezan también a reconocer su derecho al placer sin compromiso afectivo. Esa vieja consigna: "yo para acostarme con alguien tengo que amarlo o me tienen que amar a mí" ya está quedando atrás en un sector todavía reducido de la población. No es la mayoría de las mujeres. Son mujeres, insisto, de clase media ilustrada, informadas, que se han liberado.

¿Qué es lo que están haciendo? Pues seguir el esquema masculino, pero con motivaciones distintas, es decir: "yo voy a tener encuentros sexuales sin compromiso. ¿Por qué? Porque lo necesito, porque me quiero sentir deseada, acariciada, tener orgasmos, quiero compartirme corporalmente con otra persona", lo cual, por cierto, es un derecho. Están haciendo efectivo su derecho.

Hay muchas formas. Una de ellas es ampliar la vida social. Muchas mujeres han estado constreñidas al ámbito de la casa. No tienen una vida autónoma social. Por ende, conocer galanes o pretendientes, es muy difícil. Y entonces empiezan a renovar su vida social, conocer nuevas personas y ver cómo le hacen para vincularse con alguien, con la disposición de aceptar propuestas, incluso simplemente para tener una relación sexual.

Otra fórmula es lo cibernético, el internet, los famosos clubes de corazones solitarios, donde ya no se trata de conseguir novio, sino más bien tener una pareja sexual o más de una. Y un tercer elemento es el de la pareja sustituta o pareja vicariante, que es un esquema que nació en terapia sexual, propuesta que utilizamos las y los terapeutas sexuales y que básicamente es tener una pareja que en la cama sustituya a la pareja formal que no está presente por cualquier razón.

Digamos que una mujer que tiene una disfunción erótica, como inhibición del deseo o anorgasmia, pero que no tiene pareja sexual, podría entrenarse en una interactuación con otra persona que bajo ciertas normas éticas, hace las labores de pareja sustituta o vicariante. Esto es en terapia.

Pero también en algunos casos, y siempre con ese contrato, en el que estén muy claras las reglas, una persona que no tiene pareja sexual que quiere tenerla, la puede tener de esa manera, bajo ese precepto de contrato. Un convenio muy particular que se relaciona con no ingresar a la vida personal del otro. Algo así como: "nos encontramos en el café y en la cama, pero no vamos a estar con los otros conocidos, con el otro mundo personal de cada uno".

El contrato también puede establecer: "si surge algún vínculo afectivo, lo hablamos y cambiamos la relación o bien la dejamos de tener", porque se supone que el acuerdo tiene que ver con algo puramente erótico. Y otras normatividades, en algunos casos incluso económicas, no como un trabajo de prostitución o de labor sexual, sino más bien con cosas que tienen que ver con los gastos relativos a estos encuentros sexuales.

V: Suena interesante, y cada quien paga sus gastos, o ¿cómo le hacen?

D: Se ponen de acuerdo. Por ejemplo: "vamos al café, tú pones ocho y yo pongo dos pesos, dependiendo de los ingresos, o ponemos cinco y cinco. Vamos a alquilar una habitación de un hotel, y dividimos el gasto". Ese tipo de consensos y acuerdos.

Ya fuera del ámbito terapéutico, en las relaciones alternas, se establecen vínculos donde yo me inclino a pensar que ambas personas, es decir, la pareja sustituta y la persona que ha decidido tener ese servicio, salen beneficiadas. ¿Por qué? Porque por más neutro de sentimientos que sea un encuentro, hay contacto de la piel, de las emociones…

V: …sí, claro, si no somos animalitos, es un intercambio más amplio, no solo coital.

D: Puede haber intercambio de placer en donde ambos salen ganando. Eso es una realidad. También quiero decir algo: hay un conflicto aquí en el plano ético, porque habemos personas como yo y otros reconocidos especialistas en el campo, que estamos muy a favor de la pareja sustituta, de la pareja vicariante. Pero hay profesionales más conservadores que dicen: "no, porque esto interfiere, esto contamina…"

V: ¿Por qué?

D: Parten de una concepción moralista.

V: ¿Y estas parejas vicariantes o sustitutas hombres no se enamoran, lo logran?

D: Sucede, sí. Y se habla, se trata en terapia. Es muy importante que estén muy claras las reglas, la normatividad. Y, desde luego, cuando surja algo inesperado, algo fuera de lo establecido, se platique y se reformule el acuerdo.

8 ▫ ORGASMOS

Verónica: David, sé que es complejo explicar qué es el orgasmo; sin embargo creo que tanto física como emocionalmente tiene varios elementos que debemos revisar y yo diría hasta entender. Ya que existe un grupo numeroso de mujeres que no llega al orgasmo por muy distintas razones que aquí veremos, Pero empecemos, si te parece, por esta posible definición,

David: El orgasmo es la fase de la respuesta sexual que se presenta ante la persistencia de estímulos físicos y emocionales eficaces, generalmente, pero no necesariamente después de una excitación sostenida —llamada *meseta*— y que consta de dos elementos: una serie de contracciones musculares involuntarias, sobre todo en los órganos del interior de la pelvis y, lo más importante, la sensación subjetiva de placer o construcción emocional de una bellísima experiencia gratificante y generalmente breve. Suele durar segundos o fracciones de segundo. Los dos componentes son, entonces, la mioclonia o conjunto de espasmos musculares y las sensaciones emocionales e intensas de bienestar o éxtasis. Quienes hemos vivido la experiencia orgásmica la describimos en forma muy diversa —recordemos que el factor individual y subjetivo así lo determina— por lo que no podríamos caracterizar genéricamente al orgasmo; diríamos más bien que hay orgasmos diversos. Muchas personas viven el orgasmo como una *experiencia cumbre*, según el concepto acuñado por Abraham Maslow. Me han dicho algunos consultantes de uno y otro género: "sentí que levité"; "fue como una fuerza centrífuga que partía del centro de mi pelvis y que se irradió a todo mi cuerpo"; "una descarga eléctrica en mi interior"; "sentí pulsaciones en la vagina y después un calor intenso que se agolpaba en mi cabeza y en mi pecho"; "una alegría increíble que me obligó a gritar"; "olas de energía en mi pene y tensión muy *chida* en la parte interior de mis muslos"; " dulcemente, me morí un ratito"…y de muchas formas más.

En el interesantísimo libro *La ciencia del orgasmo*, de Beverly Whipple, Barry Komisaruk y el mexicano Carlos Beyer-Flores (Paidós, 2008) en medio de la divulgación de grandes avances en la comprensión fisiológica del orgasmo, se insiste en la existencia de dos formas específicas de orgasmo: el genital o común y el no-genital, que es aquel que se obtiene cuando se estimulan partes del cuerpo que no son los órganos sexuales pélvicos (vulva, pene), pero que producen sensaciones muy intensas. A mi juicio, esa clasificación es ociosa y tiende a la focalización y el estereotipo que reduce la práctica erótica al empleo de "las partes sexuales". También creo que los autores privilegiaron la idea más orgánica de que son las terminaciones nerviosas las principales responsables del orgasmo, sin considerar suficientemente los elementos subjetivos y psicoafectivos. Sin soslayar la enorme importancia de los factores neurológicos periféricos, me parece, más bien, que tendríamos que hablar de un *orgasmo total* que tiene múltiples variantes y procede de muy diversos estímulos. Esa idea, por cierto, campeó en mi libro *En las alas del placer* (Pax México, 2005).

V: Llegar al orgasmo, sentirlo, experimentarlo. ¿Quién nos enseña? ¿Qué tiene que pasar para que yo mujer logre tener uno o varios orgasmos y que estos sean satisfactorios?

D: Contestar a tus preguntas requiere primero hacer una generalización: acceder al orgasmo para la mayoría de las mujeres implica tanto un ambiente propicio y relajado de gran seguridad emocional, como un conjunto de estímulos propios (ensoñación, fantasía, evocaciones) y de la otra persona, en caso de estar en una relación sexual en pareja. Me refiero a las caricias de ese otro, sea un hombre u otra mujer.

Desafortunadamente el erotismo femenino ha estado validado y condicionado por los hombres. El guión sexual de las mujeres no ha escapado a los designios del machismo. Tradicionalmente las mujeres se han apegado a los estilos de relación sexual impuestos por los roles de género, esto es varón activo, mujer pasiva, ausencia de preludio erótico, relación con penetración inmediata y por lo tanto muy escaso o nulo placer femenino. Las mujeres, entonces, no tienen un aprendizaje específico sino más bien se adaptan artificialmente a sus parejas.

V: Entonces el problema es de los hombres, nadie les enseña a ellos o les enseñan mal a acercarse sexualmente a las mujeres y estimularlas lo suficiente para que ellas también logren sus orgasmos.

D: En parte es así, a tal punto que algunos colegas míos hablan de que el problema sexual surge cuando participa un hombre. A juzgar por lo que relatan las mujeres en psicoterapia y en talleres vivenciales, parece ser que el erotismo lésbico es más amplio y de mayor calidad que el gay —entre dos hombres— y el heterosexual, en el que participan un hombre y una mujer.

V: ¿Qué factores contribuyen a este pobre erotismo masculino? Sería importante profundizar sobre esto aunque ya lo vimos en anteriores capítulos de este libro, ellos tampoco viven su erotismo plena y satisfactoriamente.

D: Creo que se debe al hecho de que los hombres estamos más "genitalizados", nuestro erotismo mayoritariamente es limitado y focalizado, esto es, centramos los estímulos y el placer en el pene y el coito…las mujeres no, pues su erotismo tiende a ser más global, es decir, incluye, pero trasciende la vulva. Fina Sanz, la gran terapeuta valenciana, ha destacado este hecho en su propuesta sobre los psicoerotismos femenino y masculino.

El gran problema es que tradicionalmente las mujeres, una gran proporción de ellas, a menudo ceden al empeño de los hombres, los cuales, en general, reducen el encuentro sexual al puro coito. Fíjate: en un encuentro lésbico, en el que intercambian caricias dos chavas, no son relevantes ni un falo, claro está, ni la penetración. Así, dan lugar a las caricias en todo el cuerpo, al cachondeo amplio. Los estímulos van de sutiles a muy intensos y, desde luego, a variadas formas de acceder al orgasmo.

V: Híjole, entonces me he perdido de mucho. Pero si finalmente ese no es tu camino en cuanto a la sexualidad, y sigues insistiendo en tener relaciones con parejas masculinas, creo que habría que ayudarles a ser más dinámicos con eso que han llamado inteligencia erótica.

D: Claro, igual que tú pienso que es esencial que los hombres incrementen creatividad, imaginación y variedad en los estímulos placenteros que prodigan a las mujeres. Más, aún, es una demanda muy generalizada de ellas. Tengo claro que sus parejas, las mujeres heterosexuales, lo agradecerán. Bueno, si me apuras, tampoco dudo que algunos varones homosexuales muestren de igual forma su agradecimiento.

V: Y pasando a las disfunciones del orgasmo, ¿cuáles son las más frecuentes?

D: Reduzco a dos las disfunciones eróticas del orgasmo: anorgasmia y orgasmo rápido. Este último es uno tan fugaz que "ni a melón me sabe"; cuando empezaba a ser disfrutable, ¡zaz, se acabó! Por ello resulta frustrante, displacentero y se le clasifica como disfunción. Claro que habrá quien diga con cuestionable sentido del humor, que "una pareja sexualmente perfecta" es aquella formada por alguien que sea eyaculador precoz y otra persona con orgasmo veloz, muy veloz.

A la preorgasmia ("ya merito") –disfunción tan frecuente en las mujeres– es mejor clasificarla dentro de la meseta de la respuesta sexual, junto con las alteraciones sexuales comunes en los varones: eyaculación precoz, retardo eyaculatorio y aneyaculación, también conocida como inhibición eyaculatoria.

V: Oye, espérate, me gustaría que explicaras más esto del "ya merito" en nosotras, porque si lo que vemos que hay son hombres que tienen erección y luego, luego, sin previo cachondeo, quieren penetrar y ya. Pues claro que tenemos esta supuesta "disfunción" y lo dejo entre comillas.

D: Podríamos decir que es una promesa incumplida del cuerpo femenino. La prontitud en el acto de coger, sin preludio, esto es: caricias, seducción, desde luego que propicia que la respuesta femenina no "crezca", y se estacione para luego desaparecer. Una chava, por ejemplo, está en plena relación, empezando a sentir rico, y el cuerpo le anuncia que viene algo sensacional, pero esto, o no llega nunca, o llega muy empobrecido; es decir, ya no fue el orgasmo maravilloso que el cuerpo prometía, sino un "orgasmito".

V: Pero tenemos también este problema de la anorgasmia, nada de orgasmito, de plano nada de nada.

D: La anorgasmia o ausencia de sensación placentera intensa es, después de los trastornos del deseo, la disfunción de la vida erótica más frecuente en las mujeres.

V: ¿Cuándo o cómo la mujer sabe que tiene una disfunción y que debe hacer algo, que no es normal no tener orgasmo? Aunque sé que muchas mujeres no tienen orgasmos. Yo tuve el primero a los 30 años. Y empecé mi vida sexual a los 16 años.

D: Debo decirte, Verónica, que la respuesta no es tan sencilla. De hecho, hay mujeres que nunca han tenido un orgasmo, definido éste como una reacción orgánica y emocional que incluye espasmos musculares y belleza subjetiva. Hay otras que sólo perciben la parte fisiológica pero el componente emocional "les queda a deber", pues el placer es incompleto o de plano no existe. Otras más sólo tienen placer intenso cuando se masturban y no al tener un vínculo erótico en pareja. Me ha tocado atender en terapia a algunas mujeres que a lo anterior agregan que el coito, no les favorece, sino les obstaculiza o impide que accedan al orgasmo, sea por dolor, apresuramiento o falta de sabiduría y delicadeza en las caricias del compañero. Pero hay más…el estímulo principal que favorece que una mujer alcance —palabra curiosa— el orgasmo, también es extremadamente variable. Por ejemplo, hay quienes relatan que ese estímulo desencadenador del orgasmo es la caricia en el clítoris, otras mujeres hablan de que es la penetración superficial, otras la profunda…pero también quienes refieren que el estímulo básico para que se presente el orgasmo es un chupeteo suave en los pezones, un beso profundo, una tierna frase susurrada al oído, o bien una exclamación soez o procaz. En fin…

V: A ver, pero que tan "necesario" es para una vida saludable y plena sexualmente "alcanzar" un orgasmo en pareja.

D: Antes me referí al curioso verbo "alcanzar", porque la ansiedad y obsesión de tener un orgasmo conducen a un efecto paradójico: el orgasmo se hace inaccesible y se aleja cada vez más. Así, algunos sexólogos mencionamos la existencia de la *dictadura o tiranía* del *orgasmo* como origen central de un buen número de descalabros sexuales.

V: Es el momento de comentar algunas de las causas más frecuentes de la falta de orgasmo.

D: Las causas de la anorgasmia son amplísimas. Desde afecciones orgánicas como trastornos de los nervios periféricos, vasos sanguíneos, niveles hormonales, complicaciones de enfermedades orgánicas como diabetes mellitus y depresión, hasta el empleo de diversos medicamentos que actúan sobre el sistema nervioso central (tranquilizantes, barbitúricos y otros), así como drogas de abuso que originan adicciones. No obstante, son más frecuentes las causas de anorgasmia relacionadas o derivadas de factores psicoafectivos, educacionales y por una dinámica de relación de pareja altamente conflictuada. Los sexólogos coincidimos en que la inmensa mayoría de los aspectos promotores o desencadenantes de la anorgasmia, no son biológicos. A menudo encontramos en las historias clínicas sexuales datos como: educación familiar cargada de mensajes represivos y culpígenos sobre la sexualidad, vida erótica llena de miedos y limitaciones, ideas en torno a que el placer es de mujeres "putas e indecentes", así como frecuentísimas "broncas" de pareja derivadas de convivencia incómoda, desamor, riñas, violencia moral y física…

V: Claro, se añaden los conflictos de pareja a esta amplia lista de razones.

D: Sí, desde luego. Como bien sabemos, una proporción considerable de las parejas estables se constituyen por enamoramiento, *la enfermedad aguda del amor*, el cual es un fenómeno alucinatorio y fugaz que no siempre deviene amor consistente. Luego de un noviazgo *encantador*, sobrevienen tedio, rutina, molestias e incompatibilidades continuas, acres discusiones, incluso animadversión. Es obvio que del encanto inicial sólo queda… desencanto.

V: ¿Pero cuál sería tu recomendación, hablando de la autoerotización? Porque si todo lo demás está mal, pues quedo yo con mi cuerpo y mi responsabilidad de sentirme bien, mi posibilidad y derecho a experimentar placer.

D: La masturbación es un placer independiente y recomendable, sin duda. Incluye no sólo el contacto físico que impulse un orgasmo, sino también la reconciliación con el propio cuerpo y un apapacho que genera bienestar emocional. Si en pareja no se puede, por las razones que sean, el autoerotismo es magnífico para el bienestar sexual. Regresando a la anorgasmia femenina, dos terapeutas sexuales de gran trascendencia, Helen Kaplan y Lonnie Barbach, dijeron en su momento que una causa frecuente e importante de ésta, es el miedo –conciente o no– a perder el control de los impulsos y las reacciones físicas y emocionales. Yo corroboro esa tesis, porque las exploraciones clínicas nos muestran el deterioro erótico al que se llega cuando una persona no se logra abandonar al placer. El hecho encontrado es un temor, casi siempre irracional, a *dejarse ir*, a "soltar el freno". Entonces, al contenerse para no *emputecerse* o *estallar de placer*, bloquean su orgasmo. También ocurre, por un mecanismo psicológico semejante, que otras mujeres anorgásmicas o preorgásmicas, eviten, como defensa inconsciente, fundirse y abandonarse por completo al placer y a la fusión con su pareja. Otras más, ante el asomo de "tanto placer", impiden que dicha intensidad les lleve a problemas cardíacos, convulsiones o falta de control de esfínteres. Por supuesto que en la mayoría de los casos, se trata de meras fantasías catastróficas altamente improbables.

V: Interesante, cuéntanos ¿cómo se llega a un diagnóstico en este tema y cuál sería el tratamiento?

D: Antes de iniciar una terapia sexual, primero hacemos una meticulosa exploración de la vida erótica en una amplia historia clínica; diferenciamos entre una anorgasmia primaria (la que ha estado presente desde siempre) y una secundaria (la que sobreviene después de un período en el que sí ha habido orgasmos), esclarecemos la causa o causas y diseñamos la intervención terapéutica específica para cada persona y caso concreto. La terapia sexual es el tratamiento, por cierto, tiene tres modalidades: individual, en pareja y grupal.

V: ¿Los hombres también sufren de anorgasmia? ¿Se dan cuenta, lo consultan?

D: ¡Claro que los hombres también podemos tener anorgasmia! Tu pregunta es muy pertinente porque no suele hablarse de varones anorgásmicos; se da por hecho que los varones siempre tenemos placer erótico. Hay dos situaciones que frecuentemente acompañan a la anorgasmia en hombres, son dos disfunciones igualmente comunes: inhibición eyaculatoria, en la que no hay ni eyaculación ni orgasmo y la frecuentísima eyaculación precoz, en la que se produce la salida del líquido seminal por el impulso que le dan las contracciones del músculo liso de las vísceras pélvicas: próstata, vesículas seminales y conductos eyaculatorios. Sin embargo, en la eyaculación precoz suele no estar presente la sensación subjetiva de placer. Lejos de ello, hay malestar emocional, angustia y frustración.

V: Pero aquí ya nos hablas de otras disfunciones. ¿Un hombre que no sufre de otras disfunciones puede tener anorgasmia?

D: En efecto, Verónica: también existe la anorgasmia masculina como "disfunción pura" y no derivada de otras disfunciones. En esos casos no es consecuencia o parte de otras alteraciones negativas del erotismo, pero según mi experiencia profesional, estas situaciones son infrecuentes, cuando menos como motivos de consulta.

El tratamiento estriba en psicoterapia sexual integral, muy ocasionalmente apoyada con medicamentos reguladores del talante o antidepresivos. En manos de profesionales en salud sexual, también la anorgasmia masculina tiene buen pronóstico.

V: Oye David, me he enterado que algunos médicos están prescribiendo testosterona a mujeres anorgásmicas y también a hombres

con distintas disfunciones. ¿Esto está bien, no es una locura meternos hormonas, y para qué?

D: Existen sí, indicaciones específicas de los hormonales en general, pero se ha abusado. Un buen número de profesionales de la salud se ha hecho eco de la publicidad de la industria químico-farmacéutica y de la llamada medicina basada en evidencias, información que se sesga de manera indiscriminada, sin estudiar adecuadamente cada caso, se recetan inyecciones, parches o pastillas con testosterona. Aunque la teoría nos indica que es justamente esta hormona la principal responsable biológica del deseo, se cometen tres errores: no se toman en cuenta los aspectos emocionales y subjetivos que influyen en el deseo, orgasmo y erección. El segundo es que al introducir hormonales al organismo se le "da en la torre" al sistema de regulación glandular interno, provocando un desequilibrio que puede afectar la salud en general. Un ejemplo puede ser que a la larga se inhiba la producción natural de testosterona. El tercer error se refiere a los efectos secundarios: aparición de vello facial en las mujeres o estimulación del crecimiento de la próstata en hombres, por citar sólo dos.

V: Para terminar, tu recomendación a mujeres y hombres para lograr tener orgasmos en pareja ¿cuál sería?

D: Lo primero es saber que es posible y un derecho de todos. Lo que sigue es trabajar en ello sin obsesión ni ansiedad. Las parejas que logran tener orgasmo en su encuentro erótico han aprendido a "leer el cuerpo" propio y del otro u otra; es decir, identificar los ritmos, regiones del cuerpo, tipos de caricias físicas y verbales que a cada individuo conducen al orgasmo.

Los hombres debemos empatizar con las demandas femeninas, pues en términos generales su erotismo es más subjetivo y cadencioso, suele requerir de la elaboración de imágenes mentales y de caricias ora tiernas, ora intensas. Debemos también olvidarnos de las famosas zonas erógenas universales y más bien descubrir las específicas de la pareja. Es necesario también enriquecer nuestro repertorio erótico, que como hemos dicho antes, suele reducirse al coito apresurado.

En el caso de las mujeres, es urgente que renuncien a su tradicional pasividad, y al simple papel impuesto por los varones de sólo abrir las piernas para ser penetradas. Me parece que ellas tendrán que ser más audaces y propositivas, aunque esta actitud al principio "saque de onda" a los machos. Las mujeres pueden contribuir a "desgenitalizar" el erotismo de los varones para que éste se convierta en una experiencia más rica e integral. En pareja, conviene hablarnos claro. Comentar tanto nuestras expectativas como nuestras insuficiencias; hay que tomar en cuenta que no nacemos sabiendo expresar nuestro erotismo, sino que lo debemos encontrar y desarrollar.

V: Nunca es tarde para aprender a sentir y dar placer. Es uno de nuestros derechos humanos, pero además una necesidad para tener una salud integral.

9 ▫ "FILIAS" O MANIFESTACIONES DE LA DIVERSIDAD SEXUAL

Verónica: David, le vamos a entrar a un tema polémico: sexualidad atípica, a qué tipo de comportamiento, conducta sexual le llaman sexualidad atípica, que en muchos casos se conocen como parafilias o perversiones.

David: Una característica humana ha sido su sociodiversidad. Los comportamientos sexuales no son la excepción; es decir, tanto en los gustos como en los repertorios eróticos hay una enorme diversidad. Sin embargo, a menudo se ha confundido la peculiaridad erótica y emocional de las personas cuando sus fantasías y conductas no forman parte de la convencionalidad o de los "guiones sexuales" mayoritariamente aceptados. Para mí ha sido un interés desde hace mucho tiempo despatologizar, es decir, quitarle la etiqueta de enfermedad a comportamientos sexuales que tienen una connotación erótica, que realmente son muy frecuentes, pero que justamente por esa patologización y esa satanización, son cosas de las que no se habla públicamente, más bien se comentan en la esfera muy personal o privada; se ocultan. Y no es para menos, dado que los psiquiatras, y algunos psicoanalistas ortodoxos, sobre todo, se han encargado de ponerles etiquetas diagnósticas y a agruparlas como distintas formas de fetichismo.

Lo que he sostenido es que se confunde una declaración ideológica con un diagnóstico clínico, porque finalmente comportamientos como el sadomasoquismo, la audiofilia, la paidofilia o la gerontofilia, por citar algunos ejemplos, son actitudes eróticas que mucha gente tiene, que tenemos.

De hecho, en cada historia clínica sexual que hago, siempre exploro esto en los consultantes e invariablemente encuentro una, dos, tres, diez, treinta o más manifestaciones de la diversidad sexual, que fue el nombre que les quise poner justamente para desmitificar estos conceptos de parafilia, desviación, perversión, etcétera.

No fui el primero ni he sido el único. Ya antes Juan Luis Álvarez Gayou, Francisco Delfín y Oscar Chávez, los tres, importantes sexólogos mexicanos, hicieron intentos desmitificadores, hablando de expresiones del erotismo o de la sexualidad, pero a mi juicio fue insuficiente, porque no plantearon lo que yo creo que es más importante: criticar la medicalización de esos comportamientos. Porque en realidad no son extravagancias psíquicas ni son alteraciones emocionales, sino más bien, yo así les puse, tropismos psicológicos, o sea: se dirige la energía psíquica a la satisfacción de necesidades eróticas. Y a veces estas necesidades eróticas se apartan del guión sexual preestablecido, o sea, ni son coitales, ni son necesariamente encaminadas a siempre tener orgasmos, ni tienen que ver con un encuentro sexual convencional, sino tal vez es algo atípico, entre comillas, como algo que se sale de lo común.

Me gusta ejemplificarlo con un caso al que le di seguimiento, durante algunos años, el de una persona a la que llamé *El Superhéroe*. Un varón en la quinta década de la vida, casado, con hijos, un hombre de una profesión y una actividad genuinamente convencional, el típico clase mediero, pero que su motivo de consulta era que quería saber si tenía algún tipo de alteración mental.

Su caso era el siguiente: su esposa y él tenían un modo muy particular de tener relaciones sexuales. Él, para poder experimentar deseo y "prenderse", excitarse, tenía que hacer una serie de cosas. Por ejemplo, que su esposa lo esperara en el primer piso de su casa, coquetamente ataviada con un negligé. Él, en la noche, oculto, se disfrazaba de superhéroe, de *Batman* o del *Hombre Araña*, y de manera subrepticia, agitando la capa, trepaba al primer piso, y en el momento que entraba a la habitación por la ventana, ya la excitación era muy fuerte, porque él había hecho una acción de superhéroe, y su esposa, quien estaba enteramente de acuerdo con todo esto, lo estaba esperando. Después tenían un encuentro erótico delicioso. Pero si no se daban esas condiciones, si no era subrepticio, disfrazado de superhéroe, él no se podía excitar.

V: ¿Cómo se llamaría esa forma de conducta sexual?

D: Es una combinación de manifestaciones de la diversidad sexual. Está la fobofilia, que es el placer erótico por las situaciones de riesgo o de peligro; también una especie de mimetofilia: disfrazarse de acuerdo con un ambiente determinado; iconofilia, porque se supone que es un héroe o una figura de acción admirada de la cual se disfraza; y otros elementos.

Con la experiencia previa de haber estudiado estos temas, ya trabajando con él en terapia, pude darme cuenta de muchas cosas. En primer lugar, que él estaba absolutamente contento con lo que hacía, en el sentido de que lo disfrutaba. Era algo que quería y había descubierto la llave para hacerlo. Lo gozaba enormemente junto con su pareja, quien no solamente estaba de acuerdo, sino que le gustaba esa emoción y se prestaba para la puesta en escena.

Y, por otro lado, él no le hacía nada malo a nadie. Incluso todo lo hacía a escondidas para no verse sorprendido y para no asustar o impresionar negativamente a alguien. Y entonces se reunía aquí la regla de oro: yo estoy bien, mi pareja está bien, nadie sale perjudicado y los dos gozamos.

Entonces, reflexivamente, ¿con qué cara voy a ponerle un diagnóstico psiquiátrico a este hombre? ¿Porque es extravagante, porque hace cosas que a lo mejor yo no haría, porque es atípico o fuera de lo convencional? Pues no. Yo no tendría derecho. Y creo que es el error que comúnmente cometen muchos profesionales de la salud mental: basarse en los manualitos, como el Manual de Diagnóstico y Estadística de los Trastornos Mentales y en criterios, hasta cierto punto, normativos; como jueces del comportamiento de los otros.

Este consultante ya había pasado por psicoterapia y por una evaluación psiquiátrica, y le pusieron no menos de ochos diagnósticos…

V: Lo que vale la pena resaltar es que él mismo se sentía fuera de la norma. Esta norma rígida de cómo debemos ser frente a ciertas situaciones. Por lo tanto pidió ayuda psiquiátrica.

D: Y además lo habían medicado. Le habían dado medicamentos, que finalmente no le quitaron el impulso –no tendría sentido–, pero por otra parte no modificaron su comportamiento –no tendrían por qué modificarlo. Él creía estar fuera de la norma de salud mental porque había hecho propia la patologización. Como decimos los psicoterapeutas: introyectó su propio diagnóstico, aunque con serias dudas sobre la razón de ser de dicho diagnóstico. En su fuero interno, dudada de las "bondades" del tratamiento psiquiátrico.

V: Este es un caso de final feliz. Y supongo que este desenlace es poco común. Porque cuando alguien tiene un comportamiento que no es considerado, hasta por él mismo como "normal" o "común", yo creo la persona como mínimo se angustia, y supongo que se deprime. Porque se enjuicia bajo esos parámetros de normalidad. Si esta persona está viendo que la única manera que tiene para lograr una erección y placer, es que tiene que fajar a un árbol y después fajarse a su mujer o a un perro, qué se yo. Pero además tienes que encontrar a alguien que quiera entrarle, acompañarte en este comportamiento atípico. ¿Cómo llevar esto por un camino que haga a la persona sentirse tranquila con su diversidad sexual, como tú le llamas?

D: Ciertamente hay una angustia destructora, porque la sensación es: "yo estoy haciendo algo que no es normal, a lo mejor estoy más loco que una cabra", básicamente por este guión sexual impuesto, las cosas tienen que ser de cierta manera y no de otra, cuando realmente la gente tiene diversidad en sus modos de adquirir placer.

Simplemente este hecho: hay muchas mujeres que disfrutan su erotismo sin tener actividad coital, ya sea mediante masturbación u otras formas mucho más sutiles que penetrar o ser penetradas. Esto, en sí mismo, se sale de un guión y por lo tanto se considera malo. Sigmund Freud llegó a decir que el orgasmo femenino clitoridiano era inmaduro, como diciendo: "si no te penetran, eso no está bien".

Por eso los médicos no debemos reforzarlo, porque la angustia y la depresión se acentúan, el cuadro se hace complejo. Porque además, como ciertas palabras están ya muy asociadas a la cultura: "esto es enfermizo, patológico, esto no se debe hacer", y conceptos como "desviación" y "perversión" también figuran en el lenguaje de todos los días; a la gente, de inmediato se le deposita la idea de que lo que está haciendo es anómalo.

Pensemos en comportamientos tradicionalmente estigmatizados. Pensemos en sadismo y masoquismo. En general, la gente dice: "esto es lo más remoto a mi vida. Eso es de loquitos. Eso es del psiquiátrico. ¿A quién se le ocurre gozar golpeando a alguien o dejándose golpear". Eso lo hacemos todos, realmente, en diferentes grados y diferentes proporciones. Por ejemplo, a muchos nos gusta dar besos mordelones, a muchos les excita dar y recibir chupetones, nalgadas, rasguños. Hay personas que infieren un dolor más intenso, pero no solamente dolor físico, sino a veces dolor emocional. Por ejemplo, ciertas conductas de vejación teatralizada, algo así como: "tú eres mía, tú me perteneces, eres mi esclava", y todos los actos que tienen que ver con sujeción, humillación y vejación, son actos teatralizados que pueden hacer gozar a quien lo vive, ya sea recibiéndolos o dándolos.

En la vida concreta somos sádicos y a veces masoquistas, pero aquí el punto central, para que sea una manifestación de la diversidad sexual, es que haya consenso, que haya mutuo acuerdo, que los dos estemos en la misma jugada, porque si no lo hay, estamos en presencia de una agresión.

V: Habría que subrayar mucho este punto, si no hay mutuo acuerdo, entonces se convierte en agresión. ¿Es entonces una patología?, pregunto.

D: Depende. A veces hay patología mental o emocional; pero más frecuentemente, en las agresiones consensuadas, existe violencia machista. Por esa razón, quienes postulamos una visión más abierta, existencial humanista, crítica de la patologización o de la medicalización, de pronto o se nos malinterpreta o se piensa: "es que ellos están a favor de todo. No tienen valores. Sólo les interesa el placer". Y no es así realmente.

V: Vamos a suponer que una de estas personas está muy nerviosa, muy ansiosa, y va a ver a uno de estos médicos psiquiatra o psicote-

rapeuta. Entonces el médico lo diagnostica como perversión, como patología, lo pone en terapia y lo medica. ¿Se le quita? ¡No!

D: No. Más bien puede afectarle funciones emocionales y mentales, por los efectos colaterales ya sea de los fármacos o de una terapia conductual de aversión.

V: Y esto lo empeora.

D: Lo puede dopar. Puede favorecer que se adormile, que sus procesos de raciocinio y de "darse cuenta" se vean muy alterados. Además, algunos fármacos empleados en psiquiatría le pegan al deseo sexual.

V: Y entonces no va a tener relaciones sexuales satisfactorias. Le cancelan su libido.

D: Sin hacer desaparecer el impulso original, la filia, que pretendía ser tratada, eso es lo que no desaparece…

V: …es como la homosexualidad, que antes así se trataba. Y por desgracia en algunos lugares se sigue tratando como perversión. No se quita, punto, no es una enfermedad.

D: No es una enfermedad, por supuesto, pero además quiero decirte que los pretendidos tratamientos para eliminarla, constituyen un fraude y una violación a los derechos humanos.

V: ¡Claro! Paso a otro tema muy controvertido, he leído que no es lo mismo la paidofilia que la pederastia. Nos puedes explicar.

D: Lamentablemente se han usado como sinónimos, pero si nos atenemos al lenguaje sexológico, no lo son. Mientras que la paidofilia es una manifestación de la diversidad sexual consistente en el placer por erotizarse con personas ostensiblemente más jóvenes, la pederastia es una agresión sexual a los menores. La persona paidófila no es por definición agresora de menores, puede fantasear, y representar simbólicamente su nexo amoroso o sexual con alguien menor de edad. El protagonista de la obra literaria Lolita, de Valdimir Nabokov, no es pederasta pero sí paidófilo. Ella, Lolita, era gerontofílica, pues se empeñó en seducir al profesor. En ningún momento, al menos en esta obra, se produjo agresión sexual, pero hubo juegos de cortejo y seducción. La persona pederasta, comete actos agresivos hacia niños o niñas. Una buena proporción de los pederastas no es paidófila. Lo que hacen los pederastas es canalizar su energía agresiva obteniendo placer con o sin consentimiento de los menores aunque no necesariamente le resulten atractivos. Es más fácil obtener de ellos placer sexual porque son vulnerables y generalmente sometidos al poder e imposición del adulto.

V: De verdad es complicado, al menos para mí, porque cuando hay una diferencia de edades, ya hay algún tipo de sujeción y control sobre el otro, claro el menos fuerte, el más joven, inexperto, vulnerable, pero el sexólogo clínico eres tú. Siguiendo con la idea anterior: ¿la pederastia se quita?

D: La respuesta es mucho más compleja. Hoy se sabe, y hay muchos estudios al respecto, que los y las pederastas, la mayor parte de las cuales son heterosexuales, por cierto, tienen lesiones cerebrales. Es decir, que ya hay una patología –ahí lo podemos decir con todas sus letras– que implica la lesión de una o más estructuras cerebrales. Es decir, está afectado algún lóbulo o más de un lóbulo del cerebro. Se han hecho estudios tomográficos y de imagenología que lo demuestran.

Y ciertos tratamientos recientes para curar y rehabilitar a los agresores sexuales incluye, ahí sí, el uso razonado de fármacos, como los que llamamos inhibidores de la recaptura de serotonina.

Eso no quiere decir que no haya personas que son agresores sexuales por machismo y porque consideran que esa acción es para dominar a otros u otras, en este caso menores. También existe. Y si combinas el machismo de nuestra cultura con las conductas agresivas como métodos eficaces para obtener cosas, más alguna lesión psiquiátrica o neurólogica, está el cuadro completo.

A mí me ha tocado atender a personas paidófilas que se sienten muy culpables o angustiadas, que hablan de les atraen las niñas pequeñas: "me atraen las estudiantes de secundaria e incluso menores", pero también se dan cuenta de que hay una normatividad ética que les impide hacer algo. Entonces, esas personas son paidófilas, sí, hay que trabajar terapéuticamente su ansiedad, su angustia, su depresión, pero no serían capaces de agredir sexualmente a una menor.

Lo que hay que diferenciar es el impulso erótico hacia personas muy jóvenes y lo que es la agresión sexual propiamente dicha. De hecho, una gran cantidad de agresores sexuales de menores, insisto, no son paidófilos. Más bien utilizan ese vehículo como una manera de dominio, de sujeción e imposición.

V: Sí, ahora que vemos que hay muchos sacerdotes paidófilos, resultaría que todo ese grupo social tiene afecciones psicológicas o psiquiátricas, y no es el caso. Tal vez alguno, pero más bien parece un asunto de poder y otros elementos…

D: Es multifactorial. Yo quiero creer, no sé si soy demasiado ingenuo, que la inmensa mayoría de los clérigos que han hecho votos de castidad, que se supone que practican el celibato, cumplen ese precepto. Yo no estaría de acuerdo con inhibir un impulso erótico, pero si ellos quieren ser congruentes con esa postura, qué bueno que lo sean, porque no están trasgrediendo una normatividad y además están siendo francamente congruentes con el dogma religioso, con el precepto que así lo indica.

Pero hay muchos clérigos, lo sabemos, lamentablemente, que abusan sexualmente de menores, de niñas y de niños…

V: Por su poder. Por su lugar de poder frente a la familia, la sociedad y de la confianza que se deposita en ellos. Son figuras de autoridad religiosa.

D: Por un lado, está su propio machismo, que los dota de un poder específico; está su postura jerárquica, porque se supone que son representantes de Dios en la Tierra y tendrían un valor casi carismático, y generalmente son personas que ejercen un principio de autoridad en las congregaciones en las que se desenvuelven.

El tristemente célebre caso del sacerdote Marcial Maciel, fundador y dirigente de los Legionarios de Cristo, lo ilustra muy bien: un hombre poderosísimo, con derecho de picaporte con el Papa, con un poder económico y, entre comillas, espiritual, muy grande; prácticamente no había quién se le resistiera, por esa posibilidad de dominar voluntades. Por ahí va el asunto.

Ahora, yo no descarto que personajes como Marcial Maciel tuvieran afecciones psiquiátricas también, pero me parece que no se necesita esto para ser agresor sexual. Por otro lado, recordemos que Marcial Maciel tenía una vida heterosexual más o menos activa en el terreno sexual, y que en todo caso parece no ser preponderante su paidofilia. Más bien, manifestaba poder, dominio y necesidad de satisfacer su erotismo utilizando a los chicos como víctimas.

V: Hubiera sido importante hacerle a Maciel una serie de exámenes psiquiátricos. En fin, triste historia que afectó a muchas víctimas inocentes. Te propongo que sigamos con las filias, hay cientos dices, dinos algunas, para identificar las más comunes.

D: Sí, enlisté las más conocidas, pero sobre todo las más estudiadas, de las que se oye más comúnmente. Desde aquellas que gozan de buen prestigio social: la audiofilia, que es placer por los sonidos ya sea musicales o de otro carácter. Habemos personas que nos erotizamos especialmente cuando hay sonido. Por ejemplo, el sonido ambiental, la musiquita de fondo, el jadeo, el grito, el quejido... Casi nadie se asusta por eso, como tampoco se asusta por el tocamiento, es decir, personas que se erotizan cuando tocan o son tocadas, tribofilia, se llama, cuando se dejan acariciar o acarician a otro, cuando permiten las dos cosas, y lo disfrutan, y nadie se asombra de eso.

Pero cuando hablamos de necrofilia, por ejemplo, o de zoofilia, que en el primer caso es el placer erótico por la muerte, por contacto personas muertas, y en el segundo, el placer por relacionarse con animales. Estas filias, en general, inquietan más a la gente.

A propósito de la angustia que generan, he tenido diversos consultantes, por ejemplo, zoofílicos. Un ingeniero heterosexual tenía varias parejas mujeres, era viudo, y adiestraba a su perro para que éste le lamiera el pene, de tal manera que él se erotizaba y llegaba a tener un orgasmo muy intenso. Se sentía parcialmente mal por eso y quería saber si tenía una desviación patológica, entre comillas.

Revisé su personalidad, su historia clínica sexual, esquema de valores, las cosas pro sociales que hacía, y por ningún lado le encontraba algo de nocividad. Por otro lado, al perro no lo lastimaba, era bien tratado.

Entonces, llegué a cuestionar este modelo muy tradicional de decir: "si tienes una sexualidad que se sale de lo común, ya estás mal".

Creo que es muy importante ceñirse a la regla de oro: "yo estoy bien, no hago daño y los demás están de acuerdo". O bien, "me preocupo por el bienestar de con quien me estoy relacionando". Si esto se cumple, el comportamiento es válido éticamente.

Por esa razón, ningún profesional serio, ninguna persona debe estar de acuerdo con lo que es agresivo, con lo que es impuesto, donde no hay consenso. Esa no es una manifestación de la diversidad sexual, sino un crimen.

V: Comprendo lo que dices, pero me cuesta trabajo aceptarlo del todo. Para entenderlo mejor: en el momento en el que por tu gusto insistes con una pareja en hacer tal o cual cosa, y esa pareja dice que no y tú la forzas, en ese momento eso se vuelve un comportamiento agresor y probablemente patológico.

D: Así es. El machismo, en si mismo, es profundamente lesivo para mujeres y hombres.

Ahora bien, la propuesta de despatologizar algunos comportamientos sexuales no excluye que pueden existir personas con una patología mental, como una buena proporción de los pederastas.

V: Y esta patología, la enfermedad debe ser tratada por psiquiatras y las conductas a menudo son delictivas.

D: A veces son delitos tipificados penalmente, y a veces, también puede ser patología. Imaginemos la típica escena de una mujer que es despertada en la madrugada por un agresor por teléfono, y que empieza a decir una serie de frases soeces, insultos. Él se excita, pero ella se siente asustada y muy mal; ahí no hay respeto hacia la otra persona.

O bien, el clásico exhibicionista que llega para mostrar sus órganos sexuales a un grupo de jovencitas para producir un impacto emocional, y con eso él se erotiza. Qué bueno que se erotice, pero qué mal que moleste a las otras personas.

En estos casos estamos hablando de transgresiones y de falta de respeto, y en algunos casos de delitos. Son trasgresiones al Código Penal, por ejemplo: los abusos sexuales hacia infantes, las violaciones hacia cualquier persona, el hostigamiento sexual en general, etc. Es menester enfatizar que cualquier agresión sexual no es una manifestación de la diversidad sexual, estas se refieren, como ya dijimos, a acciones eróticas reales o fantaseadas que, si son en pareja, implican bienestar y acuerdo.

V: Hay quienes quieren la luz prendida y otros que prefieren la oscuridad. En una historia clínica alguien, si ves que tiene un comportamiento distinto, ¿en algún punto hay algo que le pasó en su infancia o en algún otro momento, por lo que empezó a tener esta filia, este comportamiento, como este señor del perro?

D: A veces hay un hallazgo en una parte de la historia de vida. Por ejemplo, muchas conductas fetichistas tienen que ver con descubrimientos en la infancia. El fetichismo es la posesión de un objeto que se supone representa a una persona, y que es capaz de erotizar, aún en ausencia de la persona misma. Pero socialmente aceptamos que tengamos fotos de la pareja o de las parejas en la cartera o en el bolso. Ese fetichismo no asusta; "yo evoco a la persona, suspiro, qué preciosa estás".

Sin embargo, hay personas, por ejemplo, que se guardan las pantis de su pareja en su bolsillo y en ciertos momentos del día o de la noche la huelen, se la ponen o se masturban con esa prenda. El descubrimiento de esto puede ser en la adolescencia temprana o a veces en la infancia, donde hay una impronta, un impacto emocional muy fuerte asociado siempre con el placer y a veces con la culpa cuando alguien me regaña o me censura por eso; y a veces no, la culpa llega mucho más tarde, ya en la adultez, cuando alguien me dice que eso que hice o estoy haciendo es malo.

V: David, te propongo que hagamos una lista de nuestras filias. ¿Te parece? Y que cada quien, desde el otro lado de este libro, escriba

una lista de las suyas. Puede servir para hacernos conscientes de que tenemos muchas filias y algunas muy originales.

D: Se les llama manifestaciones de la diversidad sexual y sus siglas son MDS.

Cuadro 2. Manifestaciones de la diversidad sexual (MDS)	
Concepto	
Actitudes y conductas eróticas, reales o fantaseadas, que conllevan la obtención de deseo, excitación y orgasmo. Formas características de satisfacer necesidades afectivas, sensoriales y de placer, de una manera no convencional. Tienen correspondientes no eróticos que gozan de aceptación social. Se les ha denominado perversiones, aberraciones, desviaciones, degeneraciones, sexopatías, anormalidades, variantes, parafilias, etcétera. Desde el humanismo, se les respeta y atiende sin criterio medicalizado o moralista.	
Clasificación	
Independiente	La persona tiene acceso a experimentar deseo, excitación y orgasmo por medio de esa u otras formas variadas.
Concurrente	Es deseable por el individuo, más no esencial, incorporar esa conducta a la experimentación de deseo, excitación y orgasmo.
Favorita	Sin dependencia, es electiva esta acción sobre otras formas de placer sexual.
Dependiente/excluyente	La obtención del placer sexual depende de la realización de esa conducta en particular. Esta dependencia es también excluyente cuando la persona ni por excepción se erotiza con otra práctica.

Lista parcial de algunas de las MDS más frecuentes en la población general:

Agalmatofilia: Placer por estatuas o maniquíes.

Agorafilia: Placer por los espacios públicos o por actividad erótica pública.

Andromimetofilia: Placer por una compañera vestida de hombre o que lo imita.

Apotemnofilia: Placer por las amputaciones. Clásicamente por relacionarse con personas que tienen muñones post amputación.

Aromofilia: (olfatofilia o barosmia) Placer por los olores en general o alguno o algunos en especial.

Asfixiofilia: Placer por la sensación de ahogo y la disnea subsecuente

Atipofilia: Placer por relacionarse con personas con "defectos físicos" o "deficiencias mentales".

Audiofilia: Placer por los sonidos en general o de algunos tipos en particular.

Audioxenofilia: Placer por escuchar expresiones verbales extranjeras.

Autogenofilia: Placer por el travestismo.

Autonepiofilia: Placer por vestirse o recibir trato de infante.

Ciesolagnia: Placer por las mujeres embarazadas.

Claustrofilia: Placer por estar en espacios reducidos.

Clismafilia: Placer por recibir enemas o lavativas evacuantes.

Cratolagnia: Placer por la fuerza del compañero(a).

Coprofilia: Placer por las heces fecales o por el acto de defecar.

Cromofilia: Placer por los colores en general o por algunos o alguno en particular.

Dacrifilia: Placer por las lágrimas o el llanto de otro.

Danzofilia: Placer por bailar.

Dorafilia: Placer por la piel animal o el cuero.

Ecdemolagnia: Placer por la ausencia del hogar o por los viajes.

Efebofilia: Placer por los compañeros sexuales adolescentes.

Electrofilia: Placer por los estímulos eléctricos.

Etnofilia: Placer por relacionarse con personas de determinado(s) origen(es) étnico(s).

Etilofilia: Placer por ingerir bebidas alcohólicas y por sus efectos (no es equivalente al alcoholismo).

Exhibicionismo: Placer por mostrarse a otro(s). Clásicamente mostrar el cuerpo o partes de él.

Fetichismo: Placer por obtener y poseer pertenencias de otra(s) persona(s).

Figurofilia (o pictofilia): Placer por las imágenes y figuras impresas o pintadas, de toda laya.

Fisicofilia: Placer por el ejercicio y el deporte.

Fobofilia: Placer por el peligro y situaciones que inducen temor.

Frotismo: Placer por frotarse con otro(s).

Gastrofilia: Placer por la comida o por el acto de comer.

Gerontofilia: Placer por relacionarse con personas de ostensible mayor edad. Clásicamente con viejos(as).

Grafofilia: Placer por escribir o trazar.

Hematofilia: Placer por la sangre, observarla, inferirse heridas que sangren.

Hidrofilia: Placer por el agua, por el contacto con ella.

Iconofilia: Placer por vincularse con personajes célebres o de fama pública.

Lactafilia: Placer por los pechos lactantes.

Linguofilia: Placer por la palabra hablada o por el acto de hablar.

Logofilia: Placer por leer textos eróticos o sugerentes de placer sexual.

Maculatura: Placer por la suciedad propia o la de otros.

Masoquismo: Placer por recibir dolor físico o emocional.

Necrofilia: Placer por la muerte o por los muertos.

Oclofilia: Placer por estar en la muchedumbre.

Paidofilia: Placer por relacionarse con personas notoriamente menores de edad. No necesariamente con niños(as).

Pecatifilia: Placer por pecar o una posible culpa.

Pediofilia: Placer por las muñecas(os).

Permuta de pareja: Placer por cambiar en momentos y circunstancias específicas, la pareja propia por otra.

Psicrofilia: Placer por el frío.

Relación múltiple: Placer por relacionarse con personas varias, simultáneamente.

Relación inmediata: Placer por relacionarse con una persona a quien previamente no se conocía.

Sadismo: Placer por causar dolor físico o emocional.

Salirofilia: Placer por los fluidos salados.

Somnofilia: Placer por el sueño de otros.

Talpotentiginia: Placer por el calor.

Titilagnia: Placer por experimentar cosquillas.

Travestismo: Placer por utilizar vestimenta y roles conductuales del otro género. Clásicamente: un hombre se viste y actúa como mujer, una mujer se viste y actúa como hombre.

Tribofilia: Placer por brindar tocamientos (activa) o por recibirlos (receptiva).

Troilismo: Placer por ser el tercero(a) en una relación sexual de dos

Urofilia: Placer por la orina o por el acto de orinar.

Vouyerismo: Placer por ver. Clásicamente, por observar cuerpos, expresiones amorosas o eróticas.

Xenofilia: Placer por relacionarse con extranjeros.

Zoofilia: Placer por los animales no humanos.

Notas aclaratorias

Las **manifestaciones de la diversidad sexual** (MDS) son voluntarias en su ejercicio, consensuadas con quienes se involucren en ellas y se producen en un contexto de respeto, tanto de la persona que las emita, como de las otras personas que participen.

Todo acto erótico atentatorio contra la libre voluntad de los participantes, no es una MDS.

Verónica: David, hablemos de las orientaciones sexuales, ¿cuántas hay y todos los sexólogos coinciden en ellas?

David: Sí, Verónica, casi todas las sexólogas y los sexólogos coincidimos en que hay tres orientaciones sexuales u orientaciones erótico-afectivas, también llamadas preferencias sexuales. Y éstas tres son: heterosexualidad, homosexualidad y bisexualidad. Incluso para hablar de la enorme diversidad que existe dentro de la diversidad, habría que decirlo en plural: heterosexualidades, homosexualidades y bisexualidades, porque no todos somos iguales, aunque tengamos la misma orientación sexual.

La orientación sexual, que yo llamo orientación erótico-afectiva, y algunos llaman preferencia sexual, se relaciona con una característica humana de la potencialidad de establecer relaciones amorosas, afectivas y eróticas con las personas, según su género. Es decir, si yo soy heterosexual, yo me enamoro, amo, me erotizo con una mujer. Si una mujer es heterosexual, se erotiza, enamora y ama a un varón.

Si la persona es homosexual siendo mujer, ama a una mujer, se erotiza con una mujer. Si es varón, hace lo propio con un hombre. Si la persona es bisexual, es indistinta su atracción, pero no necesariamente simultánea. A una persona bisexual le puede gustar, se siente atraída amorosa, afectiva y eróticamente por un hombre o una mujer.

V: ¿Cómo nacemos? ¿Nacemos con la determinación de lo que vamos a ser después, de adultos, en términos de nuestra preferencia u orientación sexual? ¿Nacemos heterosexuales, homosexuales o bisexuales?

D: La pregunta es muy interesante, y yo te contesto que no sé. Pero tengo una idea aproximada.

Hace algunos años el mundo se fue con la finta de que se había descubierto el origen biológico de la homosexualidad.

V: Me acuerdo. Lo vimos en varios programas de *Taller de sexualidad en Canal Once TV*. Cromosomas amorfos...

D: Así es. Y por qué digo que nos fuimos con la finta. Porque hubo dos estudios muy importantes. Uno de Dean Hammer, el cual estudió un lugar genético que pudiera ser predictivo de homosexualidad masculina, y dijo: "ah, este gen —el famoso Xq28— es el que origina la homosexualidad en los hombres", y se hizo un gran escándalo al respecto. Se hablaba del gen materno o de herencia materna, responsable de la homosexualidad masculina.

Después se tuvo que matizar todo esto, porque se descubrió que no hubo toda la metodología necesaria en estos casos y que no se podía hacer una generalización tan burda, tan abstracta. ¿A qué me refiero? A que, por ejemplo, en gemelos idénticos, homocigóticos, o sea, gemelos que son igualitos porque vienen en el mismo saco o fueron producto del mismo huevo, que se supone que son genéticamente igualitos; si un gemelo idéntico, un niño es homosexual, en el 52 por ciento de los casos su hermanito será homosexual. Pero aquí la pregunta pertinente es qué pasa con el otro 48 por ciento, si son idénticos los genes. Entonces, la conclusión provisional es que hay una raíz genética que puede determinar alguna potencialidad, pero que no es necesariamente predictiva. Es más, puede no ser mayoritariamente predictiva.

El otro estudio importante, que también impactó mucho la conciencia pública del mundo, fue el de Simon Le Vay. Un importante investigador del Instituto Tecnológico de Massachusetts, quien estudió el hipotálamo, que es una estructura del sistema nervioso central, encontró diferencias en formas y supuestamente en funciones de esta estructura en las personas homosexuales. Pero también se descubrió, y él mismo lo admitió, que la metodología no era muy correcta.

En la ciencia, hay un rigor investigativo o no hay conclusiones que se puedan generalizar. Como sexólogo, investigador y difusor de estos temas, creo que sí hay una base biológica de todas las orientaciones sexuales. Es decir, hetero, homo y bisexualidad, pero no la hemos descubierto todavía.

De manera sencilla diría que nacemos, según mi visión, con una potencialidad hacia una determinada orientación, pero fabricamos, construimos, entrenamos esa potencialidad como aprendizaje de vida.

Entonces hay una parte con la que nacemos y otra parte que construimos, porque toda esta parte social que tiene que ver con cómo somos criados, cómo nos tratan mamá y papá, cómo nos relacionamos con el mundo exterior, cómo nos influyen los medios de comunicación: la escuela, la calle y la sociedad, etcétera; pueden estar determinando no el origen de una orientación, sino que la asumamos o no la asumamos. En otras palabras, que construyamos o no una identidad.

Por ejemplo, es muy fácil construir la identidad heterosexual: se involucran y relacionan sentimental, afectiva y sexualmente con el otro sexo, y lo hacen por una razón elemental: el mundo está construido para los heterosexuales. Es decir, la sociedad es, en general, heterofílica, está a favor de la heterosexualidad, y homofóbica, muy contraria a la homosexualidad. Para una persona heterosexual es ampliamente sencillo, porque es como muy natural el camino: "soy heterosexual". Pues sí, porque se espera que seamos heterosexuales, porque mamá y papá anhelan que haya hijos e hijas heterosexuales, porque el mundo está construido para ellos.

En cambio, la construcción de la identidad homosexual es muy difícil, porque primero tiene que reconocerse como homosexual, tiene que decir: "yo soy distinto a los otros, yo no soy heterosexual", como un primer paso. Luego aceptarse, trabajar en su propia homofobia, lo que llamamos la homofobia internalizada. Y luego, el tercer lugar, pero muy importante: actuar consecuentemente.

Se calcula que una proporción muy importante de los hombres y mujeres homosexuales se vincula e incluso se casa con personas del otro género. Por ejemplo, una mujer lesbiana se casa con un hombre, tiene hijos, etcétera, y después de algunos años asume que es homosexual. No es que se haya vuelto, entre comillas, lesbiana, sino que lo asumió, salió del clóset y decidió ser congruente.

¿Por qué? No es que quiera engañar al mundo. Es que quiere no ser rechazada, es que quiere parecerse al modelo heterosexual. Cuando por fin se da cuenta, se desarrolla y asume la conciencia de que es una persona lesbiana, entonces lo abre y vive socialmente.

No es que nos volvamos gays o lesbianas o bisexuales, es que a veces se descubre, se deja de reprimir, se sale de clóset y se logra ser congruente. Eso es lo que se llama la identidad homosexual, bisexual o heterosexual, sólo que la heterosexual es llana, sencilla, es como el camino más fácil. Y para que una persona se descubra y se asuma como gay, lesbiana o bisexual, tiene su problemática.

V: Hay una teoría que he escuchado y en algún momento la creí, de que todos nacemos bisexuales... ¿En qué mes del embarazo, nuestro cuerpo se define fisiológicamente como el cuerpo de un hombre o una mujer? Esto no tiene nada qué ver con la orientación, pero qué tanto ahí hay algo de información que pudiera ser interesante, para definir nuestra preferencia u orientación.

D: La idea de la bisexualidad innata originalmente fue sustentada nada menos que por Sigmund Freud, quien palabras más, palabras menos afirmó que nacemos originariamente bisexuales, y luego vamos transitando a ser heterosexuales u homosexuales.

V: Y va a depender de todo lo que estabas explicando: nuestra situación y vivencia tanto sociocultural como familiar...

D: Y de acuerdo a esta teoría, algunas personas conservan la bisexualidad. Entonces, la bisexualidad no se adquiere, sino se pierde habitualmente. En otras palabras, los seres humanos seríamos bisexuales originariamente, y factores de vida harían que desarrolláramos la heterosexualidad algunos, y otros la homosexualidad.

Esa visión es compartida por muchos especialistas actualmente, aunque no hay por ahora manera de demostrarlo. Pero por ejemplo, en México, un sexólogo importante, el doctor Andrés Castuera Ibarra sustenta esa idea y la desarrolla ampliamente. Él es experto en el tema de la bisexualidad y cree fehacientemente en esta posibilidad.

El otro asunto que a veces se puede prestar a polémica, es que hay un hecho biológico, ese sí indiscutible, y es que los seres humanos, desde el punto de vista biológico, tenemos una etapa en embrión donde hay elementos físicos de ambos sexos.

Respondiendo a tu pregunta, antes de la semana sexta de desarrollo embrionario somos un huevo bipotencial. Es decir, no somos ni hombres ni mujeres y al mismo tiempo somos las dos cosas. Entre la semana sexta y la décimo cuarta de desarrollo de la gestación, hay una serie de eventos, de elementos que propician la diferenciación sexual. Entonces, ese huevo que era bipotencial ya se orienta a ser hombre o mujer, desde la esfera biológica. Además de que hay diversos estados intersexuales donde ambas condiciones, el ser biológicamente varón o hembra, se entremezclan.

V: ¿Ahí se definirían los pocos casos de hermafroditismo?

D: Así es. De hecho se le conoce como estados intersexuales. Por ejemplo, la ambigüedad en los órganos sexuales externos, la presencia de órganos internos femeninos y externos masculinos o viceversa; y la combinación de tejidos de hombre y mujer en la configuración de dichos órganos. Aunque sigue habiendo ese diagnóstico de hermafroditismo verdadero que emitimos los médicos, ahora se cuestiona el nombre, porque los seres humanos ni poseemos órganos completos de hembra y de macho, ni tenemos la facultad auto reproductiva todavía.

El hermafroditismo verdadero, en rigor, no existe en la especie humana, porque para que se reunieran las condiciones, número uno, tendría que haber órganos sexuales compartidos de hembra y macho; y número dos, la facultad de auto reproducirse.

En otras especies llamadas inferiores, entrecomillado, como gusanos y peces, sí existe esa facultad por épocas, sin continuidad. En los seres humanos, no. Sin embargo, los médicos seguimos hablando de hermafroditismo verdadero al referirnos a un tipo específico de estado intersexual.

Cabe añadir que una es la categoría biológica, o sea algo puramente orgánico –sexo, estados intersexuales– y otra muy diferente, la de la orientación erótica afectiva, la cual se refiere a los niveles de atracción emocional y erótica.

V: ¿El hermafroditismo quiere decir que un hombre puede tener pene y también vagina?

D: No exactamente. En términos generales, son condiciones humanas en las cuales hay tejidos mezclados o compartidos. Pero hay personas que se desarrollan con órganos sexuales externos de la pelvis de un sexo y los órganos internos son de otro. Por ejemplo, alguien que tenga vagina y que internamente tenga próstata, justamente por estas alteraciones en los estados intersexuales que, en términos generales, se producen entre la semana sexta y catorce de desarrollo embrionario.

Pero esto no tiene nada qué ver con la orientación sexual o preferencia, porque la categoría no es biológica. Es decir, no tiene que ver con las hormonas, ni con los órganos pélvicos externos o internos, sino más bien parece ser que se relaciona con una facultad emocional que es diferente para cada persona. O sea, hablamos de las tres orientaciones: hetero, homo y bisexualidad, que son independientes de tener pene o testículos, o vulva y vagina. Tan es así, que un hombre con pene y testículos puede ser hetero, homo o bisexual; y una mujer igual, con su vulva y vagina, puede ser hetero, homo y bisexual.

V: Por lo visto aún no se tiene la respuesta sobre las causas o los orígenes de la heterosexualidad, la homosexualidad y la bisexualidad. La orientación que finalmente tengamos, ya sea que la asumamos o no, está aparentemente determinada por diversos factores. Como dicen los médicos, es multifactorial. A menos que alguien venga con la verdad absoluta, y aún así creo, por que el tema es en sí mismo polémico, que seguirá provocando muchísimas dudas.

D: En efecto.

V: Si como explicas, es multifactorial, el hecho de que tengamos una orientación es independiente de nuestra voluntad. Y sería mejor para

nosotros mismos asumirlo y ser congruentes. Porque puede ser que yo, mujer, toda la vida he sentido que me gustan las mujeres, pero por presión social decido casarme y tener hijos, etc. Y tendré una vida de insatisfacciones que serán extensivas a mi familia. Por ello no puedo evitar preguntar: ¿qué es entonces lo que determina la decisión de salir del clóset?

D: Aunque la orientación erótico-afectiva no la decidimos, sí es nuestra opción vivir congruentemente o no. Es decir, asumirla y salir del closet, o amputar la personalidad y sacrificar el propio bienestar y el de los que nos rodean.

V: Te propongo que revisemos algunos temas relacionados con la homosexualidad, ya que creo que hay muchos mitos alrededor. Por ejemplo: es común escuchar a madres muy preocupadas debido a que sus hijos pequeños fueron violados o abusados sexualmente por un hombre, y suponen que estos niños van a desarrollar conductas homosexuales.

D: En ciencia se han inventado dos palabras para ocultar nuestra ignorancia. Una de ellas es la palabra idiopático; cuando se dice que algo tiene un origen idiopático, quiere decir que no tenemos ni canija idea. Y cuando se dice que es multifactorial, es que pueden ser un chorro de cosas, pero que lo más probable es que quién sabe.

Sin embargo, particularmente en el caso de la orientación sexual creo que sí hay un origen biológico que aún no dilucidamos, pero el desarrollo de la identidad sí es multifactorial, porque influyen: biología, escuela, familia, mamá y papá, entorno social, homofobia social, etcétera, y ahí sí, para poder consolidar o inhibir una orientación sexual hay muchos factores.

En este sentido, conviene desmitificar varias nociones. Una de ellas es el que la homosexualidad, la heterosexualidad o la bisexualidad la escogemos. Me opuse rotundamente a un concepto muy desarrollado por algunas feministas lesbianas hace muchos años, cuando decían que se trataba de una opción sexual. Yo decía: "¿opción? ¡mangos! Si no es comprar fruta en el mercado".

Nadie escoge su orientación sexual. Lo que sí puede escoger, y es un acto de elección que implica mucha responsabilidad, es vivir consecuentemente a su orientación. Eso sí se escoge. Salir del clóset se escoge y enfrentarse a la homofobia se escoge, pero no decidimos nuestra orientación sexual. Nadie decide ser hetero, homo o bisexual.

Otro gran mito tiene que ver con que "se pega". Lo cual es absolutamente falso. Yo le llamé jocosamente en algún artículo: "el síndrome de Drácula": Drácula te muerde y te inocula su vampirismo. Lo mismo, si te acercas o tienes alguna relación o una contigüidad o eres cuate de alguien que es homosexual: "se te va a pegar".

V: Nada más falso.

D: Así es, pero esta idea equivocada alimenta muchos miedos de padres de familia y maestros.

V: Y todas estas prohibiciones, esta intolerancia desde la familia sobre tus amistades y tus afectos, si no llenan los requisitos de "normalidad" que ellos y esta sociedad impone. ¿Cómo nos afecta todo esto?

D: Aparte de ser una mentira, te enseña a ser intolerante. Mira, escuchamos cosas como: "aguas con el *jotito*" o "esa chava que es muy hombruna", o con "el amanerado ese, no te juntes". Es triste que haya tanta ignorancia y prejuicios. La homosexualidad no se pega. Si las orientaciones sexuales se pegaran, se contaminaran, todo mundo sería heterosexual, porque el modelo que se impone, rígido, estereotipado, es la heterosexualidad. Entonces, todos por imitación, por contigüidad o porque mamá y papá me lo enseñaron, seríamos heterosexuales. Eso, como sabemos, no es cierto.

V: Hay mujeres que físicamente son muy masculinas, tienen más vellosidad que otras, su voz es más gruesa, y son lesbianas. Otras, con las mismas características, no lo son. Hay mujeres lesbianas muy femeninas y delicadas, en el estereotipo no "parecen" lesbianas. Este ejemplo es otra fantasía, otro mito muy común. ¿Qué va a determinar que una mujer o un hombre gay pueda ser más o menos masculino o femenino?

D: Es una condición biológica que determinó ciertos rasgos característicos de tipo físico, pero no se relaciona con una determinada orientación sexual. Hay mujeres con una condición llamada hiperestrogenismo, que son muy velludas, que tienen la voz muy gruesa, ya que la laringe se ha engrosado, emiten una voz bastante grave y también pueden tener un cuerpo más o menos hercúleo...

V: ¿Eso no determina que sean lesbianas, por ejemplo?

D: No. En cambio, hay mujeres muy femeninas, finitas, gráciles, delicadas, que son lesbianas. Y lo mismo podemos decir de los hombres: fortachones, bigotones que son gays, y hombres muy delicados, muy suavecitos, que son heterosexuales.

Sin embargo, sí conviene aclarar que estas alteraciones pueden tener un origen hormonal, es decir, endocrino, o bien alguna alteración en el funcionamiento cerebral, o las dos cosas, que puedan ser una afección física, un síndrome, que va a determinar una atención médica especializada, muy al margen de cuál es su orientación sexual.

Pasa lo siguiente, y aquí me refiero a algo no biológico, sino social, que son los roles de género. Me refiero al introyecto de ideas. Es decir, hay mujeres lesbianas que suponen que: "si me gustan otras mujeres, entonces debo tener algo de hombre, algo de masculino", y entonces se empecinan, por ejemplo, en vestirse como vaqueros, con mezclilla y camisa de cuadritos e incluso botas. Es el estereotipo *butcher,* carnicero.

V: Usan el cabello muy corto y tienen conductas muy machas.

D: Exacto. Adoptan manierismos, costumbres, modos de comportamiento típicos de varón, con lenguaje macho, etcétera. Estas personas lo que están haciendo es travestirse, lo cual consiste básicamente en usar ropa, accesorios, modos de comportamiento de nuestra cultura que pueden ser típicos del otro género.

Entonces, lógicamente si yo, mujer lesbiana, creo que tengo algo de masculino, adopto el rol masculino. Lo mismo podemos decir de una pareja gay, dos varones que se aman y que viven juntos; uno de ellos puede asumir el papel del varón, de la cultura heterosexual, y el otro el de la mujer. Así, uno es el proveedor, el fuerte y dominante y el otro es "la sumisa".

Esto no es biológico. Son roles de género aprendidos tan rígidos, tan estereotipados como los de los heterosexuales.

V: Y por lo que dices se repiten también en las parejas homosexuales, por desgracia, añadiría.

D: Así es, con todos los efectos desastrosos que esto tiene, porque uno pensaría, bueno, sí son dos mujeres que se aman, se comportan como mujeres; si son dos varones, se comportan como varones. Punto. Pero no. Pareciera ser que estos roles de género heterosexuales, los asumimos –hablo globalmente, independientemente de nuestra orientación sexual– como algo fijo, inamovible, y esto no excluye a los gays y a las lesbianas.

V: En la excelente película *Los hombres no lloran,* **con Hillary Swank, ella interpreta a una muchacha que quiere ser hombre o que siente su cuerpo de hombre. Eso no es travestismo.**

D: No. Ahí estamos hablando de una identidad de género.

V: ¿Transexualidad?

D: Muy probablemente transexualidad o transgeneridad. Por cierto, la película me parece formidable no tanto para ilustrar la transgeneridad o la transexualidad, sino porque nos muestra la discriminación hacia lo diferente.

V: Estamos tocando temas controvertidos. Me pregunto y te pregunto: ¿por qué nuestra sociedad actual, que tendría que tener un desarrollo distinto, más humano, menos intolerante, sin generar rechazo y hostilidad hacia aquello que la misma sociedad determina como "diferente", sigue habiendo tanta bronca y conflicto?

D: Hay tres cosas: la primera son los prejuicios, en segundo lugar está la ignorancia y la tercera tiene que ver con el heterosexismo de nuestras sociedades.

Los prejuicios frente al diferente, quien sentimos perturba nuestro bienestar y estabilidad emocionales construidas desde la normalidad subjetiva; esto es, lo que nos dijeron y enseñaron que era lo correcto. "Si no es igual que yo, puede representar un peligro." Me refiero al negro, a la gitana, gay, lesbiana, varón que se viste o actúa femeninamente, a la mujer que se viste hombrunamente, etcétera. Estamos cargados de prejuicios adversos hacia la gente que opta por roles no convencionales o por comportamientos que no son los comunes. Esto está más o menos generalizado. El Consejo Nacional para Prevenir la Discriminación ha documentado que los niveles de homofobia son muy amplios, independientemente de la condición socioeconómica y cultural de la sociedad consultada.

V: Veamos un ejemplo común hoy en día: una mujer que decide no tener hijos, aunque no sea lesbiana, y digo el "aunque", precisamente por esa connotación que la señalaría doblemente, pero en este caso, una mujer heterosexual que decide no tener hijos, seguramente será señalada por el otro grupo "normal" de mujeres que se casan y tienen hijos. Una mujer sin hijos no es como las demás o como "debe de ser", este "debe de ser" que impone una sociedad conservadora y controladora.

D: Este "deber de ser" es muy importante, porque en nuestra sociedad sigue habiendo una doble moral. Por ejemplo, tuve una consultante no hace mucho tiempo, de un barrio del DF, que es una mujer soltera quien se da el permiso y la libertad de tener más de una pareja sexual. Su motivo de consulta es que en el lugar en donde vive, su vecindario, la molestan, la hostilizan, agreden, y ofenden porque es una mujer "distinta" a las mujeres "decentes". Es decir, no se admite esa conducta diferente.

A mí qué demonios me importa que zutanita se acueste con zutano y perengano, en tanto no interfiera con mi vida. Pero parece que un grupo se unió para agredir a esta mujer. Eso es claramente prejuicio con repercusiones de violencia colectiva. Si fuera hombre en la misma circunstancia, no habría bronca.

V: Es sexista, injusto y amenazante. Es una mujer que ejerce su sexualidad con libertad y no establece relaciones estables con hijos, pero es señalada, sojuzgada y agredida. ¿Por qué este ser diferente afecta tanto a los aparentemente "normalitos", que si revisas un poco seguramente tienen una doble vida?

D: Es una mujer diferente, su conducta se parece a la de algunos hombres, y eso es amenazante. Es decir, hace uso de su cuerpo y de su libertad, y puede, si así lo decide, no establecer compromisos afectivos permanentes. Simplemente porque vive su placer, el cual se nos ha enseñado que sólo es de mujeres "indecentes" o de los hombres. Esta es una manera clara de cómo se expresa el prejuicio. Hay toda una serie de atavismos y de hostilidades hacia la gente que no es como uno.

Otro elemento es la ignorancia. Es decir, falta mucha información. Desconocemos, por ejemplo, la enorme diversidad de los comportamientos sexuales. Todavía hay mucha gente que sigue pensando que la homosexualidad es una patología, un padecimiento mental, pese a que desde 1973 los grupos psiquiátricos organizados como la influyente American Psychiatric Association, APA y la Organización Mundial de la Salud, OMS en 1990, lo han borrado de su clasificación de enfermedades. Pero una parte de la sociedad sigue pensando que es desviación, pecado, patología o alteración mental, etcétera. Hace falta mucha información que nos lleve justamente a...

V: ...normalizar el tema.

D: Así es. Exactamente. Un factor que hay que enfatizar es la falta de respeto a la diversidad sexual, que está inoculada por una serie de fanatismos y de elementos propios de nuestra vida social. Reúne: fundamentalismos, ignorancia y prejuicios. Hay muchos elementos respetables en la religiosidad, pero hay otros que debieran ser cuestionados o criticados duramente, porque establecen valoraciones dogmáticas y punitivas, castigadoras.

Escuché y leí hace unos meses las opiniones de quien fue gobernador de Jalisco, Emilio González Márquez, quien además se candidateó para presidente de la República por el PAN. Este político se exhibe como un sujeto ignorante, homófobo y prejuicioso. Él declaró que los gays le dan "asquito". Se trata de un jefe del Ejecutivo de un Estado de la República. Él es gobernador de todos, no sólo de los heterosexuales.

Una manifestación de esta naturaleza, seguramente influida por sus prejuicios religiosos, es absolutamente criticable, porque nos está hablando un personaje que tendría que garantizar los derechos humanos de su población y el cabal cumplimiento del artículo primero de nuestra Constitución y lejos de hacerlo, con este comentario no sólo contribuye a la homofobia, sino al peligrosísimo linchamiento social de un grupo de ciudadanos hacia otro grupo diferente. Es un ejemplo concreto de lo que tú decías. Este hombre, que se dice muy religioso, que siempre va a misa, que dona importantes sumas de dinero a la causa de la jerarquía católica, se convierte en un instigador y promotor de la discriminación y sus consecuencias. Aquí vemos claramente expresada la doble moral, que tanto daño hace a una sociedad.

V: Como político y servidor público no es respetuoso de lo diferente y genera una situación de intolerancia y denigración hacia los homosexuales, que además puede ser muy peligrosa, porque promueve, instiga a ciertos grupos sociales a rechazarlos y agredirlos. Es promover un linchamiento.

D: Si tu vecina, por ignorancia es homofóbica, sus prejuicios pueden no trascender, pero si un gobernante postula públicamente esos prejuicios, influye negativamente en el comportamiento de un grupo numeroso de la opinión pública al crear un clima de franco rechazo a lo diverso, ubicándolo como enemigo social.

V: David, esto es fascismo, lo decimos con todas sus letras. Otro tema que mencionaste desde el principio, es la idea de que los homosexuales "se vuelven". Quiero ahondar más ahí, en el tema de la pederastia con tantos casos denunciados recientemente, ¿en qué medida se ha visto en consulta, que un niño o adolescente agredido, violentado o abusado sexualmente por otro hombre, se "vuelve" homosexual o tiene esa orientación?

D: No hay ningún fundamento científico que lo avale. Hay un hecho que sí es muy contundente, grave, triste y delicado: las agresiones sexuales en infantes son muy frecuentes. Se calcula que una de cuatro niñas y uno de cada 11 niños varones ha sido agredidos sexualmente en la infancia, de distintas maneras.

La inmensa mayoría de los agresores sexuales son hombres. Y la gran mayoría de esos hombres, son heterosexuales. Recordemos que la violación sexual es esencialmente una manifestación de poder y una sujeción del otro y no un encuentro erótico. Efectivamente, predominan los varones heterosexuales que violentan sexualmente a niñas y niños.

V: Por eso hablé de pederastia y no de homosexuales violadores.

D: Claro. Aquí la explicación no racional, subrayo, no racional es que al violar a un niño, a éste le puede gustar mucho, o se impacta tan negativamente, que con el tiempo va a repetir ese comportamiento y se va a "volver" gay. En el caso de las niñas abusadas y/o violadas, acaso por sexismo se omite su posible consecuencia en cuanto a la orientación sexual futura. Es un razonamiento absurdo. Hay otro tipo de experiencias sexuales cada vez más comunes: chavitas que fajan, cachondean con otras mujeres, y eso no las vuelve lesbianas, sino que forma parte de las exploraciones eróticas tan comunes en la adolescencia y la adultez.

V: O incluso, justo en estos cachondeos ellas se dan cuenta de que no tienen esa preferencia o que sí les gusta. Están probando. Pero esto que comentas también les pasa a los chavitos, también exploran con otros chavitos.

D: En el mundo adolescente esto se produce con gran frecuencia. Ahorita recuerdo que según una investigación científica, por ahí del 30 por ciento de los hombres heterosexuales había tenido, cuando menos, una experiencia homosexual en alguna etapa de su vida. Eso no los vuelve homosexuales. Son exploraciones, experimentaciones, que como bien dices, pueden consolidar su propia orientación sexual o no.

En efecto, un chavito *hetero,* después de haber explorado su potencialidad *homo,* puede pensar: "quise experimenta con un chavo, y no me gustó, entonces, pues ya sé a qué me voy a dedicar. Me voy a dedicar a las mujeres".

Volviendo al tema de la agresión sexual, esta es deleznable y condenable desde todos los puntos de vista, pero no es causante de ninguna homosexualidad.

V: Cuando comenzó a propagarse el SIDA con más frecuencia, sobre todo en las mujeres casadas o con pareja estable, y se investigó cuál era el comportamiento de los varones, se llegó a la conclusión de que eran hombres casados o con pareja mujer que tenían relaciones con hombres, y que estos hombres casados no se asumían como homosexuales, pero tenían relaciones de penetración anal con otros hombres, estos sí homosexuales. Los hombres casados no se dejaban penetrar analmente porque aseguraban que no eran homosexuales, pero ellos sí penetraban y sin ningún tipo de condón.

D: Internacionalmente se ha acuñado la denominación: "hombres que tienen sexo con otros hombres". No estoy de acuerdo con esta frase, porque es vaga e inespecífica, omite referirse a la orientación sexual de uno o los dos participantes, aparte de que la expresión "tener sexo" si bien la usamos coloquialmente, no es académicamente acertada. Y volvemos de nuevo al tema de los roles. El lugar común del sujeto pasivo y el activo tanto en las relaciones sexuales como en muchos otros aspectos de la vida. Desde esta visión, como vivimos en una sociedad heterosexista, el macho que penetra a otro hombre, es el "hombre", es el que dice "yo no soy gay, no soy puto, penetro al otro". El otro que se deja, "ese sí es el puto, ese sí es gay". Pero, si esa actividad es conciente, voluntaria y placentera para ambos, los dos son homosexuales o bisexuales.

Hay un sector de la población no heterosexual que puede ser bisexual y que ha tenido o tiene prácticas eróticas con otros hombres. Eso no los vuelve homosexuales.

Cuando empezó todo esto de la pandemia mundial del VIH se fue viendo que realmente no hay grupos humanos de riesgo, sino más bien que hay prácticas de riesgo. Y eso de las prácticas de riesgo es un concepto muy importante, porque como se dice, los hombres que tienen sexo con otros hombres, están en un alto riesgo de vulnerabilidad si no se protegen, dado que la mucosa del recto es muy susceptible de ser infectada o de intercambiar fluidos potencialmente peligrosos con otra persona.

No habría problema si el conocimiento que tenemos sobre los métodos de barrera, como el condón, altamente protectores, se aplicaran, se utilizaran habitualmente entre dos varones que tienen sexo anal, pero sabemos que suele no siempre ser así Por lo tanto, insisto, no hay grupos humanos de riesgo. Todos estamos en riesgo, si no nos protegemos. Recordemos que en África y otros lugares, el patrón de transmisión del VIH-SIDA, con mayor frecuencia, es heterosexual. Hay muchas mujeres infectadas. Hay muchos hombres infectados, que no han tenido relaciones con otros hombres.

V: Entonces ¿cómo se infectan estos hombres si no tienen relaciones con hombres infectados, los infectan sus mujeres que tienen relaciones con mujeres o con hombres infectados o cómo me lo explicas?

D: Tenemos un hombre o una mujer previamente infectados, cuyo origen infeccioso no está perfectamente dilucidado a estas alturas. Este hombre o mujer sólo se han relacionado sexualmente con personas del otro sexo. Te recuerdo que aún no está claro cómo se originó esta pandemia.

V: Pero de regreso de África, en nuestros países ¿cuál es el patrón estudiado de transmisión?

D: Predomina la transmisión sexual entre hombres gay o bisexuales. Una población en la que se ha incrementado el VIH es la de las mujeres. Aunque con menos incidencia, las mujeres fieles, monógamas, pueden ser infectadas por ese hombre que se infectó con otra mujer o con otro hombre. Las prácticas no protegidas son las riesgosas. Ahora hay muchas medidas de vida erótica protegida que se han popularizado muy útiles para evitar este riesgo.

Para finalizar, quisiera decir que al principio de la propagación de la infección por VIH, la culpa se le cargó al mundo gay o a los varones bisexuales, como diciendo ellos son el puente entre las dos comunidades, la hetero y la homosexual.

Aquí el único culpable es el virus y la no prevención, porque hoy por hoy, aunque ya se están desarrollando vacunas y tratamientos muy eficaces, el único recurso 100% seguro es el educativo y, por ende, las medidas de protección que evitan el riesgo como el condón y el no intercambio de fluidos, que incluyen las prácticas eróticas sin penetración.

V: David, sería fundamental que termináramos este capítulo hablando de los avances legales que gracias a gente como tú, y muchos otros, se han logrado en el Distrito Federal.

D: Sí, Verónica, es difícil de creer que sea el DF la única entidad federativa que ha tenido logros específicos en la construcción de una cultura de respeto hacia la diversidad sexual. La Asamblea Legislativa voto leyes e hizo modificaciones a los códigos que hoy garantizan: matrimonio entre personas del mismo sexo y su derecho a adoptar; reasignación jurídica de sexo, lo cual permite a las personas transexuales y transgenéricas obtener nueva acta de nacimiento acorde a su identidad de género y a su rol genérico correspondiente; el derecho de las mujeres a interrumpir su embarazo antes de la semana duodécima de gestación; el así llamado divorcio express, mediante el cual basta la libre voluntad de uno de los cónyuges para dar por terminado el matrimonio y, bajo ciertas circunstancias, el libre derecho o voluntad anticipada de las personas para concluir su vida, luego de que, por ejemplo, ha sufrido los procedimientos médicos para mantener artificialmente su existencia.

V: Me parece, David, que esto es una muestra clara del respeto a la diversidad. No todo lo que hacen los políticos es negativo, aquí en el DF hemos avanzado hacia una ciudad de derecho y tolerancia. Es una lástima, como bien dices que sólo existan estas leyes en la Ciudad de México.

11 ◘ Sexo express

Verónica: Me parece que el tema que veremos hoy es muy actual, David, el sexo express. ¿A qué nos referimos cuando hablamos de sexo express?

David: Tiene que ver con los placeres sexuales y los desencuentros. Cómo se asumen las relaciones afectivas y, sobre todo, las sexuales en los seres humanos. El panorama, a mi juicio, ha cambiado radicalmente en los últimos años. Obviamente que los medios de comunicación masiva, específicamente la radio, la televisión, pero sobre todo el internet, han cambiado radicalmente el panorama.

Quizá valdría la pena recordar cómo era "a la antigüita". Por ejemplo, la etapa que nos tocó vivir a las generaciones anteriores. Es decir: una chica me gustaba y yo lo que hacía, de acuerdo a los cánones de la época, era establecer un clima propicio que me permitiera irme acercando a ella de una manera paulatina; esto es, una cita o más de una, un cortejo sutil, porque no podía uno ser tan aventado, había que hacerlo con delicadeza para lograr la aceptación.

Después se producían las citas iniciales, que eran como de intercambio de conocimiento mutuo, es decir, yo te conozco y tú me conoces, nos vamos complementando, vemos si coincidimos o no, si hay más factores a favor que en contra, etcétera. Luego seguían las citas ya de cortejo, encaminadas a lograr reciprocidad amorosa, afectiva, sexual, pero el encuentro erótico no se producía sino hasta después de muchas citas. Podían pasar meses para que eso se produjera. Finalmente se lograba, a partir de un intercambio de afectos y de coincidencias.

V: Y tal vez lo más interesante de este tipo de encuentros a la antigüita era que después de unas citas, si la mujer o el hombre no te gustaba, pues no había encuentro sexual. Éramos más selectivos y exigentes.

D: Así es. Y aunque siempre ha sido una pretensión masculina, de acuerdo con el machismo del momento, como que los varones nos sometíamos al acuerdo o las ganas de la otra persona. A veces quedaba en ensayos frustrados; finalmente no se lograba ni la respuesta amorosa ni el *acostón*, cosa que muchos hombres buscan.

Es decir, si se producían las condiciones favorables, había encuentros. Si no, no. Era así de sencillo. Más aún, en muchas ocasiones, las mujeres, primero necesitaban un vínculo de confianza muy estrecho, por ejemplo, invitar al pretendiente a la casa para que fuera conocido por papá, mamá, hermanos, cuñados y todo el mundo, como un pre requisito para conseguir una aceptación. Si no, no se podía. En provincia, eran más los requisitos.

Las relaciones clandestinas existían, pero no eran las más afortunadas ni buscadas. Generalmente, las relaciones en su inicio, dentro del noviazgo tradicional, se pretendían que fueran a la luz del día y con todos los ojos puestos sobre esa relación.

V: Con chaperones. Acuérdate cómo íbamos al cine.

D: Se trataba de fiscalizar ese encuentro, e informar a las figuras de autoridad lo que había pasado.

V: Me acuerdo cómo sobornábamos a los chaperones, con palomitas o dinero.

D: La figura del chaperón no sólo ayudaba a consolidar la doble moral social, sino que implicaba una forma de aprendizaje de la corrupción.

V: ¿Y ahora?

D: Ha cambiado radicalmente.

V: ¿Estamos hablando de hace unos 10 a 15 años en adelante?

D: Yo pensaría que tiene que ver sobre todo con una imposición cultural de mediados de los 80, pero con un incremento en los últimos 10 años, cuando ya se populariza el internet.

V: Sí era muy de nuestra cultura judeocristiana. Pero hay cambios y muchos. Tenemos que la vida se convirtió en *light*.

D: Sí. ¿En qué consiste el sexo express? Éste tiene muchas ramificaciones. Primero, lo que llamamos la cultura del "antro"…

V: Espérame, no seas tan express. Primero dime ¿qué es el sexo express? Una definición, aunque nos choquen las definiciones puntuales.

D: Es el "acostón" inmediato sin demasiados trámites; éste puede incluir una relación ocasional, esporádica o única, o puede ser una serie de nexos eróticos, que incluye toda una temporada de relaciones sexuales.

V: Con la característica de que no hay involucramiento emocional, o al menos el hombre intenta que sea así.

D: Con la característica de que sea sin compromiso por parte del varón, aunque ya algunas mujeres empiezan a sesgarse hacia ese mismo objetivo. Algo así como una relación *free*, sin compromisos. Pero aquí vienen algunas dificultades, porque muchas mujeres no se salen de esa connotación amorosa y romántica, fingen estar a la moda, y para decirlo, de manera muy a la Yolanda Vargas Dulché, a veces se les rompe el corazón, porque finalmente sí le apuestan al vínculo sentimental, pero les falla la jugada.

V: David, dices que hay un cambio en las conductas de las mujeres frente a la sexualidad. ¿Los hombres y las mujeres hemos cambiado? ¿En qué, cómo?

D: En la terapia las mujeres me lo dicen. ¿Qué razones podríamos esgrimir para explicar esta situación? Una es muy biológica, es decir, el cerebro femenino es más completo. En la rodilla del cuerpo calloso, que es como el puente de unión entre los dos hemisferios, hay más intercambio neuronal, y eso significa que las mujeres saben combinar mejor los aspectos racionales con los emotivos. Los hombres tenemos menos actividad neuronal en ese puente, y entonces lateralizamos; es decir, trabajamos tantito con la racionalidad y tantito con la emocionalidad, pero nos cuesta más trabajo integrar los dos aspectos.

Otro factor son los roles de género, tan rígidos, estereotipados, inflexibles, que hacen que la educación sentimental para las mujeres, a pesar de todos los cambios sociales, siga siendo dentro de cierto romanticismo y el "deber ser", y en la de los hombres más en la esfera de echar relajo, de tomarlo a la ligera, de dividir a las mujeres en las buenas y malas, en la que va a ser mi esposa y con la que nada más quiero divertirme, etcétera.

Otro factor no menos importante es la presión social propia del machismo, de la falocracia, en el sentido de que entre más "acostones" logre a tener un varón, está mejor clasificado como macho, como galán. Y todavía a las mujeres se les sigue censurando una cierta libertad sexual que apenas en los años 60 se empezaba a destapar, pero que sigue siendo muy reprimida, pese a todos los cambios que han ocurrido.

Esa diferencia en asumir el "free", la libertad sexual inmediata, el sexo express, no se maneja igual, aunque muchas mujeres, por no ser calificadas como ñoñas o fresas, asumen públicamente que están en esa onda; pero ya en su reflexión interna, y es lo que me dicen en terapia, la piensan tres o cuatro veces e incluso llegan a arrepentirse seriamente al haber tomado tan a la ligera un sexo exprés.

V: Ahora sí explícanos lo de la cultura del "antro".

D: Esas, las del "antro" son las relaciones que se establecen a partir de sitios de encuentro. Los sitios de encuentro siempre han existido, nada más que antes eran subrepticios, escondidos. Recuerdo esos lugares tanto en el Distrito Federal como en distintos lugares de México. La gente podía saber que ahí se iba a ligar, pero no era algo que se mostrara de manera abierta. No estoy hablando de prostíbulos.

V: Y no era para todos los niveles socioeconómicos.

D: Así es. Era como de clase media para arriba. En cambio, ahora los sitios de encuentro son enteramente abiertos. Pública y privadamente se sabe, se difunde que ahí es para ligar, para poder establecer relaciones ocasionales o, cuando menos, para tener una noche muy intensa de índole sexual.

Quiero darle especial atención a la vivencia de los chavos, de la gente muy joven. Para empezar, ya se diluyó esa barrera clasista, de que ya no es privativo de una sola clase social. Sigue habiendo la división tajante de que a un lugar van los chavos fresas y ricos, y a otro los chavitos hijos de proletarios. Eso sigue existiendo. Es lo que puedes pagar. Hay lugares donde te tomas un coctel muy sofisticado y caro; y en otro, la clásica chela rebajada, pero finalmente ahora existen "antros" para, virtualmente, todas las clases sociales.

¿Qué ocurre en esos lugares? A mí, en los talleres para chavos, en la terapia individual, los seminarios y los cursos que doy, los chavos y las chavas me lo dicen abiertamente: se va a ligar, a establecer una relación de conquista inmediata. Algo así como el clásico intercambio de miradas, pero "aprisita". Tomarse la "chela" o el coctel, según el lugar donde estén, y propiciar el "acostón". Después de un ratito de estar socializando, tomando algo de alcohol y eventualmente una sustancia como crack, piedra o coca, dependiendo, como decía, de lo que puedes pagar, se van creando las condiciones para ir al motel o quizá al departamento de uno de los involucrados, y poder tener un encuentro sexual inmediato.

Aquí veo dos cosas: los hombres siguen con la tradicional costumbre de ver a cuántas "se tiran". Las mujeres, más bien, como de entrar a una conducta de moda, donde eso es lo que está bien, eso es lo que se estila, lo que me exige el medio social en el que me desenvuelvo; algo así como ser virgen es fresa, no es *cool* no haber compartido una noche sexual con alguien. Entonces, es como entrar en ese tren, en esa carrera, creo que más por moda y búsqueda de aceptación que por convicción propia.

No niego que haya chavas que sean muy liberales en cuanto a su cuerpo y la entrega sexual. Pero creo que es la minoría, a juzgar por lo que me dicen las propias chavas.

El caso es que estos lugares cunden y se desarrollan con tardeadas, noches de viernes o sábado destinadas a eso. Y es muy curioso, porque a mí me ha tocado ir a estos lugares por invitación de algunos de mis alumnos y alumnas, y es muy variado, desde lugares de música afroantillana de rock, de música pop en español y lugares con lo que queda de música disco. Y entonces es muy interesante observar la dinámica.

Curiosamente, ahora el "ponchis-ponchis" no permite un contacto cuerpo a cuerpo, pero sí una especie de brincoteo frenético combinado con el alcohol y a lo mejor alguna otra droga. Se crea un ambiente exaltado, algo ansioso, "positivo", para poder propiciar los encuentros.

V: Pero como no somos animalitos, ¿debe existir algún impacto emocional, supongo?

D: Más allá de cualquier moralismo, vale la pena hacer una reflexión acerca de qué impacto emocional en la vida de cada persona, sobre todo de las mujeres, puede ocasionar ese estilo frenético y acelerado de tener encuentros sexuales.

V: Sí, por favor revisemos, porque en esta misma charla habíamos hablado ampliamente de que aunque el hombre, aparentemente por su educación machista, siempre ha estado dispuesto al sexo _light_, al sexo inmediato, evitando a toda costa las consecuencias afectivas; nosotros, en estas conversaciones y gracias a tu experiencia terapéutica de tantos años, hemos visto que el hombre cada vez está más vacío y la mujer más deprimida. Porque en el caso de ella, hizo algo que, en el fondo, no quería, y para colmo, seguramente la van a rechazar, en algún momento, por otra pareja nueva y que repita este jueguito de entrega inmediata. Pero, David, sácame de la duda, ¿no es al chavo, con el tiempo y el vacío que le dejan este tipo de relaciones, a quien más le afecta?

D: Te voy a dar una opinión algo ambigua, como dicen los antiguos: sí y no. Creo que sí tienes razón, en términos de que el hombre también es afectado por este sexo frenético.

V: ¿Pero dudas, entonces no les afecta tanto como a las mujeres?

D: No tanto como a las mujeres. Además en las mujeres es más inmediata la reacción; les duele el corazón y punto. Hay vergüenza, culpa, inadecuación. Hay si, aparentemente, un tipo de anestesia: "ya lo hice, y qué". Incluso lo van a presumir, a alardear con las amigas más alivianadas, pero en su fuero interno no hay tal. Nos lo dicen, ya desprovistas de defensa psicológica en los talleres, cursos y terapias.

A los varones les cuesta más trabajo que les caiga el veinte, en el sentido, de que primero tienen que hacer una introspección, un reconocimiento más sereno y profundo de lo que están haciendo, pero sobre todo, para qué lo están haciendo. Tarde que temprano, sobre todo los más informados y concientes van a cuestionar esa manera de tener encuentros sexuales o ese estilo de sexo express.

V: Sólo para repetir lo de esta conducta machista, y que en el fondo es establecer relaciones sexuales una tras otra sin mayor reflexión: este joven de 16, 20, 40 o 60 años va a tener relaciones *light* o sexo express, una tras otra, supongo que irá perdiendo comunicación, sensibilidad, capacidad de involucrarse, de sentir afecto. ¿O se siente cada vez más fuerte porque tiene muchas mujeres? ¿Qué es lo que sucede en la cabecita de ese joven-hombre?

D: A lo mejor es una interpretación de lo que la gente en terapia me dice, pero no creo que sea poco acertada: al banalizar, al conferirle un sabor *light* a ese sexo exprés, finalmente las relaciones tienden a ser más superficiales y vacías. Yo no quiero decir con esto, de ninguna manera, que siempre tengan que ir unidos la afectividad y el erotismo. Más bien lo que digo es que si no se dota de un contenido humano o humanizado al vínculo, se torna tan ligero, tan superficial, tan poco relevante, que finalmente la persona no construye una experiencia significativa sobre el erotismo y los vínculos personales.

En efecto, van separados amor y erotismo. También pueden no estar separados. Sin embargo, el hecho de que se banalice, que se le reste significación, finalmente hace que sea un cúmulo de experiencias ligeras, y que no dejan un impacto, una huella en la persona, que le pueda servir para autoconocerse.

V: Tal vez cualquiera diría "y qué, qué tiene de malo eso, si yo no me quiero casar, no quiero tener hijos, a mí no me interesa la familia tradicional. ¿Cuál es el problema de sentirme así, si eso es lo que quiero?". Esto me lo dicen muchos chavos con los que trabajo.

D: Claro. No tiene nada de malo, en el sentido moral del término, pero en el sentido del impacto emocional, en la personalidad del sujeto, ya sea mujer u hombre, creo que sí tiene un efecto pernicioso. ¿Esto cómo lo sé? Lo sé por lo que me refieren los jóvenes adultos, que en su etapa anterior, cuando frecuentaban los antros para estas relaciones exprés, que eran como su conducta habitual; me lo platican meses o años después. Básicamente lo que me dicen es: "no aprendí a conocer a la persona. De hecho, no tomé en cuenta sus sentimientos. Caí en una especie de rutina egoísta, desconsiderada y ni siquiera me detenía a darme cuenta qué sentía yo mismo o yo misma –casi siempre esta referencia es de los hombres". Y las mujeres dicen: "híjole, yo por quedar bien con las demás, hice cosas que no quería hacer".

Reitero: esta visión no es moralista, sino de salud mental. En otras palabras, creo que lo idóneo para estos chavos y chavas, es experimentar, sí, porque no se nace sabiendo, pero no debiéramos dotar de superficialidad a todas las relaciones, porque de alguna manera esa sensación de banalidad, de ligereza en lo que hago y en lo que soy, finalmente va construyendo una noción real de vacío.

Es como cuando platicamos con una persona que todo el tiempo habla de telenovelas o de los resultados del futbol o de cuál es la última oferta en la tienda de autoservicio. No es que ese contenido sea malo, sino que podría ser más profundo, si así lo queremos llamar. Cosa diferente cuando platicas con alguien que reflexiona sobre la vida pública del país, la violencia en México o la necesidad de que hombres y mujeres seamos iguales, o de literatura, cine, filosofía. Es más "llenadora" esa conversación. Y no quiero decir que la otra no importe; quiero decir que las dos son necesarias para una vida sana integral.

V: El sexo *light*, como única, repito única forma de relación sexual tiene que ver con el uso y abuso del otro y de sí mismo. Hay una co-

sificación del otro a partir del momento sexual: es desechable. Pero también lo soy yo, porque acepto este intercambio. Yo no dejo huella en nada, porque no me interesa, vengo a usar. Uso y abuso del otro.

D: Me da la impresión de que más allá de esta necesaria exploración que todo mundo debe tener para aprender sexualidad y entender su propio cuerpo, valdría la pena detenerse a reflexionar qué clase de vida erótica desean tener los y las jóvenes, porque una cosa es lo que les ofrece la sociedad como moda, y otra la que ellos y ellas elegirían. Eso hay que establecerlo muy claramente.

Es como cuando dicen "los programas que tienen el *rating* más elevado son esta telenovela y este noticiario", lo cual no quiere decir que sean los mejores, sino que son los que la gente ve o escucha. Lo mismo pasa con las relaciones express. Es decir, quizá no es la yo quiero, sino lo que se me ofrece, lo que puedo tener. Esto nos habla de que estamos construyendo una sociedad o parte de una sociedad inmersa en la cultura más "chafa", y que les hemos heredado, negándoles además oportunidades distintas. La existencia de los así llamados "*ninis*", jóvenes que ni estudian ni trabajan, es quizá el golpe más contundente que se ha dado al *establishment*, porque finalmente ellas y ellos no eligen, se van convirtiendo en generaciones pasivas.

Por supuesto que siempre he estado a favor de la libertad sexual ejercida responsablemente. Estoy a favor de que los chavos y las chavas vivan su erotismo, que lo exploren…

V: De acuerdo con tu comentario. Volviendo al asunto medular de las relaciones *light*, tal vez el aspecto que tendríamos que atender es no lastimar al otro, pienso que al lastimar de alguna manera salimos también afectados.

D: Regreso a tu comentario, se está mostrando una cultura egoísta, centrada en uno mismo, sin tomar en cuenta al otro, y como bien dijiste, desechando a las personas. Esa es la parte más triste.

Hay un tema que está muy relacionado con lo que estamos hablando. Hay estudios que demuestran, ahorita me acuerdo de uno del Consejo Nacional de Población, Conapo, habla de los chavos y las chavas que están satisfechos de iniciar su vida erótica en pareja. Esto es, cuando empiezan a tener relaciones sexuales, eso les complace como hecho, pero no están satisfechos desde el punto de vista del placer. Es decir, sigue habiendo relaciones inmediatas, angustiantes, en un contexto no protegido, y en general, con prisas y de una manera burda y con maltrato, hasta llegar a la franca violencia. No nos confundamos: una cosa es que les de gusto iniciar su vida erótica en pareja, y otra que expresen bienestar con el "placer" sexual obtenido.

V: Dices que ahora estos chavos ya mayores, te platican en consulta, sobre este tipo de relaciones express. ¿Por qué llegan a terapia? Es interesante saber por qué llegan y se remiten a ese tema.

D: Hay dos grandes causas. Para esto conviene recordar que hago terapia sexual y también psicoterapia general. En ésta, la gente llega por "broncas existenciales" o necesidad de resolver problemas actuales o tomar decisiones. Y en el área de lo sexual, por disfunciones de la vida erótica, dudas, incertidumbres o algunos conflictos relacionados con su placer o con su no placer.

En muchas ocasiones, estos chavos y chavas, que llegan ya en etapas más desarrolladas, como adultos jóvenes, lo hacen por razones mixtas. Por ejemplo, una muy clara: tuvieron una serie de exploraciones con sexo express, después decidieron romper esas suerte de rutina que ya les estaba cansando o lastimando, y entonces se involucran con una persona, de la cual se enamoran y se casan de inmediato. Varias veces he opinado que es un error casarse enamorado o enamorada, porque el enamoramiento es un estado alucinatorio que no te deja ver. En fin…

Y entonces es cuando hace crisis no solamente la situación presente con esta pareja en particular. También hay un *flash back* de todo lo que vivieron con anterioridad. Por eso me cuentan esa parte de su pasado más o menos reciente, vivido con frustración, angustia; momentos gozosos, pero con culpa y malestar general. Y esto sí es común para hombres y mujeres.

V: Lo que me dices es que se repite la conducta en el matrimonio. Se casan con el primero que sienten que algo les mueve, sin dar más chance. Lo hacen enamorados o pensando que están enamorados, rápido y no dan tiempo a que la relación crezca, a conocerse mejor; y se recicla este comportamiento de "todo rápido". Luego tienen un hijo rápido, y otro y otro, se divorcian rápido y claro, se sienten vacíos y atrapados. Entonces, ¿a qué hora nos paramos a ver qué queremos realmente, quienes somos, qué vida deseamos?

D: Siguiendo esa línea de reflexión, vivimos en una sociedad y en una cultura express. Todo hay que hacerlo eficientemente rápido, de volada. Simplemente, detengámonos a observar cómo camina o maneja la gente en la calle, con un frenesí, una aprehensión terrible. No nos damos tiempo para saborear la comida, para degustar las bebidas, para descansar, para contemplar la luna maravillosa de ciertas épocas del año. Vivimos rapidísimo, en forma acelerada, y eso cobra sus facturas, emocionales sobre todo.

V: Es una carrera sin fin. Tan estresante y agotadora. Y el internet ha hecho más rápido todo, lo ha hecho más inmediato. Las redes sociales… Ya ves, ahora hay sexo cibernético.

D: Internet, por sí mismo, nos conecta de manera automática con todo el mundo. Ese es un primer elemento. Nunca esa metáfora de la aldea global ha sido más eficaz, más justa. Te puedes comunicar con personas de todo el mundo y esa comunicación es recíproca.

En las redes sociales hay cosas muy positivas, pero hablando de cosas que no lo son tanto, las redes sociales han contribuido a convertir la vida privada en pública. Me sorprendo que de pronto en facebook, aparecen fotos mías que no sé quién me tomó ni en qué circunstancias y con una serie de comentarios de gente que ni conozco, aunque también hay comentarios de personas con las que tengo una relación amistosa muy intensa. Ese es un elemento: la transformación de una vida más o menos privada en una más o menos pública y, por ende se pierde cierta privacidad, cierta intimidad.

Por otro lado están la inmediatez y los vínculos. Ahora hay un ligue cibernético, relativamente fácil de obtener. Ya no de lo que hablábamos "a la antigüita", de la cita, el cortejo, que mamá esté de acuerdo, y bla, bla, bla. Ahora es algo absolutamente inmediato, y si se puede, de un jalón. Es decir, ahorrándose todos los trámites de ese proceso, ya sea mediante una comunicación escrita que será vista en muchos lugares, hasta la posibilidad de manejarlo visualmente mediante una videocam: el nexo se establece, la cita se agiliza y por ende el encuentro sexual también.

Este es un fenómeno que merece una revisión crítica. Por ejemplo, me he dado cuenta de que, paradójicamente, ahora que estamos mejor comunicados que nunca antes en la historia humana…

V: …es cuando más incomunicados y solos estamos.

D: Así es. Y donde vivimos con otra paradoja, con una mayor soledad, porque antes las relaciones eran en vivo y en directo; podíamos interactuar con seres humanos de carne y hueso. Ahora te enfrentas a personas virtuales, en el sentido amplio del término, que muchas veces ni siquiera son reales, sino la imagen que la persona quiere proyectar.

Es decir, personas que se ponen en contacto por medio de internet, que te dicen que son lo que no son. Por ejemplo, hombres que se dicen muy abiertos cuando son muy conservadores, o al revés. A veces se representa la farsa: son hombres que dicen ser mujeres y viceversa. O bien varones que pintan un cuadro con una personalidad absolutamente seductora, cuando en la vida real no lo son. Esto puede enmascarar, ocultar a agresores sexuales. Hay una parte, quizá el término no sea el más apropiado, "peligrosa" en todo esto o que por lo menos ameritaría un especial cuidado para ver con quién te involucras.

V: Un especial cuidado en la medida en que no seas maduro sexual y emocionalmente, no lo digo con respecto a edad, hay madurez sexual en chavos de 20, e inmadurez sexual en gente de 40 ó más. Madurez sexual a partir de información, reflexión, tiempo para ver qué

es lo que se quiere en la vida, un cuestionamiento personal –quién soy, a dónde voy, qué quiero–, autoestima –que estamos fatal en esa área–, en fin. En el momento en que todo eso se suma, tal vez se puede tener una madurez. Sin embargo, si hay inmadurez sexual, si hay inmadurez en general, ¿cómo van a vincularse teniendo claro que ese vínculo, a través de las redes sociales, del cibersexo, es positivo, le va a hacer bien o estará bien su vida futura? A mí me parece complicadísimo que los chavos puedan decidir y definir sobre ese punto. Sin embargo, lo están haciendo todo el santo día, porque viven en el internet.

D: En un polo de esta problemática estaría todo lo positivo alrededor de estas vinculaciones personales. Por ejemplo, el que puedas encontrar gente afín a tus criterios, ideología, personalidad y gustos y crear vínculos amistosos a larga o corta distancia, según la situación geográfica de cada cual, y que a partir de ello surgiera una relación amorosa y posteriormente sexual. Conozco a un buen número de parejas que se han conformado a partir de una relación internética inicial; ahí yo no pondría ninguna objeción, igual que en estos clubes de corazones solitarios que funcionan para encontrar afinidades. Pero escoger, saber quién es afín, para eso se requiere eso que has llamado madurez.

V: ¿Viste la película Red Social, facebook, en inglés? Bastante crítica por cierto. Es la explicación de cómo nace. Finalmente surge de un chavo que está despechado por una novia que lo manda a la fregada, porque él toda la vida está metido en internet y no la pela, y ese chavo, que es un genio de esta época, empieza a diseñar un programa para saber quiénes son las chavas de la comunidad. Para poder tener más acceso a esas chavas en las universidades. Así empieza facebook.

D: Así como tal, me parece irreprochable, los seres humanos tenemos un sentido gregario. Y además, por qué no, vinculaciones afectivas significativas y sexuales y placenteras y todo lo que sea, hasta ahí. Pero ya ponerle otros ingredientes, como por ejemplo, el trabajar mis fantasías proyectadas, algo así como construirme una imagen que no es real, para atraer a alguien; para empezar estoy incurriendo en una especie de fraude, porque ese que quiero mostrar en las redes, no soy yo realmente. O bien, lo que quiero es acercarme a alguien mediante un truco sentimentaloide, cuando realmente soy un agresor sexual. Es decir, todos esos riesgos existen, y no podemos tapar el sol con un dedo.

Por otro lado, cuando queremos comprar fantasías, generalmente obtenemos fantasías, en el sentido de que no es algo realizable y real. Por ejemplo, muchas veces hemos escuchado y comentado con personas que han vivido la experiencia, Y cuando viene el encuentro real, en directo, con la persona que se estuvo intentando una posible relación a través de internet, resulta que ese ser humano no se parece en nada al que me había mostrado sus múltiples virtudes y bondades.

V: Además, cada vez es más común que se establezcan parejas en espacios geográficos y culturales totalmente distintos.

D: Claro. Hay un elemento que me parece bueno, no en términos moralistas, sino desde el desarrollo de la personalidad, que es el entrenamiento que a muchas personas les da el cibersexo. Estamos hablando de la obtención de deseo, excitación y orgasmo a través de una relación por internet. Hay, desde el que es por escrito, ya sea chateando y/o por correo en el que se propicia un ambiente cachondo para que los que están involucrados, puede ser un dueto, trío o cuarteto, logren erotizarse y pasar un buen momento.

V: Pero en skype ya puedes tener todo lo visual.

D: Exacto. Puedes en vivo y directo interactuar con otra u otras personas, y hay quien sube a *you tube*, o a otros medios, sus videos teniendo interacción sexual. Ahí entramos a un terreno que tiene que ver con el necesario manejo de la privacía y la confidencialidad. ¿A qué me refiero? Algunas "estrellitas" internacionales de tele y cine han sido exhibidas por sus supuestos novios, que se supone las quieren mucho, y sin su anuencia han subido estos videos. Si se me permite el término, comprometedores, porque además ellas no lo autorizaron; o el de la madre y representante de una estrella conocida de tele, que le hacía un strip-tease muy cariñoso a su pareja, y sin su consentimiento se subió el video. Cosas como éstas ya son atentatorias contra la persona, su libertad y dignidad. Todos son riegos inherentes a este medio de comunicación, que es el internet.

Pero por otro lado, me da la impresión que volvemos al tema de la banalización de algunos aspectos. Esta crítica negativa que se hace al material sexualmente explícito por ser burdo, mecánico, cosificador, sobre todo de la figura femenina en internet y en las redes sociales, ya que se les usa como meros objetos sexuales, donde ni siquiera hay una interactuación recíproca, sino más bien son ellas puestas a exhibición de los varones. Aquí hay elementos si no censurables, porque la censura no sería el criterio más adecuado, por lo menos tendría una connotación negativa. Insisto en que es necesario humanizar las relaciones, en lugar de mecanizarlas, que es lo que muchas veces pasa en internet.

V: Cada época tiene sus propias características. Pienso que ésta se caracteriza por los avances en las tecnologías de la comunicación; sin embargo, cada vez estamos más incomunicados. En cualquier lugar veo a un grupo de chavos y no tan chavos, él está con su teléfono celular jugando y ella intentando platicar, o concentrada también en su propio celular o tablet escribiendo mensajes. Veo a mí alrededor incomunicación, con sus consecuencias: soledad, incomprensión, relaciones *light*, infelicidad, deshumanización.

D: La inmediatez de las relaciones y de la vida actual conduce mucho a la falta de reflexión. Con esto no descalifico a los jóvenes, sino más bien que el estilo de vida impuesto hace que entren a esta dinámica frenética.

V: Los jóvenes de hoy nacieron en la época de la cibernética, de la velocidad y de la comunicación por internet, y de seres humanos cada vez más solos.

D: Sí. Se han ido cancelando aspiraciones de mediano y largo plazo. Esta visión de trascendencia, que otras generaciones sí teníamos, en el sentido de "yo pretendo incidir de esta manera en la sociedad, cambiar alguna estructura, forjar una revolución, hacer una carrera, amar y ser amado", bla, bla, bla. Ahora no; es la inmediatez, que no hay que confundir con la visión filosófica del aquí y ahora, que es otra cosa: el vivir el momento con intensidad, prescindiendo de la fantasía catastrófica del futuro y del recuerdo amargo del pasado. Esa es una visión filosófica existencial-humanista muy distinta.

Yo más bien creo que los chavos y chavas no buscan comunicarse trascendentemente, sino resolver el asunto imperioso, ansioso del ahora. De ahí ese frenesí de dejar de hacer cosas o estar haciendo tres cosas al mismo tiempo. De alguna forma es una comunicación no sólo express o *light*, sino que es, hasta cierto punto, ociosa.

Me he dado a la tarea, y es un trabajo que a veces hacemos en los talleres de adolescentes, de hacer la revisión de mensajitos. Y encuentras cosas como ésta: "ok, sí, chido, va. Nos vemos, *ciao*". Esa fue la comunicación. No más. O bien cosas como: "no voy, estuvo chido. Ahí te ves". Sin ser un adulto "mamila" o fiscalizador, este tipo de comunicación adultera el intento de comunicación.

V: Pero eso mismo lo repiten en sus relaciones sexuales. Rapidez, intrascendencia, cero afectividad.

D: Es el estilo: me vine, se acabó y eso fue todo. La reflexión es, ¿qué sigue? No se trataría de sentar en el banquillo de los acusados a los chavos y a las chavas. Creo que eso nos debe promover una profunda reflexión de autocrítica del mundo adulto.

V: De este mundo que les estamos dejando.

D: Claro. Me sigo sorprendiendo, por ejemplo, con las declaraciones del gobernador de Chihuahua, en el sentido de…

V: …que metan a los jóvenes al Ejército para que reciban un pago durante esos años. Imagínate.

D: Son visiones retardatarias, obtusas. Y además, si nos vamos a la cuestión económica, les estamos dejando un mundo que no ofrece oportunidades educativas ni laborales suficientes para chavos y chavas. Entonces con qué cara les podemos exigir a los jóvenes una visión diferente. Creo que debemos reflexionar desde el mundo adulto con empatía, porque si no incurrimos en severos errores moralistas y muy de adultos dizque superados, que realmente...

V: ...es que David, los adultos no tenemos tampoco resuelto nada. Ahora estamos viviendo en esta época donde no se nos facilita, con lo aprendido, establecer nuevas relaciones, porque estamos hablando de otros valores. Los jóvenes no se van de su casa familiar, ni inician relaciones de pareja. No quieren compromisos. Hoy hay chavos estresados a los veintitantos años, con problemas de colitis, diabéticos, obesos. Una serie de padecimientos que son los síntomas del acelere no solamente en la sexualidad express, sino en su forma de ver televisión, de estar en internet, de este tipo de incomunicación de la que hablamos. ¿A dónde va todo esto? ¿Qué propondrías para que vivamos menos estresados, menos ansiosos y autistas emocionalmente?

D: Pese a todo lo antes dicho, tengo mucha confianza en la mayor parte de las chavas y los chavos con los que interactúo.

V: Con los que interactúas. Con los que ya llegaron a terapia, para cambiar, para estar mejor, ya reconocieron el problema...

D: ...son esos, pero también voy mucho a las universidades públicas y privadas a dar conferencias, talleres, etcétera. Y entonces los chavos se acercan y me platican o yo los cuestiono y ellos me responden. En fin, interactuamos. Me vinculo mucho con los chavos y las chavas, y creo que tú también, en función del trabajo que tienes en una radio cultural por internet, donde la mayor parte de tus colaboradores son muy jóvenes.

Tengo mucha confianza en ellas y ellos, porque todavía no tienen, voy a decir una palabra fuerte, todavía no se envilecen como muchos adultos. Es decir, todavía hay núcleos de luz y de cierta esperanza en la construcción de un mundo mejor. Y sí están muy defraudados, decepcionados, desencantados con este mundo que les estamos ofreciendo.

V: Por eso su vida *light*, **de no involucrarse más, porque para qué, si todo está tan mal: no tengo oportunidades de trabajo, no hay espacios para estudiar en las universidades públicas. Una chavita de 24 años, que trabaja, me dice: "oye, platícame de tus viajes. Nunca he salido, no tengo galán, no creo tener galán, porque nadie se me acerca. Cuéntame de tus experiencias, porque yo no las tengo".**

D: Viene ese como enconchamiento o miedo que hace que, paradójicamente, en un mundo tan social, mucha gente se aísle.

Igual que veo todos estos elementos negativos, también veo en los chavos un afán por meterse, por ejemplo, en esta cultura de la protección del ambiente, con la visión de avanzar hacia la equidad entre los géneros. Hay chavos y chavas que pretenden hacer renovaciones estructurales en su comunidad para favorecer algo que limpie un poco este mundo. Por ejemplo, los globalifóbicos, que están a favor de una construcción más equitativa de un mejor medio ambiente. Veo también jóvenes interesados en profundizar en la cultura, música, teatro, cine.

Y aunque no es precisamente mi rollo, pero por supuesto que lo respeto mucho, en explorar aspectos de espiritualidad. Veo chicas y chicos muy jóvenes que invierten tiempo e incluso dinero, que a veces les escasea, para contribuir a causas sociales, como las comunidades chiapanecas o los niños con cáncer u otras causas justas, dignas e importantes.

Veo chavos y chavas que pintan, que hacen su música en estudios rudimentarios para dejarla grabada. Chavos y chavas que están en proyectos radiofónicos, de toda naturaleza, y que es un como un grito amplio para decir "aquí estamos, queremos ser, queremos reivindicarnos, queremos vivir bien". El mundo adulto debería ser cómplice de esos afanes.

Hay muchachos que hacen crítica política, que desde la academia, las universidades, los institutos, están haciendo su propio esfuerzo en la construcción de un mundo mejor, cuando menos en lo más inmediato. Chavos y chavas que experimentan con nuevas formas de comunicación amorosa y sexual, por ejemplo, ya hemos hablado de la formación de ciertas comunas, de ciertos consorcios poliamorosos.

Les puede ir bien, regular o mal, pero están experimentando. Eso es lo importante. Es decir, no bajan la guardia, no doblan las manitas ante un mundo tan adverso, inequitativo e injusto. Y son chavos y chavas que están criticando hoy en día, por ejemplo, la militarización que está viviendo este país, y que de ninguna manera van a engrosar las filas de los sicarios de los narcos, sino que seguramente van a ser un bastión de libertad, dignidad, paz. Eso también existe y hay que subrayarlo.

Y quien esté leyendo este libro, dirá qué diablos tiene que ver esto con la sexualidad. Pues todo, porque un ser humano, mujer u hombre joven, libre, de alguna manera busca la luz, el bienestar personal, el desarrollo de su autoconcepto y del placer, que es un derecho humano inalienable. Yo creo que tiene mucho que ver.

Pese a todo, sigo esperanzado en que un buen sector de la gente joven va a superar este escollo tan terrible, este inicio del siglo XXI tan lamentable, y que vamos por más y que vendrán tiempos mejores para ellos y ellas, siempre y cuando se alivienen y se pongan las pilas, porque la pasividad y el dejar pasar los acontecimientos del mundo, sin actuar, sería el error más lamentable.

V: Fuimos ese tipo de jóvenes, rebeldes, y eso nos hizo distintos.

D: Así es.

V: Precisamente protestar, responder y luchar contra aquello que se nos imponía.

D: Sigo pensando en esta época, en que los mejores adultos son los que conservan la rebeldía de la juventud.

V: Déjame hacer una "ola". Viva esa juventud. Vivo rodeada de ellos. Eso me mantiene atenta y prendida.

Verónica: David, en este último tema hablaremos de la salud sexual integral. Uno de los grandes problemas que tenemos es que la gente no se asume a sí misma como sexuada, por lo tanto no se responsabiliza de ello. Nos cuesta trabajo, sobre todo a nosotras las mujeres, vivirnos integradas, quiero decir mujer-sexual. Vivimos fragmentadas: mujer-madre, mujer-esposa, etc. No vivimos con naturalidad nuestro cuerpo, desconocemos dónde está nuestro placer. En general el tema no pasa por la más elemental de las reflexiones: ¿qué significado tiene ser de nuestro género? ¿Cómo lo percibes tú, David?

David: Como los sexólogos y los comunicadores siempre estamos enfatizando los problemas de la vida sexual, pareciera ser que tenemos puras malas noticias: disfunciones, anorgasmia, eyaculaciones precoces, problemas con la identidad de género o la identidad sexual, problemas de pareja. El mundo que le estamos presentando a la gente es funesto y desastroso. Pero hay muchas y buenas noticias también respecto a la sexualidad. Por eso creo que el concepto de salud sexual debe revisarse. Tradicionalmente se habla de la salud como el completo bienestar físico, mental y social. La definición actual de salud sexual es: "el proceso de consecución del bienestar orgánico, emocional y social del ser humano sexuado", según la WAS, (Asociación Mundial para la Salud Sexual). Tal concepto, si te das cuenta, no se refiere simplemente a no tener enfermedades, disfunciones o síntomas; sino también al logro más amplio posible del placer.

Se habla de "proceso" porque no se trata de un hecho inmediato o espontáneo, sino que, como decimos, hay que trabajarlo. La plenitud sexual tiene que ver con aspectos socio afectivos, por ejemplo: aceptación de sí mismo, y aprender a relacionarnos emocional, amorosa, convivencial y sexualmente con otro ser humano.

Por supuesto, el mundo interior, que sería lo psicoafectivo –estar bien conmigo mismo– y la esfera de lo físico, no sólo no tener molestias, no tener dolores, sino además poder disfrutar del cuerpo a plenitud. Más allá de lo fisiológico, está el mundo subjetivo, tiene que ver con la creación de la belleza que nos da la respuesta sexual: deseo, excitación y orgasmo.

Estamos en la ocasión de poder dar buenas noticias a partir de lo que vemos que la gente puede hacer. Es decir, no todo está perdido. No todo es disfuncionalidad. No todo son conflictos. Hay maneras de recuperar el cuerpo, de vivir el cuerpo a plenitud. Y creo que esos modos creativos algunas personas nunca los pierden, los tienen y los desarrollan. Otras personas necesitan restaurarlos a partir de una terapia. Algunas, cuando descubren de sí mismas que hay cosas que modificar positivamente, o que van a un grupo de encuentro, o ven un programa de televisión, o leen un libro como éste, puede ser como la chispita, como el foco de encendido que les permita ir transformando cosas.

Los consultantes y los participantes en grupos me muestran que sí hay nuevas formas de acceder al erotismo, que en realidad son viejas formas, que nos llevan desde el Kamasutra y el Jardín de las Delicias hasta los manuales eróticos contemporáneos. De pronto parece que se nos han olvidado, por estar viviendo en este acelere de la cotidianidad, donde todo tiene que ser eficaz: hacerlo bien, rápido, pronto y listo. No nos damos tiempo a veces para sentirnos, para reflexionar y vivir el cuerpo.

Sobre el género o las diferencias de género, quiero insistir en un planteamiento que hice en el libro *Resignificar lo Masculino* (Vila 2002): "hay que avanzar hacia la equidad entre mujeres y hombres, reconociendo nuestras diferencias". Desde el sexo, concepto biológico, en efecto tenemos varias diferencias. Sin embargo, como personas con construcciones de género tan distanciadas, nos conviene reducir y anular esas distancias. Sin equidad de género no existen sociedades democráticas.

V: Si tuvieras que decirle a alguien cuál es tu propuesta del ser sexuado, ¿sería ésta que comentas?

D: Sí. Incluso lo voy a poner de un modo coloquial: *Clavillazo* tenía una frase muy buena: "la cosa es calmada". Yo creo que la cosa tiene que ser calmada, en el sentido de no dejarnos derrotar por la angustia, ansiedad, estrés de la vida cotidiana y la serie de compromisos que tenemos que cumplir con el mundo exterior.

En ese sentido, la recuperación del cuerpo, dejándonos sentirlo, aún antes de un vínculo de pareja, antes de un ejercicio autoerótico o de masturbación, creo que sería a todo dar.

V: ¿Quieres decir autoerotizarnos: acariciarnos, conocer nuestros cuerpo y entender qué lugares son los que más nos excitan, nos dan placer, antes de tener una relación con otro u otra?

D: Sí. Es como tener una disposición permanente. Cuando doy alguna plática sobre estos temas...

V: Perdón. ¿Qué quieres decir con "disposición permanente"?

D: En estas pláticas, casi siempre empiezo diciendo "la sexualidad es como tu nariz. Viniste a esta plática con la nariz puesta. No la dejaste en la cama o en el buró". Tener la sexualidad puesta como la nariz, tener la vivencia erótica puesta como la nariz, no es estar todo el tiempo teniendo relaciones sexuales. Es: "yo soy un ser humano sexuado, soy una persona sexuada y, por lo tanto, puedo encender ese motor y ponerlo en acción en el momento en que sea pertinente, en que se preste la ocasión y en el momento en que se concilien dos voluntades. O si no hay otra voluntad, la mía conmigo mismo mediante un ejercicio autoerótico".

Parece una obviedad lo que estoy diciendo, pero hay que ponerse en contacto con lo obvio. Mucha gente ya no se concibe como ser sexuado.

V: Hay algo que me sorprende mucho, se tacha este tema de la sexualidad como frívolo, inconveniente, tal vez. Y vivimos con una especie de seriedad cotidiana, nos hemos vuelto aburridos en todo lo que hacemos.

D: Y se traduce en todos los actos de nuestra vida.

V: Hay rigidez y moralina. Todo es asexuado o se manipula la idea erótica para fines comerciales. Hay personas que ha asumido su sensualidad y ser sexuado pero son rechazadas por mujeres, y los hombres se sorprenden, porque no están acostumbrados a ver esto con naturalidad, como parte de la vida, del ser. Me parece que no es común ver a mujeres y a hombre sexuados.

D: Tienes razón. Tú y yo vivimos los años 60, donde hubo una suerte de destape, de renovación, que era como un intento de las nuevas generaciones de atacar o cancelar o por lo menos oponerse a esa rigidez de los años anteriores. Era una etapa pródiga, por ejemplo, en minifaldas, en ropa muy audaz; hombres y mujeres como que nos destapábamos, como que enseñábamos algo de nuestra anatomía y también dio lugar a una pequeña –porque no fue global y absoluta– revolución sexual, donde nos dábamos muchos permisos, y uno de ellos condicionado por el surgimiento de la píldora, que era la gran novedad.

V: Claro. Fuimos contestatarios, buscábamos la libertad de pensamiento, de amar, de hacer el amor, de vivir el placer, la música , etc. No había Sida, las enfermedades sexuales eran muy poco frecuentes.

D: Exacto. Había libertad en la manera de expresarse, en la manera de andar, en la manera de asumir el cuerpo. Las mujeres no se tapaban mucho. Ahora es asombroso ver cómo en plena época de calor las mujeres usan pantalón.

V: Es poco frecuente ver a mujeres con faldas. Habría que pensar en que la mujer trabajadora, frente a un mundo machista y poco respetuoso de su cuerpo, prefiere cubrirse. Y sin duda es más cómodo el pantalón en el Metro, en el autobús, metrobús… Pero; ¿qué más cambió en estos 50 años?

D: Ya lo platicamos, pero quisiera agregar que el machismo has estado siempre presente, pero ahora se suma un mayor hostigamiento sexual que probablemente obedece a una respuesta del hombre hacia el empoderamiento y seguridad, e independencia económica y actitudinal de las mujeres. Cambiaron muchas cosas. Una de ellas fue la pandemia mundial del VIH.

V: Sí, desde luego, es un elemento. En algunos chavos gay, los veo violentamente sexuados, con una sexualidad muy agresiva, para afuera, muy de "aquí estamos" pero sin reflexión interna, más ahora con esta apertura social, legal, en lugares como el DF. Frente a esos grupos veo a los heterosexuales, hombres y mujeres, mucho más asexuados.

D: Es que pasaron muchas cosas. Una de ellas fue, retornando a la época en la que se dio a conocer y difundió la pandemia mundial de VIH/SIDA, ocurrió que mucha gente lo asumió con un cariz moralista, en el sentido de "yo ya me destrampé, yo ya cogí como poseído, yo ya viví mi vida y ahora viene una suerte de castigo, una espada flamígera. Ahora me debo portar bien". Yo no digo que esto sea un discurso generalizado…

V: …pero lo tenemos registrado en el disco duro de nuestro cerebro.

D: …y mucha gente, efectivamente, cambió por completo sus hábitos sexuales. Cuando digo hábitos sexuales no me refiero a tener relaciones con protección. Me refiero a que en cierta medida, reprimió su expresividad; fue muy notorio, de tal suerte, que los 90 y ya la década de los 2000, entrando a la segunda década de este nuevo siglo, la cosa tiende al conservadurismo, por lo menos en actitudes y vestimentas.

Ya hemos visto que el internet y los encuentros exprés están en boga, pero esa expresión de: "yo me asumo como un ser erótico" realmente se ha ido para atrás en muchos sentidos. Yo no digo que el VIH/SIDA haya sido el único factor. La comunidad gay, entre la gente joven, es el sector poblacional que más ha asumido la idea de que hay que tener precauciones. Entre los mismos grupos, es el que más utiliza el condón, por ejemplo.

V: La libertad que hay en el DF, por ejemplo, ¿ha permitido un "destape" de la sexualidad de algunas comunidades jóvenes?

D: Mientras que los avances en la lucha feminista en ciertos sectores y del movimiento lésbico gay han sido muy trascendentes e importantes, lo que ha consolidado la libertad a la que hoy tienen derecho: por el lado heterosexual, me parece que ha habido exactamente lo contrario.

No es casual que, por lo menos en México, haya ganado terreno el conservadurismo. Es decir, en México se decide hacerle caso a las normatividades clericales. Y mucha gente sí responde a los llamados de los grupos conservadores y del clero para reprimir su vida sexual en varios sentidos.

Pero por otro lado, al no existir una educación sexual formal –volvemos al viejo tema– y donde la información confiable, científica, humanista no está a la disposición de la mayor parte de la gente, ésta sigue actuando con miedos, tabúes, inconsecuentemente, con mucha ignorancia. Eso también tiene que ver con vivir una sexualidad hipócrita o doblemoralista, como la vivieron generaciones anteriores, algo así como vicios privados, virtudes públicas.

Salvo ese sector del que hemos hablado, que es la clase media ilustrada, que sí se ha alivianado mucho, el grueso de la población no, lamentablemente. A veces, incluso, me resulta frustrante que no obstante décadas de estar mandando mensajes en medios, de proponer una vida erótica diferente, de hablar sobre el respeto a la diversidad, etcétera, de alguna manera los viejos estereotipos siguen muy vigentes, muy vivos, por más que haya gente que dice que no, que la cosa ha cambiado. En realidad, no ha cambiado sustancialmente, por lo menos para la mayoría de la población.

V: David, pienso en tu libro: *La molécula que revoluciona la sexualidad* **(Alfil 2007), hay un apartado donde manejas una serie de puntos que tienen que ver con esto. En uno de ellos hablas del erotismo corporal total, no restringirlo a los órganos sexuales pélvicos, no al pene y a la vulva. Creo que iría por ahí.**

D: Hay dos elementos. Uno tiene que ver con desgenitalizar. Es decir, que el erotismo se vaya más allá de los órganos pélvicos, porque todo el cuerpo es susceptible de ser erotizado y de erotizar a otro u otros cuerpos. Nos vamos mucho al coito acelerado, burdo, mecánico y prescindimos de las caricias globales. Ya hemos visto que sobre todo las mujeres se quejan de que los hombres practican un sexo mecánico, que no consideran sus sensaciones y sentimientos.

Eso se sigue repitiendo: hombres que besan someramente, que no acarician, que casi no dicen nada afectivo o emocional, ni siquiera cachondo, y que lo que les interesa es penetrar, moverse un ratito y eyacular.

V: Te propongo que digas lo mismo pero ahora con propuestas positivas. ¿Cómo es el erotismo corporal total?

D: Primero, suprimir todo lo que ya dijimos, y luego proceder a algo mucho más integral en el encuentro de los cuerpos, que va a empezar desde el "abrazo de las miradas", es decir, no necesitamos ni tocarnos para empezar a comunicar sensaciones y sentimientos, que pueden incluir la pasión erótica. El encuentro de las miradas, el poder comunicar con los movimientos corporales una intención, un deseo, un modo de transmitir algo, por ahí se empieza. Pero por otro lado, el verbo, decir cosas, en esta propuesta se privilegia la palabra.

V: Sí, ¡las palabras que acarician!

D: Hay personas que prefieren oír frases sutiles, tiernas, románticas, cariñosas, mientras que otras parejas quieren oír algo grueso, algo *hard core.*

V: Bueno, hablando, se pueden poner de acuerdo.

D: Exacto. Puede se puede integrar un lenguaje considerado como "obsceno". Si eso es lo que ambos desean.

V: El hombre avienta una frase dura y la mujer, en tu experiencia terapéutica, qué hace. Danos algunos ejemplos.

D: "Me encanta cómo coges" o "te la mamo rico".

V: Vamos a suponer que están estas frases, y la mujer dice: "yo con eso no puedo. No me gusta". O "sí, síguele. Me encanta. Dime más". Lo hablamos y nos ponemos de acuerdo.

D: Claro, porque para bailar tango se necesitan dos. Si él está prendidísimo diciendo sus frases fuertes, y a ella no sólo no le gusta, sino le ocasiona malestar…

V: …o al revés. La intención es erotizar la relación, no violentarla.

D: Esto es interesante, porque el nexo erótico se puede establecer mediante un diálogo constructivo, cachondo, que puede oscilar entre lo tierno y lo pasional muy intenso, y donde además aquél que utiliza frases suavecitas a lo mejor aprende a decir frases fuertes, y al revés. La persona burda, que va más al grano, empieza a desarrollar un romanticismo o una capacidad amorosa inédita. Es decir, se vale aprender, y ésta es una oportunidad de hacerlo.

Es curioso cómo en las historias clínicas vemos que la gente no se habla a la hora de un encuentro sexual. Me he percatado en mi experiencia profesional, que ruidos, sonidos, gemidos, palabras, gritos y frases completas son muy enriquecedoras de la experiencia erótica. La gente mejora mucho en su expresión erótica cuando esto sucede. Estamos hablando de las miradas, de la verbalización, de las caricias sin tocarse.

Ahora vendrían las caricias de contacto, dentro de este mismo aspecto del erotismo corporal total. Las caricias con todo el cuerpo, efectivamente…

V: …antes de llegar ahí, yo propondría: empezar por nosotros. Por qué no te metes un día en tu cama solo y te pones a cachondearte, a tocarte todos los lugares del cuerpo, con los dedos, con una pluma de pavorreal o de gallina, lo que encuentres, con un pétalo de rosa, te pones miel en no sé dónde y te la chupas. No sé. Nos falta conocer, querer, apapachar a nuestros cuerpos.

D: Sí. De hecho, quien no se reconcilia con el propio cuerpo, no es capaz de comunicar erotismo. Y esto a veces es más difícil para los hombres. Fíjate qué curioso, aunque los hombres tienen más accesible el pene, en general es lo único que saben erotizar.

V: Probablemente se masturben más seguido que las mujeres… porque es un pensamiento más masculino que femenino, por todo lo que nos has explicado, y así están educados. Pero las mujeres, por favor, empecemos a hacer la tarea, tenemos que conocernos, tocarnos, experimentarnos, vernos, olernos y chuparnos. Necesitamos probar a qué sabemos. Conocer nuestros genitales, abrir las piernas y vernos en un espejo. Oler y probar nuestros cuerpos.

D: Absolutamente. Es como degustarse, tocarse, acariciarse para, conociéndome primero, poder compartir con el otro cuerpo. Ya hemos hablado de ciertas técnicas. Aquí lo único que quiero subrayar es la posibilidad de ser más audaces en los contactos, porque estamos viendo, en las historias clínicas sexuales, que la gente se limita mucho.

En esta propuesta se trata de abandonarse. Es decir, soltarse. Obviamente, cuando se está experimentando algo, quizá no todo nos guste, pero lo bailado nadie me lo quita. Para eso es: qué me gusta y qué descarto.

Es también la importancia de la comunicación, porque no nacemos sabiendo ni somos adivinos. Tenemos que comunicarnos.

Este elemento del erotismo corporal total dice: "prescinde del coito o posterga la penetración, para poder potenciar, aprovechar el resto del cuerpo".

V: Hay otro aspecto: la relación sensitiva y erótica entre seres humanos, no entre funciones sexuales.

D: Sí. Eso de los roles sexuales, no me refiero a los papeles de género, sino de los roles en la cama, están muy mecanizados. Se reduce a: "tú abres las piernas, yo te penetro. Se acabó". Y además de condicionar el sometimiento de una y el supuesto protagonismo del otro, que en realidad no es ningún protagonismo, sino más bien es autoengañarse, porque a la otra probablemente no le esté gustando.

Aquí se trata de que no haya papeles predeterminados. Los dos vamos a desempeñarnos como podemos, como sabemos y además como queremos aprender.

Es curioso ver, pero también muy interesante, que cuando hacemos historias clínicas sexuales, descubrimos que las caricias, que se suponen son las convencionales, pueden no ser las preferidas de esa persona en particular.

La posibilidad inventiva y de creatividad sólo se desarrolla jugándola, es decir, experimentando. Pero aquí la característica peculiar tiene que ver no con lo que "le toca" hacer a uno o a la otra, sino que podemos intercambiar roles, podemos jugar cosas diferentes. Aquí entran desde los juegos sexuales propiamente dichos, que incluyen: disfraces, juegos sadomasoquistas, juegos de nudismo, etcétera, hasta la incorporación de juguetes sexuales diversos y la modificación de las posturas sexuales.

Lo que he visto es que la vida sexual de muchos mexicanos y mexicanas se torna sosa y aburrida no porque falten ideas, sino porque no nos atrevemos a practicarlas. En realidad, la imaginación se desarrolla a partir de estarlo haciendo.

La propuesta es inventarse cosas. Efectivamente, dejarse sentir con todo el cuerpo. La posibilidad de hacer desaparecer un bloqueo tiene que ver con dejarse fluir. El ejemplo lo tenemos con las cosquillas. Las cosquillas nos bloquean, porque es un reflejo de ansiedad aparentemente gozoso. Si te estimulan con cosquillas, ríes nerviosamente, y puede ser que no lo toleres, te reprimes y dejas de disfrutarlo. Si te das la oportunidad de tolerar la ansiedad, algún tipo de cosquillas, sería tan satisfactorio que te dan ganas de repetirlo.

V: Hay de todo. Pero si no experimentamos con nosotros mismos y con el otro u otra, cómo vamos a saber qué nos gusta.

D: Y sí me gusta, pero más suavecito o prefiero que lo intentes de esta otra manera. Eso casi no se da, por el siguiente factor: muchas mujeres lo tienen clarísimo, pero no se atreven a decírselo al hombre para no ofenderlo. Y capaz que son castigadas, de alguna manera.

V: ¡¿Ofenderlo?! En qué ofenderías a tu pareja al hablar de esto. ¿De verdad seguimos con hombres tan limitados?

D: Sí, por desgracia.

V: También tendríamos que privilegiar la espontaneidad sobre la rigidez. La caricia coital, penetración y movimientos pélvicos es un platillo más del menú erótico. La prisa, la propia incapacidad, el miedo, la educación conservadora y religiosa, nos han llevado a tener relaciones sexuales muy rápidas e insatisfactorias, sobre todo para la mujer, ya vimos en otra charla que así es para ambos. ¿Qué ganaríamos los seres humanos si vamos con más calma, si no lo hacemos diario, tal vez dos o una vez por semana, pero sumando una variedad de elementos creativos que además tenemos en casa: música, un cachondeo previo, tal vez una copita, qué se yo. O sea, organizarse, bañarse, vestirse o desvestirse especialmente para la ocasión; si así fuera, creo que tendríamos una vida sexual más excitante, vital y plena. Y esto se traduce en general en una vida más saludable. Sales más armado para las broncas de la vida diaria.

D: Por ahí empezamos a conversar a propósito del tema de la salud sexual, y alguien diría: "bueno, si esta persona no tiene disfunciones, si solo de cuando en cuando tiene relaciones sexuales que no sean orgásmicas, entonces es sana sexualmente". Eso es lo que hay que cuestionar, porque tiene que ser un bienestar completo.

En aras o en pos de la salud sexual, entendida como un placer general, relacionada con la respuesta sexual y también con la vivencia concreta de la sensualidad, procuramos el bienestar. Es decir, no basta con que no tengas síntomas o una disfunción. Se necesita bienestar.

El tomarlo con calma, el decir la cosa es calmada: "voy a tomarme mi tiempo, mi circunstancia y voy a ser dueño de mi propio placer en este momento que comparto conmigo o con otra pareja", me parece que es lo idóneo, porque entonces pasa algo muy peculiar, y esto no se aprende en manuales de técnica sexual, sino que esto lo da la sabiduría que nos proporciona la experiencia. Lo peculiar y deseable es la concentración en las sensaciones.

Es decir, cuando una persona se da su tiempo y prescinde del coito, en ese momento se concentra más en acariciar y ser acariciada, y empieza a ensayar distintas formas de besar, de tocar, de decir, en general, de lograr contacto con el otro cuerpo, eso de pronto se convierte en sí mismo en el objetivo, en la esencia del encuentro.

Esto lo subrayo, porque muchos hombres dicen que si no hay coito, no hay chiste. "Si no hubo penetración, esto ya valió gorro, no sirve", cuando no es así. Pero aprenderlo, a los hombres nos toma mucho tiempo, mucho esfuerzo, entre otras cosas, por nuestro acendrado machismo, y porque las mujeres, que sí se dan cuenta, no nos lo dicen oportunamente.

La manera en que se expande la capacidad erótica es viviéndola con toda la corporalidad, tomando con calma el asunto y dándonos damos tiempo y espacio. Sobre todo no centrándonos en la rapidez y la eficacia, sino sobre todo en las sensaciones placenteras de tiempo completo. El coito, que es una caricia sensacional, sería la cereza en el pastel, no el objetivo de ese encuentro.

V: Sí porque un coito rápido, sin caricias previas cancela todo el placer que se pudo haber tenido. Es limitante del placer posible. Y lo que es peor te deja en una situación como inconclusa, con un pendiente y un malestar, algo falta.

D: Los hombres tenemos que aprender eso. Si no aprendemos eso con suficiencia, muy probablemente no conquistaremos un placer completo. Y por otro lado, seguiremos propiciando el malestar erótico de la otra persona.

V: ¿Cómo decirle a un hombre que: el cuerpo, en su totalidad, es una gran zona erógena? ¿Cómo desprogramar a un hombre que toda la vida, desde muy pequeño, ha focalizado y centralizado su erotismo en su pene? ¿Acaso con una plana diaria de: el cuerpo en su totalidad es una gran zona erógena? ¿Cómo lograr este cambio que traería beneficios para ambos, empezando por él mismo?

D: Hay una expresión griega que dice: *"Facta, non verba*: hechos, no palabras".* Yo a los hombres, ya sea en grupos o en forma individual, les pido que se hagan un baño lento, que es una técnica, un método para tomar contacto con todo el cuerpo, porque los hombres no nos tocamos, excepto el pene.

El baño lento se trata de que la persona pueda sentir el agua correr sobre su cuerpo, que abandone pensamientos y se concentre en las sensaciones y después se bañe en cámara lenta, le proporciona un auto cachondeo, y empieza a descubrir que siente, que siente más allá del pene, en la frente, en la nuca, espalda, ombligo, muslos y en los pies, en el resto del cuerpo, insisto, más allá del pene.

Ese hecho, antes incluso que algunas palabras, lo puede poner de cara a una realidad: es capaz de sentir. Cuando se toca o alguien lo toca, va a sentir, indiscutiblemente, de tal suerte que ya cuando se le dice: "todo tu cuerpo es susceptible de sentir, no nada más tu pene", él ya lo supo, ya lo aprendió.

En ese momento, podemos recomendar lo que Fina Sanz, una sexóloga española llama el erotismo global o globalizador, donde empieza a reconocerse el cuerpo. ¿Cómo? Muchas mujeres lo hacen sin que nadie se los diga. Es decir, de pronto pueden descubrir que si se acarician suavemente la palma de las manos o la nuca solitas, no sólo sienten placer, sino se autoerotizan.

Otro descubrimiento es que si se acaricia la parte baja de la espalda o los muslos o cualquier zona del cuerpo, se siente rico y entonces a la hora del contacto con otro cuerpo, sin duda, no solamente va a propiciar que la otra persona le acaricie, sino que se lo va a pedir. Algo así como: "yo sentí en el baño lento que cuando me acaricié la nuca era algo delicioso y cuando me toqué por abajo del ombligo sentí exquisito, etcétera…" Entonces le solicita a la otra persona: "tócame aquí y acá de esta manera". Hay una especie de compartir una sensación.

V: Ya lo hemos dicho, pero vale la pena repetirlo. Los principales responsables de que los hombres sean así son: la madre y el padre, pero sobre todo su madre. ¿Cómo puede una madre generarle a un bebé hombre esta integralidad corporal? ¿Es difícil?

D: Es difícil. Ahora que me preguntas, repito sobre lo que hacen ciertas comunidades del país, sobre todo en serranías, donde se acostumbra que la madre, para dormir a su bebé le acaricie el pene. En estas comunidades, lo que llamamos una masturbación asistida, es asociada con el acto de dormirse…

V: Masturbación asistida para dormir. No me gusta nada la idea. Yo digo exactamente lo contrario. He visto procesos muy interesantes, donde al revés de lo que dices, es desfocalizando las caricias en el pene precisamente, con caricias en codos, rodillas, espalda, masajes prolongados, que inclusive pueden provocar erecciones en el bebé porque le causa placer este masaje. La madre no lo vive como una respuesta erótica. Al revés, es propiciar que este placer en todo el cuerpo de ese bebé se vuelva una costumbre, para que cuando él tenga un erotismo pleno de adolescente y de adulto, esa experiencia se vuelva algo que él necesita, prodiga, pide, desea y vive. Porque de otra manera, cuando un bebé tiene una erección y la mamá lo regaña o castiga, él no vuelve a tocarse, se asusta.

Te cuento una anécdota: cuando yo estaba haciendo programas en televisión, en la UTEC, Unidad de Televisión Educativa y Cultural, en la época en que estaba llegando gente muy conservadora, me acuerdo que cuando toqué este tema con una especialista en el asunto de los masajes a los bebés y de cómo desfocalizar precisamente el tema del pene. Y decirles a las madres que no se preocuparan con una erección de su bebé porque era totalmente normal. Pues me corrieron por eso, porque me dijeron que estaba promoviendo el abuso sexual.

D: Partía de una ignorancia…

V: Es una ignorancia brutal. Yo quisiera que en este libro ese punto quedara clarísimo, porque el que las madres le generen placer corporal a sus bebés sin que focalicen en el pene, y eroticen las respuesta de su hijo, es un asunto de salud sexual para estos niños, después hombres, y sus mujeres u hombres pareja se los van a agradecer. Creo que las mamás le tienen que enseñar a sentir placer en todo el cuerpo a sus hijos. La frase es maravillosa: "el cuerpo, en su totalidad, es una gran zona erógena". Pero por desgracia, nadie nos lo enseña y nunca lo aprendemos. Empezando por estas madres mujeres generalmente asexuadas.

D: Cierto.

V: ¿Cuántos terapeutas sexuales tendría que haber, uno en casa esquina? Muchos programas de radio y de tele sobre educación sexual.

D: Tendría que haber una renovación cultural.

V: Claro. Otra revolución sexual, pero ahora en búsqueda del placer.

D: Quise empezar con el ejemplo de las madres que duermen a sus bebés acariciándolos, por lo siguiente: es algo que va más allá de una represión, de una inhibición o de una focalización. Las mamás, ahora que lo comentas, impiden a los bebés masculinos y a las bebés, respirar. Un bebé se rige por el principio del placer y, por lo tanto, si vemos respirar a un bebé, notamos cómo se expande el tórax, respira con todo el cuerpo, con la garganta, con el abdomen.

Aunque ya lo comentamos en el primer capítulo de este libro, me gustaría subrayar que los adultos: madres, padres u otras figuras de autoridad suelen impedir a las y los bebes su libre retozo y manifestaciones corporales.

Cuando en el proceso de crecimiento un bebé solloza o empieza a sollozar, lo que hacen las mamás por consigna social –lamentablemente se les ha asignado ese papel histórico–, es inhibir su respiración. Es decir, mediante un grito, un llamado de atención, sobre todo a los varones: "no llores", el bebé se queda con el sollozo y contiene la respiración. ¿Con qué tiene que ver la respiración? Con todo, porque la respiración plena es lo que permite a los seres humanos asociar ideas, concentraciones y sentimientos; es lo que favorece que podamos, literalmente, hacer una expansión del cuerpo y con ello darle dinámica. Aprender a respirar tiene que ver con aprender a vivir a plenitud.

A los bebés se les reprime el llanto, se les deja en el sollozo, por un lado, y por ende, el principio del placer ya no es regido por la propia persona, sino que ya hay una instancia exterior que se lo está limitando, de tal manera que si le agregamos a esto en años posteriores el: "no te toques ahí, eso no se hace, las niñas bonitas no se tocan esa zona prohibida, solamente los niños maricones se tocarían todo el cuerpo", ya tenemos el marco completo de la represión. El principio del placer es atacado desde el inicio.

V: Como estamos en la parte propositiva, ¿qué se requeriría para que dejáramos ser, permitiéramos ejercer la libertad a la que tienen dere-

cho los niños y las niñas y con ello acceder más fácilmente al principio del placer?

D: Yo primero diría que la consigna es no prohibir, sino respetar la libre expresión de los bebés, de los niños y las niñas. Otro elemento tiene que ver con que no haya una normatividad, excepto la que tenga que ver con la seguridad corporal de la persona. Es decir, no podemos tampoco permitir que los niños hagan lo que quieran…

V: …y donde quieran, porque de repente se empiezan a masturbar frente a otras personas. Hay que ayudarles a entender su cuerpo y su derecho a la privacidad y al placer.

D: Te pongo dos ejemplos concretos: cuando un niño o una niña lloran, lo hacen porque son muy sabios, porque esa es la hora de llorar. Es decir, si hay un factor negativo, un estímulo negativo, lógicamente que ese bebé va a llorar, pues para eso está el llanto. Y entonces, nada de "ya cállate, los niños no lloran, no te dolió, no es cierto". Más bien es la libre permisividad, que fluyan las sensaciones y los sentimientos, incluyendo el llanto. El llanto es un mecanismo defensivo útil para el equilibrio orgánico.

V: ¿Pero qué tanto hay que revisar lo que está pasando, antes de callarlo?

D: Un bebé llora cuando tiene hambre, cuando el pañal le molesta o está incómodo. Si tú cubres esa necesidad específica, el bebé deja de llorar. Entonces, no hay que inhibir el llanto, sino revisar y atender la necesidad. Prohibido prohibir el tocar, porque ahí tiene que ver con un acceso al placer, que es derecho de los chavitos.

V: Lo subrayamos, prohibido prohibir el tocar.

D: Otro elemento muy importante es, y yo lo vería como un entrenamiento, tiene que ver con que los niños y niñas exploren toda su corporalidad; que a los niños no se les limite el contacto con todo el cuerpo, eso nos hace poco diestros a la hora del arte erótico. Al no aprender a acariciarnos, dejamos de aprender a acariciar a otros.

Entonces, la consigna es: deja que se acaricie, y si se puede, enséñalo a acariciarse todo el cuerpo. Y en el caso de las niñas, que se toquen todo el cuerpo, también la vulva, porque además hay una connotación higiénica. De tal manera que la bebé, la niña más grande pueda aprender que el contacto con su cuerpo es bueno en términos placenteros, goza con ello.

V: Conoce su cuerpo, se lo lava, se limpia sus órganos sexuales, sus labios mayores y menores, entre ellos y un poco de jaboncito y agua en la entrada de la vagina cuando se baña. Ya sabemos que muchas madres le prohíben a sus hijas tocarse "ahí". Es horrible porque nuestros genitales ni nombres tienen. Pero como dices, las madres y los padres deben aprender a respetar que las niñas y los niños se acaricien todo el cuerpo mientras se bañan, por ejemplo. Y darles su privacidad para hacerlo. Esto no tiene nada de malo.

D: Deben ser entrenamientos tempranos, útiles, para empezar a vivir el cuerpo a plenitud, para después compartirlo con otra persona.

Tengo una referencia a algo que ya hemos tocado, pero que ahorita quiero subrayar, porque a propósito de las cosas que no han cambiado, los hombres siguen siendo casi casi adictos a los manualitos de técnica sexual, y en los manualitos de técnica sexual no falta el libro que diga que hay que usar los botones mágicos del placer, las famosas zonas erógenas dizque universales.

Aquí la propuesta de erotismo integral es: olvidémonos de los botones universales. Todo el cuerpo es susceptible de ser explorado. Atrévete a explorarlo, porque cada vez que lo visitas con ese ánimo exploratorio, descubres una nueva zona erógena.

Los sexólogos también vemos en terapia a personas que no tienen disfunciones sexuales ni problemas en su vida sexual, sino de otra índole. A mí me ha tocado hacer historias de vida de personas sexualmente sanas que tienen una característica muy peculiar: conocen su cuerpo, viven su cuerpo a plenitud y disfrutan de sus encuentros sexuales.

Alguien diría que van con el sexólogo a presumir. Algo hay de eso, pero lo interesante es: cómo le han hecho para lograrlo. Aquí el

mensaje novedoso y al mismo tiempo añejo, que ha existido siempre, nada más que luego no lo vemos, es que es muy posible, deseable incluso, recuperar la salud sexual a través de conquistar el propio
cuerpo.

De pronto creemos que no se puede, que ya nos amolamos, que
así nos vamos a quedar, y no. Siempre hay muchas oportunidades
de renovar la vida erótica. Consideremos siempre el acceso al placer
erótico como parte insustituible de la salud sexual.

**V: Sí vivamos y dejemos vivir a nuestros hijos una sexualidad más
integral, de todo nuestro cuerpo, más gozosa, plena y placentera.
Hagamos del derecho al placer un derecho cotidiano en nuestras vidas, se trata de salud, salud sexual integral. Bienvenidos a vivir otra
revolución sexual, en busca de nuestro placer y la del otro.**

Verónica: David, después de muchos años de actividad profesional como médico y psicoterapeuta en el área sexual y de pareja, has desarrollado una propuesta a la que le llamas Decálogo. Estoy segura que nuestros lectores apreciarán mucho revisar junto con nosotros estos diez puntos del modelo de abordaje y compromiso personal y de pareja, así que cuéntanos de que trata tu Decálogo.

David: Este decálogo de la pareja alude a los 10 mandamientos. Es una manera entre juguetona y seria para lograr acuerdos en la relación de pareja estable. La alusión a La Ley de Moisés da la idea de normatividad, pero por supuesto que es consensual y a partir de los acuerdos en pareja. Está fundamentado en aportaciones de terapeutas como Carl Rogers y los O'Neill, George y Nena, quienes en la década de los 70 publicaron el famoso libro *Matrimonio Abierto,* pero sobre todo está basado en experiencias de lo que llamamos parejas exitosas. Lo de exitoso no tiene que ver con que todo les sale de maravilla, sino que presentan los problemas comunes en las parejas, contando con el decálogo para desarrollar los recursos para superarlos.

V: Suena bien pero como una utopía.

D: Es un decálogo realista, sin embargo, es necesario que la pareja se comprometa y cuente con la supervisión creativa del terapeuta o asesor.

V: Pues empecemos. Y ya los lectores dirán si se comprometen.

D: Los enuncio y luego los comentamos.

1. Nuestra relación es transitoria. Hay que actualizarla en lo afectivo, convivencial y erótico.

2. Nos comunicamos y discutimos oportunamente las dificultades presentes.
3. Expresamos también los sentimientos, no sólo la razón.
4. Somos individuos, no siameses, y manejamos sabiamente las relaciones con nuestras respectivas familias políticas, en caso de que las haya.
5. Emprendemos un esfuerzo mutuo de crecimiento, confianza e intereses compartidos.
6. Rompemos los roles de género rígidos y manejamos los aspectos económicos de un modo equitativo.
7. Cada cual hace una evaluación realista de las necesidades que del otro u otra, según el género, puede satisfacer y actuar en consecuencia.
8. Modulamos los celos y consideramos la posibilidad de relaciones "satélite".
9. Participamos en terapia o grupos de encuentro.
10. Empleamos actitudes y lenguaje asertivos.

V: Cuando lo enumeras, inmediatamente uno se pone a pensar en su propia pareja y cuántos de estos puntos necesitaría trabajar.

D: En general, este decálogo se trabaja en terapia cuando hay una pareja consolidada que ha solucionado los problemas más inmediatos, más agudos y quiere entrar a un proceso de solidificación o estabilización mayor. Pero a mí me ha servido mucho, incluso didácticamente, para platicar sobre distintos problemas y conflictos de pareja y modos creativos para solucionarlos.

Punto 1. Nuestra relación es transitoria. Hay que actualizarla en lo afectivo, convivencial y erótico.

V: Todo en la vida debe actualizarse. Estamos cambiando siempre, suena sensato y necesario.

D: El primer punto del decálogo tiene su fundamento en que nos han vendido el cuento de que una relación es para siempre, necesariamente. La vida nos enseña que no es así, que muchas de las relaciones terminan. Entonces cuando decimos que nuestra relación es transitoria, no se refiere a un concepto fatalista de "esto se va a acabar, va a tronar pronto", sino más bien a que esa vieja idea de "juntos hasta que la muerte nos separe", es muy relativa y tiene sus *asegunes*.

De tal manera que si nos quedamos con esa idea, la relación se muere. En cambio, si procuramos actualizarla en los sentimientos, la convivencia de todos los días y en el aspecto sexual, las cosas mejoran.

Es muy curioso observar cómo cuando una relación está naciente, en ciernes, los dos individuos se prodigan: en el cortejo, la seducción, el "quedar bien", el mostrar la mejor cara, todo lo que llamamos los "detalles". Estamos muy activos y muy dinámicos, porque queremos reciprocidad. Cuando ya la hemos logrado y se dice: "nos vamos a vivir juntos o nos casamos", entonces viene esta noción de "ya para qué"; no es que lo pensemos, pero así lo vivimos: "ya para qué, si es hasta que la muerte nos separe, si ya no tengo que conquistar a nadie, si ya vamos a vivir juntos, si vamos a tener hijitos, si vamos a estar así para siempre".

Entonces todo ese afán de mantener viva la relación se va diluyendo y finalmente muere, en el sentido de que ya no hay motivación, no hay aliciente, como que todo está dado, todo está seguro, y acto seguido deviene en rutina, porque ya corresponde a la ley del vivimos juntos, es decir, ya no hay que echarle ganas, ya no hay que ponerle empeño, "ya para qué, si ya la tengo segura, si vamos a estar juntos todo el tiempo", y entonces empiezan estas rutinas, estos rituales repetitivos que aburren, por decir lo menos.

V: Es curioso, porque te escucho hablar en masculino, como si le pasara más al hombre, como si él, en el momento en que conquista se desinfla todo su interés y ya no va a tener estos detalles que tendría o que es común ver cuando inicia la pareja. ¿Me equivoco o estás hablando así por alguna razón?

D: No. En realidad, hablo de ambos géneros. Por ejemplo, ahorita que lo dices, pensé en que literalmente muchas mujeres se abandonan. Cuando digo que se abandonan, quiero decir…

V: ...se sienten seguras de su hombre. No se arreglan, engordan...

D: ...ya no seducen, no promueven cosas, y de alguna manera se consagran, y esto es una cuestión de roles de género rígidos, al cuidado de la casa y de los hijos, en el caso de que los haya. De hecho, muchas mujeres abandonan su trabajo, su estudio, profesión, en aras de estar bien en esa relación de vivir juntos o de estar casados. Cancelan su desarrollo profesional o lo posponen...

V: Le ponen todo a la relación de pareja, dejan de tener identidad individual, se desdibujan.

D: Ponen todo, y paradójicamente, exigen todo, y el resultado es que aportan poco porque al propio tiempo se abandonan.

V: No tienen vida personal, dejan amistades, familia, se encierran, textual. ¿Y por qué? Piensan que así le agradan más al hombre, que así lo amarran y sin darse cuenta confirman la idea de que este hombre es su dueño.

D: Tal como lo dices. Era muy emocionante al principio, ahora vivir juntos se vuelve aburrido. Estaba lleno de motivaciones durante el cortejo y la seducción, ahora es algo cansado y ritualizado. Entonces, muchas relaciones de pareja empiezan a caer en esa circunstancia, haya o no haya hijos.

V: ¿Hasta dónde la mujer se casa para que el marido la mantenga, para salir de su casa familiar, de su trabajo o de sus estudios?

D: Cada vez menos, pero en amplios sectores de la población se mantiene mucho esa noción de "yo me realizo como mujer cuando me caso, y me realizo verdaderamente cuando ejerzo la maternidad".

V: ¿Hasta dónde el hombre promueve esto como parte del control de su pareja? Se lo dice claramente o mandan mensajes de "ya no trabajes, no estudies, no salgas de la casa"

D: Absolutamente. Eso es una forma de maltrato. No es el maltrato brutal del insulto, de la vejación, del golpe. Es un maltrato sutil, pero igualmente pernicioso, nocivo...

V: Peor, dependencia absoluta.

D: Claro, porque entra como cuchillo caliente en mantequilla, y cuando la mujer se percata, ya está sujeta, dominada, ya es dependiente emocional, económica y materialmente, y entonces el cuadro del maltrato es completo, porque se da la situación de que ella deja de ser, se convierte en un apéndice de la pareja, del marido. No solamente cancela su vida personal, sino también muchas idealizaciones, sueños, proyectos.

V: ¿Cuánto daño le hace a una relación esta idea de que "es para siempre"?

D: Es algo terrible, porque esa pareja deja de ser pareja…

V: Es como una consigna.

D: Claro. Pueden celebrar bodas de oro, plata y diamante, llevarse como perros y gatos, aborrecerse cordialmente, manejar resentimientos, luchar por el poder, pero en general el vínculo afectivo que existía, y en buena medida el sexual, se acaba. Es como estar juntos, pero como para qué. Es decir, ¿cuál sería la pertinencia de continuar así? Esa pareja entra en una crisis donde las descalificaciones, la ley del hielo, los insultos o simple y sencillamente el tedio dan al traste con todo aquello que había existido al principio.

V: ¿Hasta dónde uno o el otro está esperando que le digan adiós? ¿Dejamos en el otro la propia decisión o simplemente estamos aterrados de hacer cambios en nuestras vidas?

D: Ahí hay una cuestión comodina o quizá cínica de decir que "el otro se responsabilice, que el otro se haga cargo". De esa manera yo me desentiendo, me asumo víctima y el otro es el que está tomando esa decisión.

Es muy curioso. De acuerdo a mi experiencia, los que más contribuyen a la crisis de pareja, en general, son los hombres; y las que están tomando más decisiones son las mujeres, por lo menos en un sector de la sociedad. Muchas mujeres, por fortuna, ya no se dejan.

Llega un momento en que es tan desesperante la situación, que son las que abren la puerta y se salen, casi literalmente. Y él se asume como víctima: "yo, que todo lo hice por ti; yo que aporto todo lo que necesitas; mis hijos están muy bien atendidos y tienen todo lo material que requieren y me pagas con esto". También es cierto que muchas mujeres asumen ese papel. Están con el eterno "síndrome de Marga López", sufriendo todo el tiempo, pero no se atreven a abrir la puerta e irse.

Algunas parejas, cuando escuchan este punto de "nuestra relación es transitoria", tienen una visión negativa, "se trata de durar un ratito". No. Si vivimos en el aquí y ahora, sólo por hoy, podríamos decir que tan es transitoria, que me empeño día con día para que se mantenga. Tan es pasajera, que hago lo necesario para actualizarla en los afectos, la convivencia y lo sexual.

En una terapia de pareja, ya sea de índole sexual o general, siempre exploro esos tres niveles: ¿cómo están los afectos?, ¿se siguen amando?, ¿se siguen queriendo?, ¿se siguen comunicando lo que se quieren o dejaron de hacerlo? ¿O no lo manifiestan o de plano el amor se esfumó?

La convivencia es muy importante. ¿Cómo nos llevamos al día a día? ¿Hay respeto, confianza, comunicación o se ha perdido todo eso?

Y finalmente la vida erótica. Por razones profesionales y porque creo que es importantísimo, hay que examinarla muy bien. ¿Hay deseo?, ¿hay excitación, ¿hay orgasmo?, ¿cómo está la frecuencia de los contactos sexuales?, ¿quiero más, quiero menos, ya estoy harta, demando y no me hacen caso? Es decir, todos estos elementos deben ser explorados.

Y algo muy curioso y paradójico, cuando la pareja asume realmente con seriedad en una terapia o en un proceso de ayuda, que es sólo por hoy, que hay que estar vivificando la relación un día sí y otro también, y cuando se ponen las pilas para empezar a solucionar los conflictos, el panorama cambia maravillosamente. El sólo hecho de decir que se puede acabar, que no es para siempre, ni hasta que la muerte nos separe, es un factor motivacional en sí mismo.

Por otro lado, la actualización implica "regar la plantita"; si no la regamos, se seca y se muere. En terapia se van trabajando muchos aspectos relacionados con la manera de expresar los afectos, la otra persona debe saber, con actos concretos y palabras, que es importante, y que está vivo el vínculo amoroso. E incluso puede no estar tan vivo como era hace cinco, 20 o 30 años, pero puede cobrar formas diferentes, que también son valiosas.

V: Uno está cambiando. Y la creatividad en pareja es fundamental.

D: Claro. Ese proceso es evolutivo, cambiamos. La convivencia, que tiene que ver con lo de todos los días, es muy importante. Hay parejas que se transforman en extraños cuando ya están viviendo juntos. En el noviazgo, el cortejo estuvo sensacional, y ahora que ya vivimos juntos nos hablamos poco, nuestra conversación carece de contenido, sólo hablamos de lo operativo que hay que solucionar, como ir al mandado o preguntar cómo está el clima, pero nada más, ya no hay esencia en esa comunicación. Y por supuesto que todo esto repercute en la vida sexual, casi siempre por problemas que se vinculan con la ausencia o reducción del deseo.

V: Muchas veces no es médico ni fisiológico, sino fundamentalmente emocional. El rechazo evidente a la pareja, incluso como una medida de castigo hacia el otro. Este punto: "Nuestra relación es transitoria". Nos dice que a la pareja hay que actualizarla en lo afectivo, la parte de convivencia y lo erótico. Esto nos obliga a reflexionar, porque uno piensa que el amor es para siempre, y no es así en todos los casos, lo más seguro es lo más inseguro, dicen. En general nos compramos la idea de que nuestra relación será eterna. No habría que tenerle miedo a otras formas de vivir: solo, con pareja abierta, en comuna, con relaciones esporádicas.

D: Totalmente. Una consultante no hace mucho me dijo que al trabajar este aspecto, el número uno del decálogo de pareja, acordaron, su pareja y ella, empezar a vivir la relación como antaño, es decir, como si fuera una aventura, donde son pocas las cosas seguras. Decía Facundo Cabral que lo seguro ya no tiene misterio. Entonces, empezaron a volver a citarse, a cortejarse recíprocamente –ella también muy activa en esto–, a inventarse cosas no planeadas, como darse escapaditas a moteles, a hacer algunas micro vacaciones para estar juntos, sin ninguna otra compañía.

Es decir, empezaron a hacer cosas muy de aventura, muy de cómo era antes cuando estaba el cortejo, y entonces la sorpresa, lo que sacaban de última hora, la ocurrencia del momento, algo así como vámonos al teatro, a cenar y luego a ver a dónde, que ya no existía en la relación conyugal, empezó a oxigenar nuevamente esa relación.

De ninguna manera digo que esta actualización por sí misma sea una panacea que todo lo resuelve, pero sí es un elemento que inyecta mucho vigor a la relación.

V: Introducir nueva información. Si tú vas al cine, al teatro, reuniones, conciertos, si lees un libro, esto va a traerte experiencias nuevas que puedes discutir, compartir, con tu pareja. Fundamentalmente establecer esos puentes de comunicación, porque sin ellos la relación se va volviendo monótona y aburrida. Todos los días lo mismo. Igual que en la sexualidad, novedades, elementos que enriquezcan el entorno antes, durante y después de un encuentro sexual.

D: Claro. En el decreto hay un acuerdo mutuo de desarrollar estos elementos con responsabilidad. De otra manera no tendría sentido.

V: Establecer un compromiso mutuo de enriquecimiento personal y comunicación. Como anhelo suena muy bien, ¿pero es posible, lo ves en terapia? ¿Qué porcentaje de la gente que le entra a este decálogo tuyo, hace acuerdos individuales y de pareja y los cumple?

D: Lo veo frecuentemente en terapia. El logro es notable, como ya mencioné, cuando ambos participan dinámicamente. Diría que, mediando un compromiso, siete de cada diez parejas obtienen dicho logro.

Punto 2. Nos comunicamos y discutimos oportunamente las dificultades presentes.

V: Esto me recuerda lo que nos decía mi abuelita: no hay que dormirse con un coraje. No pongas tu coraje en la almohada.

D: Los famosos corajes soterrados. En nuestra cultura se ha tergiversado la noción de discusión. Generalmente cuando decimos "vamos a discutir", es como si fuéramos a tener bronca.

V: No sabemos discutir. Le tenemos mucho miedo a la conversación con opiniones.

D: Exacto, entre otras razones, porque no sabemos discordar y concordar. En nuestra cultura absurdamente hay vencedores y perdedores. Algo así como "yo hablo sobre esto, soy más elocuente, más brillante, más analítico, más inteligente que tú y, por lo tanto, aquí mis chicharrones truenan". Esa es la actitud, y hay la noción de que alguien tiene que salir vencedor y alguien derrotado en una plática. Finalmente, discutir es disertar recíprocamente en un diálogo sobre un tema y ver si estamos de acuerdo o no.

V: No sabemos establecer con claridad nuestros puntos de vista: esto es lo que yo pienso y siento y punto. Pero además el ego, el maldito ego que no nos permite respetar lo que el otro u otra piensan y dicen. Y los monólogos. Hay sobre todo hombres que les gusta monologar y quieren que sus parejas los vean anonadadas, boquiabiertas.

D: Así es. Incluso es valioso acordar que no estamos de acuerdo. Ese también es un buen punto de partida. "Ya expusiste tus razones, ya expuse las mías y en esto estoy de acuerdo o parcialmente, o de plano no, ¿qué te parece si lo rediscutimos?" Este ejercicio de discusión cobra mucha importancia en esta tendencia actual de la cultura de paz y concertación. Es decir, se logra a partir de tener claros los puntos, exponer con llaneza las ideas y, eso sí, flexibilizar las posturas en el caso de que el otro sea más persuasivo, y de ese modo lograr un acuerdo.

El desacuerdo ocioso, conduce a un callejón sin salida y eterniza una discusión acre, agresiva, molesta…

V: O algo peor: la relación se vuelve silencio.

D: La ley del hielo.

V: Decides no discutir nada. Que se resuelva solo. ¡Uff!, golpe mortal para una relación.

D: Es una agresión pasiva y terrible. El mensaje que se transmite, con actitudes, es: "tú no vales, no me importa lo que digas, no te pelo", es muy destructivo.

Discutir oportunamente… Alguien diría, pero "¿quiere decir que yo detecto un malestar y te echo la bronca?". No. "Yo detecto algo en lo que no estoy de acuerdo, y esté en donde esté, en el teatro, una reunión, con la familia, lo expreso". Creo que sería mejor posponer la discusión para otro momento. Pero no lo dejo pasar. ¿Por qué? Con esta idea de que el que se enoja pierde, vamos postergando el subrayar o el sacar a la luz una problemática. Entonces, es típico que pospongamos un enojo. Por ejemplo, el famoso efecto de la olla de presión: "acuérdate cuando el 14 de abril de 2010 tu mamá me vio feo". Te estoy planteando la problemática de mi enojo hoy, cuando sucedió hace años. Es decir, postergamos, posponemos algo enojoso para no hacer olas o conflictuar, cuando realmente la olla de presión hace que estallemos de manera inoportuna, desproporcionada y en un momento desafortunado.

Cuando detecto, esa es la propuesta, un malestar, incomodidad o desacuerdo no necesito hacer escándalo al respecto. Por ejemplo, imagínate que surge una desavenencia en el contexto de una reunión social, entonces yo le puedo manifestar a mi pareja: "algo que dijiste me ha disgustado. Te propongo que en cuanto podamos lo platiquemos". Así ya no lo postergué, no lo cancelé. Seguramente habrá otro momento, quizá ese mismo día, donde podamos ventilar el asunto a solas.

El coraje soterrado, aguantarse, posponer, es muy destructivo porque va originando el efecto "bola de nieve", por un lado. Y por otra parte, alimenta uno de los falsos sentimientos, un *rebusque* de los más negativos que hay, que es el rencor. Cuando se acumula rencor, llega un momento en que estalla y como ha estado ahí por años y a veces por décadas, de pronto llega a convertirse en algo parecido al desprecio o francamente al odio; finalmente es alguien a quien has amado, que te ha amado, ha habido una relación recíproca, ¿por qué destruirlo de esa manera, si oportunamente se puede ventilar una dificultad?

Este punto del decálogo fomenta la comunicación, pero también que podamos disentir y, si se puede, concordar. El sólo efecto catártico de soltar algo que traigo adentro, es muy positivo. Si lo canalizamos con una buena manera de dialogar, respetuosa, las cosas pueden ser mucho mejores.

Punto 3. Expresamos también los sentimientos, no sólo la razón

V: El tercer mandamiento de tu decálogo va de la mano con el anterior. Es muy complejo, porque la educación de las mujeres es más proclive a la expresión de los sentimientos. A los hombres se les aleja de ellos, "no llores, no sientas, no seas mariquita" y toda esta retahíla de prohibiciones con respecto a aquello que se "relaciona" con lo femenino, visto como amenazante y de menor valor. Los puntos uno, dos y tres del decálogo, sobre todo el segundo, hablas de dos frecuencias distintas: una es la de los sentimientos y la otra de la razón. ¿Es posible lograr comunicación cuando los interlocutores hablan en dos frecuencias distintas?

D: Es un asunto complejísimo. La tradición, por lo menos en Occidente, parte de la Ilustración y el Enciclopedismo, se privilegió la razón sobre cualquier otra cosa. Incluso la famosa frase de Descartes: "pienso, luego existo", es contundente, porque quiere decir que es lo que vale, lo que cuenta. Ahora se pretende que para argumentar algo, tengamos que esgrimir sólo la razón, las ideas brillantes, las cuestiones lógicas, toda la sistematización de la idea que tiene que ver con la razón. Y decíamos que gana una conversación en nuestra cultura quien esgrime razones más poderosas; razones, más no sentimientos.

Tú lo apuntas muy bien: por rol de género, las mujeres han tenido más permiso de expresividad emocional que los varones. Los varones, impensable que expresen miedo. "Se parecen a las pinches viejas" si expresan miedo. La tristeza no es muy bien vista en los hombres. Mucha gente se desestructura cuando ve llorar a un hombre. Así por el estilo. De acuerdo con los roles, se permiten y se prohíben sentimientos.

¿Entonces qué pasa en la típica relación de pareja heterosexual? Que se pretende que lo que tiene que ver con la comunicación entre ellos, básicamente está sustentada en la razón.

No estoy en contra del ejercicio de la razón, pero ésta es una partecita pretendidamente objetiva de todo lo que es el mundo objetivo y subjetivo de las personas.

V: Es más, creo que cuando entramos en el tema de la pareja, hay muchos más sentimientos mezclados que razones.

D: Claro. Una razón de malestar, podría ser: "oye, por qué te le quedaste viendo al señor ese en mi presencia. ¿No te parece que es de mal gusto?" Todo esto es desde la razón. Si yo lo digo desde el sentimiento, sería: "quiero decirte que tengo miedo de perderte". Suena y pesa distinto. Un hombre, salvo que sea uno muy "trabajado" en terapias, no lo diría. Pero imagínate lo que abriría la comunicación afectiva entre los dos. "Tengo miedo de que prefieras a otro que a mí". Ese simple hecho abre generosamente los sentimientos.

V: "Esa forma tuya de ver a tal persona me hace sentir insegura o inseguro".

D: Claro.

V: "Me estás agrediendo, porque me haces sentir insegura o inseguro".

D: E incluso responsabilizándome más: "me siento inseguro o insegura por algo que has hecho". Así no se lo atribuyo, pero como quiera que sea, los cinco sentimientos básicos de los que ya hemos hablado: miedo, alegría, tristeza, enojo, amor o afectividad no se manejan en las discusiones convencionales de pareja.

Otra propuesta es que también emerjan los sentimientos. Obviamente, como bien apuntas, a los hombres nos va a costar más trabajo. Sin embargo, creo que es necesario. Los hombres que ya lo están haciendo, se comunican mejor con las mujeres, pueden empatizar con ellas y en general, salvo excepciones, las mujeres agradecen la apertura de sentimientos de los hombres. Es una relación horizontal y democrática, porque estamos siendo iguales también en eso.

Cuando un hombre se quiere poner en un plano dizque superior, de "yo soy el de las ideas, el que razona", además de que es una postura sexista y mala onda, se incomunica, y eso la mayor parte de las mujeres lo abomina y también es fuente de muchos problemas. Cuántas mujeres que están en pareja me han dicho en terapia: "es que él no me entiende, es que yo le digo cosas que no capta". Y el otro ni siquiera se percata.

V: Yo propondría una frase: "siento, luego valgo". Valgo porque estoy expresando lo que siento. Esto es más fuerte que la razón.

D: Expresar sentimientos te hace más completa como persona.

V: Y más humilde, inclusive.

D: Así es.

V: Si estás en la razón, es "yo dije, yo hago…"

D: Claro. Ahora se habla mucho sobre inteligencia emocional. Ésta es otra parte que tiene que ver con la emocionalidad y no se había considerado. Cada vez se le toma más en cuenta, lo cual me parece muy afortunado, porque es liberador de tensiones.

Punto 4. Somos individuos, no siameses, y manejamos sabiamente las relaciones con nuestras respectivas familias políticas, en caso de que las haya.

V: El cuarto punto de tu decálogo habla de la persona, somos individuos, no siameses, no estamos pegados ni somos uno solo. Somos distintos y qué bueno.

D: Parte de la idea de la media naranja, ese viejo mito que habla de que somos complemento de algo, que es un entero. Tú eres la mitad de tu pareja. Esto no es cierto: somos seres individuales con una esfera propia, con un mundo emocional subjetivo, personal muy diferente, que podemos coincidir en ciertas cosas pero también podemos separarnos para vivir nuestra individualidad.

No es exagerado decir que hay parejas que todo lo hacen juntos, y no dejan oxígeno ni aire nutritivo para el otro, con esa idea de que somos complemento. Cómo dice esa famosa canción: "tú y yo somos uno mismo". Cual si fuéramos una unidad, un entero, cuando somos dos unidades, dos enteros.

De hecho, las parejas que se llevan mejor, las que construyen mejor una relación, son las que practican mucho el contacto-retiro. Es decir, están juntas, pero saben separarse transitoriamente; se vuelven a juntar y se vuelven a separar transitoriamente, porque estar abigarrados como mazacote todo el tiempo, es muy denso, pesado y frustrante, y viene esa sensación de pérdida de libertad. Este NO al siamesismo, no estar juntitos todo el tiempo, es algo esencial.

V: Y la otra parte, la de la familia. En México la familia nuclear padre-madre invade a la nueva pareja. La suegra metiche, los hijos de la anterior relación y hasta los ex cónyuges forman parte de esta nueva pareja. No digo que se tenga que romper con todos, incluidos los hijos, pero son relaciones sumamente distintas. A los hijos de la anterior relación, en general les cuesta mucho aceptar, tratar con respeto a la nueva pareja de su padre o su madre.

D: Por un lado, es muy importante romper con ese apelotonamiento y ese cordón umbilical con la familia nuclear de origen. Sabemos del famoso "síndrome de la suegra". Se trataría de no perder la relación, pero no permitir la influencia negativa en la vida de esta nueva pareja.

Por otro, muchas veces "nos casamos" con la familia política. Es decir, están ahí los cuñados, la suegra, hijos de otra pareja, hermanos, todo ese conglomerado de gente, que no era de mi familia original, pero que ahora, de alguna manera, lo está siendo, me guste o no. La contaminación es tal que se pueden dar casos de querer ejercer una influencia, manipular situaciones o al revés, a veces se dan relaciones muy entrañables, que son difíciles de abandonar. Por ejemplo, una pareja que entra en crisis y se separa, ¿también me voy a separar de mi ex suegra, de mis ex cuñados? No necesariamente, porque el lazo afectivo es independiente. Debemos aprender a independizar cada relación.

Cuando una pareja logra ser autónoma y no siamesa, cuando logra mantener relaciones independientes y también nutritivas con el resto de la gente vinculada, las cosas marchan bien. Incluiría a la familia extensa, es decir, a los cuates, compadres y amigos.

Esto que se dice tan sencillamente, es muy difícil de llevar a cabo en la vida concreta. De pronto, en una falsa percepción de lealtades, es como "si tú, que eres mi amiga, te separaste, tu 'ex' ahora es mi enemigo". No habría por qué, pero se requiere un grado importante de madurez emocional para lograrlo.

V: Pasa en todas las áreas. En el trabajo, por ejemplo, si tu jefe o jefa se pelea con alguien del equipo, a fuerza tiene que volverse tu enemigo o tú su enemiga. Tendrían que ser unidades independientes. Pero somos muy dados a insistir en que el otro odie lo que odiamos.

D: Te cuento una anécdota. Tengo un hermano que ha tenido varias parejas. Yo he establecido relaciones afectivas muy cálidas, muy solidarias, con las respectivas familias; tengo nexos por lo menos con dos de sus ex familias políticas, son incluso mis compadres —yo no soy religioso, pero tengo compadrazgos. Entonces, las familias de su primera relación conyugal y de la segunda se llevan espléndidamente conmigo, y yo alimento esa relación porque es gente muy valiosa. No estaría dispuesto a perderla aunque ya no exista la relación con mi hermano. Así, nos reunimos, nos vemos, platicamos y creo que lo seguiremos haciendo. Eso es adecuado para el bienestar.

V: Vamos a suponer que un señor tiene una pareja e hijos. Se separa e inicia una nueva pareja. He percibido que se pueden establecer relaciones buenas con ellos sin que esté el papá, o la mamá, me explico mejor, sin que esté presente esta pareja hombre o mujer que tiene estos hijos. Pero en el momento en el que esta persona se integra todo se echa a perder, porque se establece esa relación padre-hijo o mamá-hijo, donde cualquier otra relación queda excluida. Se acaba la libertad para establecer una nueva relación entre la nueva pareja y estos hijos que no son suyos. Me cuesta mucho trabajo entender hasta dónde debe uno poner el límite y establecer sus relaciones inclusive independientes, en otros momentos, en otros espacios con aquellos hijos o personajes de la familia de tu pareja que te caigan bien y con los que quieras tener una relación.

D: Ese también es un asunto muy complejo. Ahorita me acordé de varios consultantes, hombres todos ellos –puede ser una explicación parcial–, que han tenido una familia previa con hijos e hijas ya sea menores o adultos, y ahora establecen una nueva relación de pareja estable. Es coincidente, pero varios de ellos me han dicho: "es que yo no puedo abandonar del todo esa relación, porque me siento culpable. Son mis hijos y los he dejado por mi mujer".

Fíjate qué razonamiento. Como si formaran parte de lo mismo y no supieran diferenciar una cosa de la otra. Entonces se da esa situación de "ni estoy totalmente contigo ni estoy totalmente allá". Así, al sentirme culpable por esa circunstancia, se vicia mucho el nexo. Entra el juego de simpatías, antipatías y celos, donde hay la aparente predilección por una u otra parte de estos seres queridos: mi pareja actual o mi familia anterior.

V: Estas relaciones se deben tratar aparte, que no sea forzosamente todos juntos y revueltos. Tú con tu pareja, en tus cosas, tus amistades, con tu grupo familiar, y por el otro lado, en separado, tú con tus otras relaciones de antes. No creo que sea muy sano para la nueva pareja convivir con el pasado de su pareja. Que además, generalmente te excluye.

D: Esto se logra en procesos terapéuticos o en procesos de pareja o en grupos de encuentro porque, en efecto, se dice fácil, pero en la práctica está siendo sumamente difícil. La sociedad mexicana y las parejas, por supuesto, tienen una peculiaridad: que son muy confluentes, algo así como más que trabajar individualidades, trabajamos en orquesta, todos en un mismo conjunto, y es muy difícil discernir y separar cada ámbito. Sin embargo, es necesario para no contaminarlo.

V: Sectarios y gregarios. Siento que nunca crecen, mantienen su familia original, y hay muchas culpas. Como si no se tuviera derecho a tener una vida personal y ser feliz. Esta sería tu recomendación, buscar ayuda profesional.

D: Absolutamente.

V: La relación es de dos…

D: Hay una parte de la vida en pareja, que es un mundo exclusivo, donde no entra nadie, ni siquiera los propios hijos, y menos la madre o los hijos de una relación anterior. Es decir, es algo muy íntimo, en el más amplio sentido del término, muy de la pareja. Y todo lo demás es un campo que debiera quedar afuera, respetar ese espacio que, por cierto, en la cotidianidad y en la vida acelerada de nuestro tiempo, cada vez se reduce más, cada vez se hace más chiquito el espacio. A veces socializamos más con los otros: compañeros de trabajo, amigos, familiares, vecinos, que con la misma pareja. Es muy importante fomentar el espacio íntimo.

V: Uno sería tu espacio en pareja y otro en familia o tú con cada hijo. Intentar relaciones de calidad con cada miembro de la anterior familia y de la nueva familia.

D: Cada miembro tiene una personalidad distinta, sus actitudes también son diferentes. Por lo tanto, habrá que individualizar el modo de relación.

Punto 5: Emprendemos un esfuerzo mutuo de crecimiento, confianza e intereses compartidos.

V: Éste parecería contrario al anterior, pero no. Para entender, yo lo dividiría, para el análisis, en varias partes. Una cosa es el crecimiento,

otra la confianza y una más el interés compartido. Es un punto del decálogo muy amplio.

D: Me gustaría manejarlo didácticamente, con un ejemplo: hace algunos años vi en terapia a una pareja heterosexual. Sin exagerar, era una pareja con relaciones muy destructivas y de mucho choque. Es decir, no coincidían prácticamente en nada, a tal punto que, siguiendo el lugar común, eran como el agua y el aceite. Sin embargo, esta pareja tenía un punto en común: ninguno de los dos sabía cocinar nada. Ni ella, ni él sabían hacer un huevo frito.

Y entonces, basándome en este punto, les plantee una estrategia terapéutica: emprender un esfuerzo mutuo de crecimiento, confianza e intereses compartidos. Para no hacer el cuento demasiado largo, empezaron a tomar clases de cocina. Y fue algo prodigioso porque se divertían mucho, jugaban a crear cosas. Continuaron con clases de cocina tailandesa, italiana, francesa y china. Estaban aprendiendo mucho sobre algo de lo que no sabían nada, y como lo hacían juntos lo gozaban juntos. También empezaron a crecer como personas, porque como eran creativos, tiempo después establecieron un restaurante en Morelos. Su nuevo interés se convirtió en un negocio creativo y de confianza. La historia después tiene una evolución que ahorita no viene mucho al caso, pero ellos a fin de cuentas siguieron siendo socios, dejaron de ser pareja y a la larga se convirtieron en magníficos amigos. No prosperó la relación de pareja afectiva y sexual, pero sí lograron construir algo muy provechoso y favorecedor. Y en muchas parejas que logran consolidarse estos esfuerzos mutuos, también se fortalecen las relaciones

V: Qué interesante experiencia, porque las parejas a veces como que se ven obligadas a seguir por inercia, miedo al rompimiento, culpa, costumbre y pretextos varios, pero aquí hay una pareja que le apuesta al crecimiento como una manera de seguir juntos. Pienso que por desgracia esto es poco frecuente, porque en general, cuando empieza la bronca en la pareja, difícilmente dejamos crecer o nos dejan crecer, salvo que cada quien lo haga por su lado y esto acaba y separa a la pareja como tal. Es complejo porque muchos, muchas, tienen la

idea fija de que la pareja funcione y siga adelante, pero no hacemos nada para mejorar nuestras relaciones. En este ejemplo, aunque finalmente la pareja no funcionó como pareja, se logró un crecimiento individual e incluso un negocio.

D: Pasa que muy a menudo las parejas nos disociamos. Es decir, dejamos de tener intereses compartidos. Hace algunos años, en un artículo definí a la pareja como dos seres humanos que comparten un proyecto de vida común y un vínculo afectivo.

En el punto anterior vimos que no conviene el siamesismo. Pero sí conviene el hacer algo juntos de crecimiento personal. ¿Por qué digo que luego nos disociamos? Veamos a la pareja tradicional: él dedicado a su negocio, a sus asuntos privados y públicos; ella dedicada a otras tareas, pueden ser de la casa o estudios, su trabajo, los hijos. De pronto cada quien "agarra su onda" y dejamos de tener intereses compartidos, porque nos ensimismamos en los mundos individuales. Es decir, yo me meto a lo mío, tú te metes a lo tuyo y nos olvidamos del proyecto conjunto. A veces estamos tan disociados, que él se mete al periódico y ella a la telenovela o a sus clases…

V: …sí, aún estando juntos, a lo mejor ella no está en otra cosa, sino furiosa porque él no la pela y vive metido en los jueguitos de su celular, la televisión, el periódico, el teléfono. Ella se siente relegada pero tampoco echándose a andar, porque están entre furiosas y peleando, sin decir "bueno, ahí te ves. Yo me voy a poner a hacer mis cosas". No definen su pareja. Si por lo que sea han decidido estar juntos, aunque en una situación incómoda, disociada, por lo menos que cada quien haga las cosas que le gustan.

D: Absolutamente. Me quedé pensando en lo siguiente: me voy a imaginar que cada quien tiene sus intereses individuales, lo cual es muy válido. Pensemos que él está muy enfrascado en sus negocios y ella en la cuestión académica de sus hijos o que ella misma estudia. Ese mundo individual de cada uno es muy válido. La pregunta es en qué compartimos las cosas, en qué podemos crecer juntos, en qué podemos hacer causa común. En el ejemplo que pusimos fue la cocina. Pero puede ser otro: el cine, el teatro, el deporte, comer rico, incluso la participación política o religiosa o lo que fuere, que pueda representar algo que hagamos juntos y que nos haga crecer.

¿Por qué es un vínculo de confianza? Porque tiene que ver con ésta unión muy peculiar del mundo subjetivo de cada cual: la ideología, las creencias, aficiones y gustos propios con los de la otra persona. De alguna manera nos confrontamos y nos comunicamos mejor. El que tengamos acceso al mundo del otro en esta parte, que compartimos, sin duda, nos hace crecer, aunque haya 80 intereses distintos a los de la pareja.

Algunas parejas hacen un esfuerzo, porque hay que hacerlo, un esfuerzo conjunto. Donde pueden encontrar claves fundamentales para comunicarse mejor, y la esfera de la convivencia se nutre muchísimo. Cuando hay buena conviviencia, una afectividad manifiesta y una buena vida erótica, esa pareja tendrá mucho que hacer todavía.

V: David, te pregunto: ¿cuándo hay sólo un punto de contacto, la pareja puede sostenerse? Puede ser una afinidad ideológica, una buena cama, o son buenos padres y ahí se acompañan bien, en fin. ¿Con una sola afinidad pueden mantenerse juntos?

D: Te voy a dar una respuesta un poco ambigua: no sé, depende. Por ejemplo, hay parejas que se sostienen con un solo aspecto en común, porque ese es muy sólido, muy fuerte. Sin embargo, hay otras parejas que sólo van resistiendo. Es decir, ya no lo están gozando tanto, sino se están aguantando. Hay parejas que son, técnicamente, una "no-pareja". O sea, vivimos juntos, compartimos los gastos, algunas saliditas y a veces la cama, pero ha dejado de haber esencia entre nosotros; celebramos bodas de oro, de plata y de diamante, pero ya no somos pareja.

Casi siempre pensamos en la separación explícita: cada quien se va a su casa. Y no necesariamente. Hay parejas que pueden seguir juntas por décadas, pero ya no son pareja en los hechos.

Cuándo una pareja puede sostenerse con gusto y placer, con relaciones muy cálidas, afectuosas, interpersonales de gran intensidad, aunque ya no exista una relación sexual, esto puede mantenerlos juntos.

Hay otras parejas en las que predomina la pasión. Tienen encuentros sexuales riquísimos, aunque todo lo demás esté deteriorado, pero eso los sostiene. Y hay otras donde la parte privilegiada es la convivencia; es decir, son parejas, y aquí me refiero mucho a la atracción intelectual, que tienen mucho que compartirse; se platican bien, el diálogo está lleno de contenidos. Hay muchos elementos interesantes desde las esferas del conocimiento y de la creatividad. Si cada uno de estos elementos por sí solo es sólido, la pareja se sostiene.

No debiéramos ser conformistas, tendríamos que ir por más. Es maravilloso que en las esferas de la intimidad, intelectualidad, comunicación y convivencia estemos bien, pero mejor sería que en la expresión de afectos y en la cama estuviéramos muy bien.

Creo que lo que menos conviene a una pareja es el conformismo, porque tarde o temprano empiezan los problemas sin una solución, y aquí el riesgo es que haya un efecto de olla express.

Conocemos parejas que pueden convivir una o dos décadas y luego "truena el cuete" terriblemente, con una agresión acumulada, con todos estos enojos soterrados que explotan de una manera destructiva. A mí me da mucha tristeza, creo que por la generación a la que pertenezco, veo parejas, en apariencia muy consolidadas porque llevan tiempo juntos…

V: …y todo mundo los ubica como la pareja ideal…

D: …y que están procesando su separación. Lo lamento mucho porque me doy cuenta que son personas con un cúmulo de experiencias, de elementos de historia de vida, que debieran salir adelante y de pronto explotan de una manera muy destructiva. Veo que hay parejas que se están diluyendo, cuando había mucha tela de dónde cortar para sacarla adelante.

Nunca he estado a favor de sostener artificialmente una relación. Me parece que es una vida en malas condiciones para ambos. Si una persona está muy deteriorada de salud orgánica, quizá es más conveniente que muera para que deje de sufrir. Lo mismo digo del matrimonio: si no hay elementos de rescate, ¿qué sentido tiene seguir juntos?

Sin embargo, cada pareja tendría que evaluarlo muy bien. Una pareja estable no se consigue en maceta, no está a la vuelta de la esquina. Hay que construir la relación, y avivarla y si no se puede, ni modo.

V: Este decálogo es un planteamiento que se debe hacer la pareja, platicarlo juntos. Preguntarse: ¿qué hacemos para crecer juntos, qué hemos hecho, qué podemos hacer? Crecer juntos es equitativo, no quedarse uno rezagado y el otro en crecimiento.

D: Incluyo el crecimiento afectivo, intelectual y probablemente espiritual, para quien crea en ello. Me explico: hay parejas que se ponen a dialogar acerca de lo que está sucediendo cotidianamente. Por ejemplo: él está clavadísimo en los números económicos y ella mortificada por el gasto o por cómo va su hijo de tercero de primaria. Es decir, ya no hay algo que vaya más allá. Hay personas que dicen "yo tengo interés en tomar un curso de inglés. Me interesaría ir trabajando aspectos relacionados con la historia del rock and roll", qué se yo.

En apariencia, parecerían elementos anodinos o sin demasiada importancia, pero que sí le confieren contenido a lo que está haciendo esa pareja. Una pareja que, por ejemplo, va al teatro, hace ejercicios de expresión o que aprende a bailar salsa, aparentemente es algo banal o secundario, pero en el fondo los une, porque origina divertimento, bienestar, soltar el cuerpo, eliminar algunas tensiones, estrés y angustias, y si lo hacemos juntos nos permite desarrollarnos. No dotemos de mayor valor a una cosa que a la otra. Habrá quien quiera estudiar literatura inglesa o alguien quiera estudiar cómo preparar cocteles bien balanceados.

V: ...no tiene que ser algo muy elaborado...

D: ...o de cultura elevadísima para parnasos académicos.

V: Ahora seguimos con el otro aspecto de este decálogo, la confianza. Confianza es una palabra mayor, tiene que ver con lealtad y muchas más cosas. ¿Cómo plantearías el asunto de la confianza?

D: Es muy importante la pregunta. Yo la identifico con la expresión "transparencia". Pero la transparencia debe tener normatividad.

Los seres humanos no somos confesionarios ambulantes o no tenemos por qué entrar al confesionario con la pareja. Sostengo que hay mundos subjetivos interiores que son exclusivos de la persona e intocables. De pronto las parejas tradicionales cancelan comunicación de transparencia. Hace poco trabajé con una pareja heterosexual, donde los discursos eran los siguientes. Él decía: "cada vez que le digo que conocí a alguien, me somete a interrogatorios policiacos: cómo era, cómo se vestía, te gustó o no. Y de pronto va entrando a una especie de fiscalización mayor y manifiesta celos. Entonces yo pierdo confianza y dejo de contarle cosas". Y ella me dice, por separado: "lo que pasa es que cuando él oculta algo, yo expreso cierta desconfianza y quiero saber más. Si él llegara y me platicara abiertamente 'pasó esto, pasó lo otro y conocí a esta chica', entonces yo ya no tengo porqué someterlo a este interrogatorio al que dice que lo someto".

Son dos discursos divergentes. Y me llamó poderosamente la atención que los dos querían transparentar la relación. ¿En qué consistía transparentar la relación con una cierta normatividad? En establecer, con la mayor claridad posible, qué nos contamos y de qué manera lo contamos. Y ahí empezamos con problemas.

Voy a citar un ejemplo: esta misma pareja arribó al acuerdo de que se vale platicar espontáneamente cuando otra persona fuera de la relación de pareja le atrae a alguno. Algo así como esto: "coincidí en una reunión con zutanita, y te quiero decir que me encanta, o sea, me gusta mucho físicamente". Y entonces hay una interactuación de la otra persona: "yo te quiero decir que no me gusta lo que estás diciendo, pero te agradezco la confianza".

Y en el otro caso, llegaron a un restaurante y entonces a ella le llamó la atención que una chica se le quedara viendo muy insistentemente a él. Ella le dijo: "me di cuenta de que la persona que pasó te vio de esta manera". Y él dijo: "yo no me había dado cuenta. Pero eso que me dices me halaga, porque quiere decir que a pesar de mi edad sigo siendo atractivo para algunas mujeres". Empezaron a dialogar a partir de eso. Es un ejemplo llano, muy simple, pero de un ejercicio concreto acerca de qué nos vamos a decir y de qué manera.

¿Qué es lo que una pareja podría proscribir como elemento de comunicación, en esta idea de que no estamos en el confesionario? Yo creo que hay cosas que es innecesario contar, dependiendo de la historia de vida y de relación de esta pareja.

Pongo un ejemplo: un consultante mío dice que hay cierta persona que le gusta mucho físicamente, con la cual se erotiza, y que incluso ha fantaseado con ella y cuando se masturba, piensa en ella. Él decía: "¿qué hago, se lo cuento a mi mujer, a mi pareja, no se lo cuento?" Y él mismo revisó que probablemente no sería bueno contárselo. En primer lugar, porque no serviría de nada, y en segundo lugar, porque podría inquietarla y lastimarla. Entonces, él se ha concretado a decir: "zutanita me parece una mujer encantadora. Está guapísima, no tanto como tú, pero ella también es guapa". Y se acabó el asunto, porque no todo se tiene que contar o platicar. Hay que valorar el peso de lo que estamos diciendo y el impacto que puede producir. Más adelante, cuando hablemos del punto ocho, que es quizá el más polémico del decálogo, podemos entrar de lleno en el asunto de los celos y de las relaciones extra pareja.

V: Finalmente confianza significa que haga lo que haga y sea como sea, sé que está conmigo. Porque lo decidió o lo decidimos o por lo que sea seguimos juntos para bien o para mal. Pero el que tenga o no otros asuntos sexuales o de gusto por otras personas, que salga con ellas, no tiene que ver con el asunto de esta pareja. Está aquí conmigo. Sé que es muy difícil ese planteamiento, porque la infidelidad es uno de los motivos por los que se disuelven las parejas. Pero yo creo que antes de la infidelidad hay muchísimas otras cosas que te llevan a ese punto de la infidelidad. Uno no es infiel porque sí, hay seguramente muchas motivaciones.

D: Tienes razón. Pero también hay personas que son infieles porque sí.

V: Luego regreso a esto último que acabas de decir que es una pequeña bomba. Llegar al compromiso de confianza, creo, es un acto de madurez. Pero también es una forma de vivir tranquilamente, porque de otra manera vives todo el tiempo pensando: con quién te

va aponer el cuerno. La verdad es que afuera hay miles de personas más atractivas que tú, más interesantes que tú, que probablemente tendrán muchas más cosas en común con la pareja que vives. En fin. ¿Para qué ponerse en una situación de comparación eterna? Pero déjame regresar a tu bombita, ¿hay infieles naturales?

D: Te propongo que lo toquemos en el punto específico del decálogo.

V: Ya le sacaste, David, pero lo acepto.

D: Bien. Entonces la razón de ser de la transparencia y la confianza son muy importantes. No hace mucho tuve un consultante varón, quien me dijo: "yo creía que mi esposa tenía orgasmos. Y hace algunas semanas me dijo: 'quiero decirte que no tengo orgasmos y que los he tenido que simular, para que tú no te sientas mal. Pero ahora te lo digo, porque quiero que juntos hagamos algo al respecto'". El impacto para él, al principio, fue devastador. Se sintió, lo dijo textualmente, "como cucaracha". Sin embargo, cuando fue a la consulta inicial, comentó: "después agarré la onda de que si ella me lo dijo, fue para que mejoráramos los dos. Fue un signo de confianza en mí y en la relación, y ahora queremos hacer algo juntos".

Yo ya les había propuesto una relación terapéutica en pareja, pero ella dio el paso inicial revelándole algo que antes no le había dicho por temor a lastimarlo. No lo hizo para joderlo, sino para beneficiar la relación de pareja, y él lo agradeció. Después del golpe inicial, él dijo: "vamos a entrarle a esto". Es un ejemplo de transparencia y de confianza en la relación.

V: Entonces ya hablamos aquí de crecimiento, confianza e interés compartido. ¿Revisamos el sexto punto del decálogo?

Punto 6. Rompemos los roles de género rígidos y manejamos los aspectos económicos de un modo equitativo.

D: Este punto tiene dos facetas: el rompimiento de los roles de género inflexibles, estereotipados y el manejo inequitativo del dinero.

No puedo concebir una buena relación de pareja sin que haya perspectiva de género o por lo menos un esfuerzo para romper esos roles, porque las parejas que se instalan en el machismo tienden a deteriorarse y a tronar, habida cuenta de que las mujeres, afortunadamente, cada vez están más conscientes de sus derechos, hacen más caso a sus necesidades y ya no se conforman con cualquier *machín*.

Es decir, tarde que temprano, si hay una relación machista, impositiva, injusta, ella va a protestar justamente, se va a inconformar, y esto va a poner en profunda crisis a la relación, también por fortuna, porque lo malo sería que se la llevaran así de por vida.

Romper los roles de género rígidos —"a ti te toca esto, porque eres niña; a ti esto, porque eres niño; a ti esto, por ser hombre; y a ti esto, porque eres mujer"—, urge dejarlos atrás. Estos papeles han traído costos emocionales para ambos géneros, pero ya hablando de la pareja, se genera mucho conflicto, gran inconformidad y una relación crecientemente molesta, incómoda que en varios momentos va a hacer crisis. ¿Cómo lograr la equidad? Esa es la pregunta.

V: Vaya, finalmente de eso hemos hablado mucho en este libro. Es un tema común, el asunto del machismo, porque este "machín" tiene una "ventaja económica", él te mantiene y, por lo tanto, te callas. Es una situación de supuesta seguridad. Pero, cómo modificarlo si así ha sido, si así es el compañero que ella aceptó y ella recibe la lana…

D: Inicialmente la persona, hablando de la típica relación heterosexual, el hombre y la mujer deben preguntarse si con ese estilo de estar relacionándose: machista, estereotipado, con roles muy fijos, están a gusto. Casi invariablemente la respuesta es no o no del todo o no estoy tan cómoda en esto. Ellas, porque perciben la injusticia, lo inequitativo. Mientras él dispone de libertades y de un movimieto amplísimo de acción, ella se limita mucho. Mientras ellos fiscalizan hasta el gasto, ellas de pronto se concretan a funciones que el otro evalúa como secundarias en la relación familiar. Mientras ellos se la pasan afuera, ellas se la pasan adentro, etcétera.

Pero ellos también manifiestan inconformidad. ¿En qué? Por ejemplo, verse limitados para expresar sentimientos, miedos y emociones básicas e incluso, en muchas ocasiones, se dan cuenta que se están aguantando de hacer cosas. Recuerdo un caso que me impactó, el de un señor que quería entrar a la cocina con su pareja, como para ayudarle, quería ser auxiliar, apoyarla, y ella, con cierta agresión, lo saca de la cocina, y le dice: "no, esto no es de hombres, esto no te toca a ti". Ella lo excluyó, reforzando esos roles. Esto, que se puede repetir en muchos escenarios en la casa, es algo que sucede con frecuencia. Los dos dicen que quisieran hacer cosas que les están vedadas o prohibidas. Responder a esta pregunta con honestidad sería el primer paso: "¿De veras estoy tan a gusto con ser machín? ¿De veras estoy a gusto con permitir que sea él quien dirija, ordene y cancele mis posibilidades?

V: …"o que yo sea una controladora, desde un ámbito en el que estoy segura. Yo también controlo ciertas cosas que a lo mejor son mis áreas de seguridad". Pensaría esta mujer. Finalmente, la cocina, la casa, son su área de seguridad En cambio, él tiene muchas cosas afuera…

D: Ser "reina de la casa" confiere algún tipo de poder…

V: …bueno, sí, en esos casos que por desgracia son todavía muy comunes, pero eso es lo que hay que romper.

D: Así es.

V: Por ejemplo, la señora dice: "ándale, métete a la cocina y vamos a ver si podemos guisar algo juntos".

D: Por ejemplo.

V: Pero a cambio, ella le dice: "te pido que me lleves a la próxima reunión de fulano, zutano y mengano…", el área de seguridad de esta pareja.

D: Más que un canje, se amplían las áreas donde la persona se quiere desarrollar. Puse el ejemplo de alguien que quiere ser copartícipe, que quiere hacer cosas, como lavar los trastos o la ropa o cocinar, etcétera. Sin embargo, tal vez ella desea, en un cierto campo, tener un desarrollo individual; por ejemplo, una actividad profesional, académica o de trabajo que sus actuales funciones no le permiten porque, como sabemos, el trabajo en casa es demoledor.

Imaginemos que ella quiere estar en un club deportivo o hacer un esfuerzo por estudiar un idioma o retomar la carrera que interrumpió cuando se casó. Entonces, no es que él me conceda esto, sino que yo hago caso a mi derecho a desarrollarme personalmente.

V: Entonces no propones un intercambio.

D: Exacto. Pongo un ejemplo: habrá mujeres a las que no les interese la cocina, y a ellos sí.

V: Pero en ese ejemplo, lo que sea que tú vas a conceder, eso es ya un cambio de roles. Ahora yo te voy a poner un ejemplo: conozco a una pareja, ella es muy buena cocinera y es muy convencional, y su marido es extrovertido, seductor, y tiene muchos amigos, ya sabes "candil de la calle…" y de repente este marido decide meterse al asunto de la cocina, y resulta que se organiza una cena, él cocina y queda muy bien, y todos los felicitan. Entonces ya relegó a su mujer también en eso. ¿Qué pasó ahí?, porque ella no está haciendo otras cosas, es ama de casa, pero es muy buena en lo que hace. Me lo contaba con mucha tristeza: "ahora resulta que además de todo lo exitoso que es mi marido en muchas cosas y todo lo que lo admiran, ahora en la cocina también. ¿Qué es lo que me deja a mí?

D: Ahí hay una suerte de desplazamiento.

V: No lo vive "como", es un desplazamiento. Ella habla de un tipo muy egocéntrico y quiere estar en todo, hasta en los ámbitos que le pertenecen a ella. Porque eso fue lo que le dejó esta pareja. Y ella asumió con gusto este rol.

D: Ahí hay algo muy importante, que es la palabra equidad. La equidad no tiene que ver con proporcionalidad en lo que hacemos uno y otro, ni en esta suerte de trueque de "ok, tú haces esto y yo hago lo otro". La equidad tiene que ver, ante todo, con el bienestar de la persona. En el caso que tú pones, evidentemente hay un desplazamiento, así fue y así lo vive ella, pero además le quitó un espacio de poder, de control o de dominio personal…

V: Y de orgullo…

D: Al cual la gente tiene derecho, por ser parte de su dignidad.

V: A veces es lo único que tienen este tipo de mujeres más convencionales, su casa, la cocina…

D: En el punto tres del decálogo, relativo a la comunicación de nuestros sentimientos, se destaca la importancia de este modo de interrelacionarnos, incluso cuando las emociones son adversas. En el caso que relatas, la propuesta sería que la mujer se manifestara diciendo: "me siento desplazada, me has quitado el orgullo y dignidad que tenía. Me siento triste y enojada…"

V: Sí, porque una mujer así no diría nada, pero se quedaría resentida y muy enojada. En silencio. Hay hombres muy egoístas que piensan: "a mí me vale madres si ahora ya sé hacer esto y tú quedaste afuera".

D: Creo que eso entra en el terreno de las negociaciones consensuadas a partir del respeto y amor que hay en esa pareja. Entonces este hombre dejaría de agandallar.

V: Lo que tú dices es que en vez de que ella se lo plantee a sus amigas, o se quede en silencio guardando el rencor, sonó a bolero o a tango. En fin, mejor se lo diga a su pareja: "oye, estás haciendo esto…"

D: "Y yo me siento así".

V: Ahora vamos a la parte económica de este asunto. Sin duda, tiene que ver con todo lo que hemos estado platicando. ¿Tiene que ver con los roles. ¿Qué tanto impacta el asunto económico en la inequidad en una pareja?

D: Voy a poner un ejemplo que, en apariencia, no tiene nada qué ver. Un hombre adulto produce al día de seis a ocho miligramos de testosterona. Una mujer produce medio miligramo de testosterona. ¿Por qué lo subrayo? Porque la testosterona es el principal promotor biológico del deseo sexual. Sin embargo, no todo es biología, pues hombres y mujeres podemos tener el mismo deseo, nada más que socialmente se permite a los hombres expresarlo, y no así a las mujeres. El asunto no es de cantidad de hormonas.

Ahí está la cuestión clave, una convención social del machismo: en ellos se aplaude el deseo, en ellas se critica negativamente. Los dos tienen el mismo deseo, pero él tiene entre seis y ocho miligramos y ella medio miligramo, ¿no tendría que tener él más deseo? La respuesta es: no. Ella hace lo mismo con mucha menor cantidad. Ahí es una cuestión no de proporcionalidad en las cantidades del andrógeno, de la sustancia que promueve el deseo, sino de la manera en que cada cual lo utiliza.

V: ¿Es biológico, por educación, por cultura?

D: Sí, y también porque nuestras subjetividades, nuestro mundo interior es diferente. Lo mismo podríamos decir del manejo de los aspectos económicos, que es tan importante en las parejas y las familias. En algunos casos el varón, que habitualmente gana más, incluso trabajando lo mismo que ella, monopoliza los ingresos y se concreta a dar el gasto, controlando de una manera dictatorial el flujo del dinero hacia los gastos de la casa y de ella en lo personal.

En otras ocasiones en la relación convencional, él cede el control económico a ella, porque se ha construido la idea de que las mujeres economizan mejor, es decir, que manejan de una manera más racional la lana, y que en el gasto cotidiano hacen un esfuerzo por estirarlo, lo cual no está muy alejado de la realidad, porque generalmente son las mujeres las que regatean, y no los varones. Entonces, con esa idea muchas veces el poder del control económico lo tienen ellas.

En ambos casos hay una suerte de inequidad, aun cuando los dos trabajen y perciban ingresos económicos, porque finalmente lo económico otorga un poder particular. Y aquí vamos a un asunto que a veces es negativo: el uso que se hace del afecto y del erotismo a partir del dinero. Algo así como: "si tú no me concedes esto, yo no te doy dinero". O "si tú no me das dinero, yo no te concedo esto". Concretamente se negocian afecto y erotismo. Hay una suerte de manejo del poder económico a partir del chantaje y de buscar el control del otro.

Aquí el aspecto equidad tendría que ver no con quién gana más dinero o quién lo administra mejor o peor, sino ver juntos qué hacemos con el dinero común, con el fondo común de los dos y qué hacemos con el dinero, aun cuando alguno de los dos no lo gane. Quiero ser claro: él puede ganar 100 pesos y ella cinco, pero si hay un fondo común se reparte equitativamente para los dos, y si somos más de dos, si hay prole, para todos los que convivamos en ese consorcio familiar.

Pero también cada persona está en su derecho de tener un gasto proporcional, relativo a sus necesidades. Tradicionalmente los hombres gastan más en *chupe* y las mujeres más en ropa y maquillaje, por citar dos ejemplos. Entonces, ¿a qué tenemos derecho? Es decir, cómo vamos a usar el gasto individual.

Requerimos atender necesidades primordiales, alimentarias, escolares, cultura, vestimenta, de esparcimiento, etc. En fin, los gastos inherentes a cada persona de acuerdo a su real necesidad.

Lo que estamos viendo en las parejas tradicionales es que generalmente la que se queda al último es ella, concede todo.

V: Primero los hijos, el marido, hasta la suegra o sus padres si aún viven...

D: ...y al último ella. Es básico que las mujeres reflexionen por qué se están quedando al último y qué obtienen con eso. A lo mejor cubren esta necesidad de no perder al otro. A lo mejor el conformismo las lleva a mantener artificiosamente una relación. A lo mejor lo que llamamos "autoestima deteriorada" es lo que más está operando, y finalmente la condición subalterna, secundaria de la mujer, es lo que se mantiene.

V: ¿Las mujeres sabemos pedir?

D: Yo creo que no. Ni se sabe pedir, ni se sabe dar. Es decir, el ejercicio de dar y dar, está condicionado por otros factores. Muchas personas están aguantando al no expresar estas necesidades primarias.

He visto parejas sobre todo jóvenes, que son muy equitativas. No importa que ella trabaje o gane más que él o viceversa, no importa que él tenga un mejor puesto y mejores ingresos. Finalmente hacen una distribución muy justa. Algo así como "este es el fondo común, esto es para nuestros gastos –en plural". Y cada cual tendrá el dinero necesario para poder satisfacer sus propias necesidades.

Esto se dice fácil. Es difícil, pero muchas parejas lo consiguen. Yo por eso ponía el ejemplo de la testosterona. "Tal vez yo con 10 pesos hago algo que me cubra necesidades, y tú necesitas 10.50. Está bien. No hay ningún problema. A lo mejor yo en algo me gasto 200 pesos y tú logras lo mismo con 120", magnífico. Pero atendemos la necesidad; uno gastando más o menos que el otro.

No es que debamos ser parejos en el acto de repartir: 100 pesos para ti y 100 pesos para mí. No, porque las necesidades primarias o esenciales son diferentes en uno y en otro. Hay quienes tenemos un placer "perverso" por ir a las librerías y comprar libros y discos, y de pronto se nos va una buena parte del gasto mensual en eso. Ok. Se satisface una necesidad, pero tal vez yo podría moderarme en eso y decir "voy a gastar cierta cantidad en libros y en discos, que me nutren cultural y emocionalmente, pero hasta un límite tolerable, porque hay una parte del dinero que va a ir al gasto común o al gasto tuyo, si así lo deseas". En fin, "habrá ocasiones en las que tú quieras un libro y yo otro. Bueno, cómo le hacemos, cómo decidimos alternar la satisfacción de esa necesidad".

Este es un arte sutil, pero muy importante, que cada vez cobra más interés. Antes el dinero no era un motivo de consulta frecuente para los terapeutas de pareja. Cada vez lo es más, porque hay inequidad, un desbalance.

V: ¿Será que la mujer ya empieza a ganar su dinero? A veces más que su pareja.

D: Eso es real en algunos sectores sociales, y fuente de tensión en las parejas. El foco de tensión puede radicar en que los hombres machistas no lo toleran. Pueden no expresarlo verbalmente, pero si con actitudes hostiles. Sin embargo, también hay mujeres hembristas que se desquitan por medio de su propio machismo.

V: "Yo pago, yo digo".

D: Exacto. Cuando se rompen los roles y se maneja el dinero de una manera equitativa, se mejora muy sustantivamente la relación de pareja. En el vínculo de pareja frecuentemente uno de sus miembros gana y administra "el dinero grande" y le da al otro a administrar "el dinero chico"; este segundo personaje habitualmente es la llamada ama de casa. Como se ve, aquí no hay equidad.

Punto 7. Cada cual hace una evaluación realista de las necesidades que del otro u otra, según el género, puede satisfacer y actuar en consecuencia.

V: El punto siete de tu decálogo me parece que es como entrarle a la realidad de esa relación y lo que puedes dar y recibir. Dejarte de engañar y de engañar al otro.

D: Sí. Este punto, en terapia, es una herramienta muy importante que permite sentar bases de realismo, porque generalmente cuando nos unimos en pareja con alguien, ya sea casados, unión consensual, arrejuntados, etcétera, partimos de una base ilusoria y falaz… Y es la frase: "tú eres todo para mí". Como que yo voy a encontrar en ti, porque hemos decidido ser pareja, todo aquello que anhelé, que me hace falta, todo aquello que pueda reconocer como mis necesidades básicas, ya sean conscientes o inconscientes.

Y entonces, como esto no sucede ni en las noveles de Corín Tellado o las películas de Walt Disney, resulta falso. El golpe emocional es muy fuerte, porque el otro o la otra no ha reunido, no conjunta todo eso que yo había construido como metas amorosas, sexuales, pasionales, de compañerismo, de solidaridad, de andar juntos en la vida. Y el zapotazo es muy contundente.

El llamado de este punto es al realismo. Haciendo una introspección y luego un diálogo con el otro, siendo realistas identifico aquello que podría satisfacer de tu anhelo. Para eso tengo que conocer cuál es tu anhelo. Es un nuevo exhorto para que las parejas se comuniquen, cosa que no hacemos habitualmente.

Es decir, en pareja damos por hecho muchas cosas, por decreto. "Es que así debe ser, así me lo contaron las abuelas, así lo vi en la telenovela, así lo dicen las novelas rosa", y quiérase que no, se va conjuntando un castillo de naipes, porque de alguna forma está muy alimentado por la cultura, por los ideales románticos de mujeres y hombres, porque los hombres también tienen ilusiones de unirse a la persona definitiva, aunque tengan otro tipo de relaciones no definitivas. Entonces, la desilusión es para ambos.

El llamado al realismo no es para decepcionarse, sino más bien para decir: "a ver, realmente qué buscarías en alguien como yo. Realmente, qué anhelos cubrirías con una persona con mis características, virtudes, defectos, potencialidades, aquello de lo que sí soy capaz". Y lo mismo en reciprocidad. Y esto es quizá la parte más dura, porque de pronto es muy dolorosa confirmar que de todo aquel inventario de cosas que se supone que íbamos a conseguir juntos, en pareja, o no logramos o lo conseguimos parcialmente.

También es un llamado al no conformismo. Esta parte es de lo más difícil, porque una vez que trascendemos el enamoramiento, desaparece la alucinación y empezamos a acentuar lo que consideramos defectos y a minimizar lo que consideramos virtudes del otro.

En un consorcio amoroso, sexual, de compañerismo, hay que decirse las netas. Y decirse las netas es algo que exige cierta preparación que no tenemos, porque no acabamos de romper este ideal de ilusión. Me parece absurdo que en pleno siglo XXI sigamos con cuentos de hadas, príncipes y brujas malas. Estas fantasías desarrolladas a lo largo del tiempo tienen un carácter atávico, porque han sido parte de nuestra cultura.

He interactuado con consultantes de todos los estratos sociales, de todas las ideologías y profesiones, y es muy común en todos los estratos, no partir de bases realistas.

La parte alentadora, es que las parejas que le entran a este séptimo punto, de hacer una evaluación realista de "lo que sí me puedes dar, de lo que sí te puedo ofrecer y que podríamos construirlo juntos", les va muy bien, porque le bajan a la expectativa. Esto no es un auto denuesto, no es disminuirse, sino poner los pies en la tierra.

Y se sienten bien, por dos razones: "me aceptas como soy y te acepto como eres o no hay contrato". Y si es recíproca la aceptación, las cosas se empiezan a poner en perspectiva y con más claridad, sin ilusión. Sobre esas bases realistas podríamos construir un vínculo mucho más fuerte, concreto y realista.

V: Más honesto sin duda. ¿Y cómo se hace esa lista, es una lista de qué? Porque yo ya pensé en tres listas mientras estabas hablando.

D: Son muchos elementos. Por eso lo vamos a subdividir en afectivo, convivencial y erótico. Hay muchos elementos, pero vamos a reflexionar sobre estos tres.

V: Una lista dónde se diga lo que espero del otro, una más de la otra persona, y luego sobre lo que estamos dispuestos a dar o lo que podemos dar. ¿Se comparan, se discuten?

D: Sí, y una referida a cada rubro: expresión de sentimientos, interacción cotidiana y relaciones sexuales. Pero lo primero es confrontar realidades.

V: Lo que espero de otro.

D: Y el otro lo que espera de ti. Es en reciprocidad. Esta es la expectativa. En un segundo momento entraremos a la discusión y, si se puede, a la negociación. Vamos a ver qué es lo que sí puedo darte y qué puedo recibir. Te voy a poner un ejemplo concreto de cada caso: de lo afectivo, convivencial y erótico.

En lo afectivo, es muy común que el anhelo sea "yo quiero que me ames para toda la vida". La otra persona piensa algo igual: "Yo quiero que este amor sea eterno". Esa es la expectativa, pero vamos a suponer que con el desgaste de la relación, con los roces continuos, pleitos, desavenencias, con la realidad, el amor y la relación, se desgastan. Podría suceder que en la lista se diga: "hoy, 19 de abril de 2011, ya no te amo, pero te sigo queriendo, te sigo apreciando".

V: Esto suena fuerte, ¿así tendría que ser?

D: Ese es el ejercicio. Hay una realidad distinta: "ya no te amo, pero sí te quiero", al principio duele, "¡cómo que ya no me amas y nada más me quieres!". Sin embargo, eso es lo real, eso es lo tangible, eso es lo que existe, ese es el cimiento que puedo tomar en cuenta para construir una relación. La respuesta del otro puede ser: "bueno, yo creo que te sigo amando, pero menos que cuando nos conocimos".

Ya estamos hablando en un idioma común. Ya no nos amamos como antes, pero nos seguimos queriendo. ¿Y entonces cuál sería la acción a seguir? Que no pasen otros 15 o 20 años, por ejemplo, para expresar nuestros sentimientos.

Y volvemos al tema de los roles. Las mujeres demandan mucho eso de "dime que me quieres…"

V: Es que nunca lo hacen. No lo dicen. Nos gusta que nos lo digan y que nos hagan cariños. Que sean más expresivos, ¿Está mal?

D: No, pero los hombres tienen otros códigos, ellos dicen: "yo te doy el gasto, yo no sé decir palabras bonitas."

Ahí puede haber un pacto, un convenio de expresión. Expresémonos con los estilos que tenemos, hagamos un esfuerzo mutuo. "Ok, a lo mejor ya no nos queremos con locura e intensidad, pero sí nos queremos, nos solidarizamos, nos preocupamos el uno por el otro".

Esa es la base de la negociación. Decir "ya no fue mi expectativa, ni modo, pero esto sí existe, es real, tangible y vamos a seguirlo construyendo". Eso es en el afecto real.

La convivencia es donde encuentro muchos de los principales problemas de la pareja, tiene que ver en con cómo nos llevamos: respeto, confianza, compañerismo; todos los elementos del día a día. Y muchas veces se descubre que las diferencias de rasgos de personalidad, historias de vida y de carácter hacen que no seamos compatibles en la convivencia.

Ejemplo convivencial: ella quiere platicar las incidencias del día en su trabajo y en la casa y él llega muy cansado de sus broncas laborales, lo único que quiere es ver la tele. Ahí se debe hacer una revisión de expectativas, que sería: "yo quisiera que tú me platicaras, igual que yo, lo que ha pasado en la casa, en el trabajo, con nuestra amiga zutanita y lo que vi en los noticiarios de las 10, y tú no lo haces".

Y el otro dice "yo no vengo con ganas de conversar en este momento. Te propongo que creemos un espacio para que lo hagamos, pero no ahorita cuando vengo amoladísimo de la chamba y con 80 problemas y rendidísimo. Para mí es un oasis ver las noticias, o el futbol. Negociémoslo".

La expectativa fue "yo no puedo con esto, yo quisiera tiempo de silencio, sí me gusta platicar, pero no diario ni en todo momento". Y la postura de la otra sería: "a mí me gustaría que fuera todos los días, vamos a negociarlo". Y un acuerdo podría ser crear ese espacio específico, en exclusiva para platicar. Estoy hablando de una simple conversación. Ese espacio para que conozcas mis ideas, sentimientos, sensaciones, para poder conocer las tuyas y poderlo hacer de la manera más constructiva posible.

Los diálogos, esta palabra tan importante, en muchas parejas se están muriendo. Ya no se conversa, no se platica. Nada más se habla de lo operativo, de ir al súper y que si ya la pusiste gasolina al carro…

V: …o se dan monólogos. Mucha gente habla nada más de sí, porque piensa que lo que dice es lo más importante y que además está tratando de cambiar al mundo… No hay recepción ni respuesta a lo que el otro intenta comunicar.

D: A veces sí hay conversación, pero es banal.

V: De las comprar, de los perros…

D: …y no del "nosotros". Y estoy hablando de la conversación como un ejemplo.

Cómo podemos aterrizarlo a lo que sí queremos hacer tú y yo como pareja. Esa es la propuesta. Lo que puede hacer la gente es encontrar salidas creativas. No es que la persona no quiera convivir, es que la relación se desgastó.

V: En una relación que lleva tiempo, ambas partes saben que hay cosas que no van a cambiar ni a mejorar, por lo tanto ya no quieren pedir algo que no va a ser dado. La expectativa de cada uno sigue ahí, pero "ya para qué lo planteo si las veces que lo hemos hablado no cambia nada." Frente a tu propuesta sobre este decálogo, ¿qué se puede esperar con este ejercicio de las listas?

D: La peor salida es el conformismo. No podemos dejar que las cosas negativas se perpetúen, sin establecer algún cambio. Ese es, en esencia, el séptimo punto.

Y lo podríamos llevar a muchos planos, pero el erótico también es muy importante y cada vez cobra mayor interés.

V: Es que si no hay conversación en la sala, ¿cómo vas a llegar a la cama? Al menos la mujer, dudo mucho que llegue "caliente", dispuesta, sin no hay "un buen sofá" antes. Esto es, una conversación, un intercambio de palabras y caricias, el famoso previo. Difícilmente esta mujer querrá irse a la cama con gusto, con deseo.

D: Ahí la situación fundamental es gustarse en lo intelectual, afectivo, en lo físico. Y si no se construye eso, generalmente la consecuencia es el tedio, el aburrimiento o la anulación de los encuentros sexuales, que es algo que vemos mucho en terapia.

V: Te puede gustar mucho la pareja en lo físico, pero si no hay todo lo otro, siento que puede ser algo como de animalitos. Habría que establecer puentes en la relación. ¿Cómo accedo a ti, quién eres, cómo eres, y cómo accedes a mí, qué soy, cómo soy? Siento que estas listas podrían ser el principio de ese puente.

D: Absolutamente. Lo primero es reconocerlo, admitirlo como un pre requisito para empezar a modificar cosas. Y aquí también lo que nos falta como pareja es agarrar al toro por los cuernos. En general, no sabemos demandar, solicitar y ofrecer. Entramos en un juego, como en un diálogo de sordos, donde además le jugamos al adivino, porque el otro tiene que saber, intuir o suponer lo que estoy sintiendo.

Es cierto, las mujeres sí están muy demandantes, porque lo están ventilando más, pero no siempre de manera asertiva, sino con victimización, hembrismo o agresión.

Y los hombres son una tapia. Tienen un enorme temor a expresar sentimientos, a veces tienen temor incluso a que la relación se rompa, y no se atreven a dar el paso, porque podría significar la separación.

Nos hace falta tender esos puentes. ¿Quién está tendiéndolos? Un sector pequeño de la población, que es justamente la que tiene más inquietudes y le interesa el asunto de la pareja.

V: ¿Podrías decir que son los más jóvenes?

D: Son generaciones nuevas, que además están siendo autocríticas. Critican al modelo anterior, pero también se autocritican, y dicen "cómo le hacemos para no caer en lo mismo y salvar los conflictos que tenemos".

Son los que van a terapias, los que hacen consultas en internet, los que se preocupan y ocupan de poner ingredientes o elementos que sostengan a la pareja. También son los que, si no hay más remedio, se separan; es decir, no le juegan al sadomasoquismo.

Se está produciendo en este sector de la clase media ilustrada –no creo que sea de la *high society* o de la gente con muchos menos recursos intelectuales y académicos–, este grupo está logrando consolidar la relación de pareja o dando los pasos necesarios para separarse sin gritos ni sombrerazos, de manera honesta y cordial incluso.

Eso es lo que habría que hacer. Por eso la pertinencia de este punto, de partir de una base realista, cosa que otras generaciones no hacíamos: todo era ilusorio, lo dábamos por hecho, ya estaba escrito, y era no solamente "tú eres todo para mí y yo todo para ti", sino que además de que "así será siempre". Y ya vimos que la cruda realidad nos muestra que no hay tal.

El mensaje optimista sería que una evaluación realista ahorita nos permite sentar bases concretas.

V: Y cualquier pareja se lo merece.

D: Absolutamente.

V: Si te vas a ir o a quedar, por lo menos que tengas claras las razones, sobre todo para no repetir los mismos errores o fallas. A lo mejor descubres cosas que no estaban tan claras, que tú suponías por esos silencios, y luego hay sorpresas.

D: Cuando una pareja truena, generalmente hay reproches proyectivos: "es que tú fuiste la culpable, porque acuérdate que yo…", y viceversa.

En una evaluación realista, para seguir juntos o separarse incluso, hay mayor cordialidad. Y eso también me parece ventajoso. Es un fenómeno muy nuevo.

V: ¿Por qué la lista por escrito? Dices que mete orden y que puede ser menos agresivo. ¿Pero leer lo que el otro, tu pareja, piensa no es igual de fuerte?

D: En el diálogo, cuando platicamos, puede ganar la visceralidad, porque hay un afán de discutirlo para ver quién gana.

V: ¿Recomendarías que sólo se revisen los temas que uno y otro ponen en su lista?

D: Sí, porque la ventaja es que la persona que elabora sus listas, lo hace no nada más desde el sentimiento, sino también desde la reflexión. Ya le confiere otro nivel, le piensas dos veces; sin dejar de expresar las netas, lo que considere que es real y justo, pero hay algo que puede equilibrar la visceralidad.

En una discusión abierta muchas veces descalificamos, proyectamos, le atribuimos al otro o a la otra la culpa de las cosas, y no hacemos demasiada reflexión. En cambio, cuando lo vas a escribir, cuando vas a hacer tu inventario, tus listas, lo sometes a un tamiz de reflexión, que incluye sentimientos, pero también la razón.

V: Hablabas de dar y recibir. Yo no sé qué tanto pueda venir en las listas, pero supongo que es parte del ejercicio. Creo que pensamos

que damos más que el otro, pero, te pregunto, David, ¿realmente sabemos recibir?

D: Reitero: frecuentemente no sabemos recibir y tampoco dar.

V: ¿Entonces cómo resolver esa parte? ¿Cómo logro darme cuenta –tal vez con esta lista– que no sé recibir, que el otro ha intentado darme, pero yo no sé recibirle de la manera que él me da. Entonces estoy negando, estoy limitando una forma de acercamiento. ¿Realmente sabemos dar, inclusive, en la cama? ¿Quién nos enseña, cuándo?

D: Los tres elementos del amor: intimidad, pasión y compromiso tienen que ver con un ejercicio casi artístico de aprender a dar y recibir. No estamos preparados como sociedad, no hay una matriz cultural familiar que lo enseñe. En general, es mejor apreciado por la sociedad el dar, tan es así que hay la promoción social de fomentar el dar afecto, placer, obsequios, satisfacciones al otro.

¿Y por qué generalmente no aprendemos a recibir? Porque con esto de las autoestimas deterioradas, la sensación es de "no lo merezco. No he hecho los méritos necesarios para merecerlo". Pareciera ser que dando, estamos comprando afecto, lamentablemente.

Hay un desequilibrio. Solemos aprender que es mejor a dar, aunque a veces nos cuesta trabajo. Hay muchos avaros en sentimientos, erotismo, pero también nos cuesta muchísimo trabajo aprender a recibir. Se requiere buscar más armonía entre los dos elementos.

V: Si alguno de los dos es un autista emocional, estará siempre en deuda en algún punto.

D: Exacto. Pongámoslo con el ejemplo típico de una relación de pareja con algo que cuesta trabajo dar y recibir: el respeto y sus significados. ¿Yo cómo doy respeto, cómo lo otorgo? En terapia me han dicho: "es que él dice que es todo un caballero, pero me humilla. Él dice que me cuida, sin embargo, en público y en privado me maltrata y lastima".

Esta persona de la que estamos hablando, ya sea un varón o una mujer en una relación heterosexual, supone que con ciertas formas de urbanidad, con ciertos estilos de ser gentil, ya está cubriendo el respeto que el otro necesita, pero no es así. Es decir, hay lenguajes equívocos, hay una comunicación alterada, porque lo que creemos que damos y la otra persona recibe, no es real. De ahí la importancia de manifestarlo por escrito y posteriormente en diálogo y si se puede en terapia, mejor.

Esta cierta caballerosidad, es una forma elegante de machismo. Porque tal vez la otra persona cree que por esto le debe respeto, por ejemplo, no haciendo *panchos*, algo así como "yo respeto a mi marido, y entonces no le hago *osos*, ni reclamo" y estoicamente aguanta un sinnúmero de humillaciones a lo largo de su relación. Esto también lo vemos con enorme frecuencia. Es un diálogo de sordos. Una comunicación bloqueada, donde ni doy lo que recibo, ni recibo lo que creo que doy.

¿Qué es lo que genuinamente se puede dar y recibir en pareja? Volveré un poco al esquema sobre intimidad, pasión y compromiso. La intimidad la traduzco en: "tú a mí me importas y me gustaría que, en reciprocidad, yo te importe por lo que soy, y siento, lo que pienso, lo que son mis necesidades. Y, por supuesto, como no soy adivino, y tú tampoco, es mejor que lo manifestemos".

La pasión tiene que ver con la cama, básicamente. Tiene que ver con el deseo, la excitación y el orgasmo, con la frecuencia y calidad, sobre todo de los encuentros sexuales, porque hay parejas que cogen diario, pero con una insatisfacción profundísima, sin un mínimo de calidad. Hay que lograr una serie de acuerdos manifestando lo que no me gusta de ese vínculo.

El compromiso no tiene que ver con esta idea errónea de que a fuerza vamos a estar juntos, pase lo que pase, sino más bien qué elementos tendríamos para comprometernos tú y yo en lo que damos y recibimos.

En terapia de pareja, sobre todo, hacemos un ejercicio muy potente, que consiste en hacer una sensibilización, donde cada miembro está sentado frente al otro con los ojos cerrados; hacen una suerte de introspección, una revisión de lo que es la pareja. La revisan desde su inicio, evolución y estado actual. Y luego les pido a cada uno que haga un esfuerzo muy honesto y claro de aquello que le desea ofrecer y solicitar a la pareja.

La idea central es que de una manera breve y clara expresen lo que cada cual pide y ofrece. Es una síntesis, porque al mismo tiempo hay una especie de inventario de lo que necesito, y es recíproco, pues también hay un inventario de lo que ofrezco.

En este punto de la evaluación realista, un elemento muy importante es que en el compromiso y la pasión se establezcan criterios concretos y viables.

V: ¿Entonces cuál es el compromiso? ¿Podrías dar un ejemplo?

D: El compromiso es solidaridad, lealtad, honestidad y apertura.

V: ¿A qué te refieres con apertura?

D: Incluye la posibilidad de abrir la relación, que es algo que algunas parejas, con ciertas modalidades, lo están haciendo.

Punto 8. Modulamos los celos y consideramos la posibilidad de relaciones "satélite".

V: Punto ocho de tu decálogo me parece uno de los más complejos y socialmente poco aceptado.

D: Creo que es el más polémico. Es "modulamos", porque los celos no se extirpan ni se exorcizan. Los celos, haya componentes innatos o aprendidos, sean una cuestión de atavismo social o algo biológico, que todavía los especialistas lo discuten mucho, como quiera que sea, son algo que no se elimina. Lo que sí se logra muy a menudo es modular los celos, que suelen ser destructivos. Los celos tienen que ver con un miedo o serie de temores por perder a la pareja, pero básicamente por perder a la pareja, más que en sus afectos, en su cuerpo físico. Es decir, los celos generalmente tienen una connotación sexual.

V: De posesividad, es mío ese cuerpo, es una cosificación, lo que me pertenece es el cuerpo no el alma, el pensamiento de esa persona, porque no la conoce, sólo la posee.

D: Exacto. Es mío, y si se acuesta con otra persona deja de serlo. También está vinculado con que está prefiriendo a otra persona que a mí, me ha desplazado.

V: Pura inseguridad.

D: Hay muchos elementos de inseguridad, por supuesto, porque la posesión del cuerpo, para empezar, es irreal. No poseemos el cuerpo del otro o de la otra.

En nuestras culturas, el temor a la infidelidad está ampliamente justificado, porque las estadísticas son muy contundentes. En las parejas estables hay muchas relaciones por fuera.

Cuando planteamos la posibilidad de discutir, dialogar, acordar sobre la presencia de relaciones "satélite", no es una ocurrencia, sino que tiene que ver también con una base de realismo. Es decir, si estamos viendo que la monogamia no es algo que está resultando cierto, podemos decir que hay personas que se pueden comprometer en la monogamia, y cumplirlo, fantástico; y hay personas que no pueden, que les cuesta mucho trabajo o que preferirían no hacerlo.

Este punto ocho viene de Carl Rogers, uno de los maestros del existencial humanismo y de una pareja que en los años 70 escribieron el famoso libro *Matrimonio Abierto,* los O'Neill, George y Nina. Fue tan explosivo en su momento, tan contundente, que hasta donde yo sé, sólo hubo una edición en español en México. El libro desapareció, y quien lo quiera conseguir actualmente –es una reliquia arqueológica– tiene que ir a las librerías de viejo, porque ya no lo volvieron a editar.

Dejó mucha huella porque, por un lado, conmovió o impactó a la gente progresista, la hizo cuestionarse muchas cosas, y por el otro, horrorizó a los conservadores. La propuesta del libro es muy clara, pero a veces cuesta trabajo asimilarla: los O'Neill dicen que no hay por qué tener una *monogamia obligada.*

V: Y vivirlo y sufrirlo como un castigo.

D: Exacto. Ni es permiso para coger ni que tengas muchas parejas. La propuesta tiene que ver con honestidad, con lealtad. Tiene que ver no con engaño ni con ese sentimiento de traición que mucha gente experimenta cuando uno de los dos descubre que anda con otra persona, que rompió la regla no escrita de la monogamia, y digo no escrita porque el adulterio deja de ser delito y la bigamia deja de ser trasgresión civil; es la trasgresión moral.

La invitación de los O'Neill es: hablémoslo. Es decir, no se trata de una postura liberaloide: "¿cuál es la bronca, si el amor es puro, no importa si tienes una, dos, tres o 20 parejas?" No es esa la posición. Esa es una caricatura que muchos conservadores hacen del matrimonio abierto.

Pero en la propuesta de las relaciones "satélite", vamos a discutir: ¿se vale que en la relación de pareja estable estén presentes una u otras personas más, periféricas o "satélites"?

V: Que no necesariamente tengan relaciones sexuales.

D: Así es.

V: Que sean tus amigas, amigos, gente importante con la que puedas vivir cosas que con tu pareja no lo logras. Porque además es imposible que la pareja llene todos tus intereses.

D: Los O'Neill también son muy claros, y dicen: como no somos poseedores del cuerpo sexuado de la pareja, también se puede discutir la parte erótica. Es decir, ¿se permite que tú tengas algún encuentro erótico, o que yo lo tenga con otra persona distinta a ti, o no se admite?

V: Un acuerdo. Hablarlo.

D: Exacto. Un descubrimiento importante que hemos hecho en terapia cuando vemos a parejas que han entrado a esta dinámica es que, contrariamente a lo que afirma el mito, de que el tercero o tercera en discordia en una relación "satélite" va a destruir la pareja, el hogar, etcétera, no. En muchos casos incluso la consolida, porque hay un entrenamiento de cosas que a lo mejor no hago en la pareja convencional y que las puedo incorporar. Por ejemplo, muchas parejas mejoran sexualmente cuando tienen experiencias extra -pareja.

Esto, como todo, es un medicamento que puede tener "efectos tóxicos". El terapeuta no le puede decir a la gente: "oye, te recomiendo que entres a un modelo de pareja abierta o te recomiendo que siempre tengas relaciones 'satélite'". No. Lo que sí podemos plantear como una recomendación muy clara es: platicarlo, ponerlo en el tapete, no darlo por hecho. Sabemos que la monogamia es un ideal muy lejano para mucha gente. Es realista. Y si podemos platicarlo antes de vivir juntos, muchísimo mejor. Ya la pareja decidirá en consecuencia, si le entra o no le entra.

El modelo de relación abierta, en lo que llevamos del siglo XXI, se ha modificado, enriquecido por nuevos modelos. Por ejemplo, el modelo poli amoroso, que ha prendido en muchos lugares del mundo, porque la aldea global que nos da la comunicación por internet hace que la comunicación a distancia sea muy dinámica.

Este modelo poli amoroso parte de la base de que una persona podría amar a distintas personas y no a una sola. Es un mentís rotundo la idea de que el amor es exclusivo. Abre todavía más la relación, porque nos propone revisar la posibilidad de un consorcio afectivo múltiple. Es decir, que teniendo o no pareja más estable –ahí se diferencia del modelo del matrimonio abierto–, una persona pueda tener vínculos amorosos con distintas personas, con reglas claras, con normatividades éticas, nunca con engaño, nunca con esta idea de la traición y con absoluta apertura.

V: Y desde luego con todos los cuidados de salud sexual. Uso de condón, higiene, etcétera.

D: Exactamente. No solamente cuidados, como evitar infecciones de transmisión sexual e incluso embarazos no deseados, sino también los otros como el "botiquín de urgencias para los daños al corazón", es decir, maneras de atender las lesiones emocionales.

V: Sí, pero estamos hablando de algún tipo de involucramiento emocional, no somos animales. Menos las mujeres que somos más románticas, vivimos con más intensidad nuestras relaciones afectivas y mucho más las eróticas.

D: Sí. Lo otro, la salud emocional, hay que subrayarla. He hablado mucho con miembros de los grupos poli amorosos, y una de mis inquietudes personales es cómo diablos le hacen para manejar los celos. Ellos me ratifican lo que siempre he pensado, que los celos no se extirpan. Hablan de que se pueden manejar los celos de un modo constructivo, y a veces se dan situaciones muy peculiares, que no he visto en otro tipo de modelo, donde la pareja más estable, si es que existe, digamos que un hombre y una mujer, llegan a confraternizar con la segunda persona o tercera o cuarta o quinta en discordia, y entonces se forman una suerte de clubes, donde pueden compartir su fin común, su anhelo común, que es amar a distintas personas a la vez. Corrijo: mucha gente ama a distintas personas a la vez; más bien, manifestar, expresar el amor.

V: ¿Vivirlo? No imaginarlo o desearlo simplemente.

D: Exactamente. Es algo eminentemente vivencial. Y parece ser que a algunas personas les va bien.

Este grupo de personas, también los que están en la cultura poli amorosa o en el matrimonio abierto o en la comuna, muy al estilo hippie de fines de los 60, pueden tener una evolución, cuando trabajan sus cosas en terapia o en grupos de encuentro, porque a veces el conflicto es con uno mismo. Si a veces el conflicto es con una sola pareja, imagínate cuando tenemos tres, cuatro o cinco o más parejas, se multiplican los conflictos, y entonces se necesita una preparación, una integridad y claridad…

V: Complicado, pienso que debe haber mucha madurez, claridad. Un gran esfuerzo de integridad y capacidad de entrega. Honestidad contigo y con los otros u otras.

D: Claro que no es fácil lograrlo, por las implicaciones. Es un modelo complicado, pero ahí está. Ya no es tan nuevo, porque tal vez los primeros grupos poli amorosos empezaron hace una década, más o menos, y han subsistido. Por algo ha de ser. Me parece que hay una cierta consolidación de la cultura poli amorosa en el mundo.

Punto 9. Participamos en terapia o grupos de encuentro.

V: ¿Tomar terapia es positivo para las parejas? Aunque la pregunta parece obvia, considero que en México y otros países iberoamericanos no hay cultura terapéutica en la población, salvo, quizá, en Argentina. Y hay espacios de televisión comercial que manipulan a los invitados para hacer espectáculos lacrimógenos con sus vidas. Por otro lado hay personas que son escépticas o que rechazan los procesos de terapia individual o de pareja porque creen que son para loquitos.

D: La psicoterapia, independientemente del enfoque del profesional que la practique y siempre y cuando haya capacidad y ética, es útil y generosa en sus resultados. Contrariamente a lo que se cree, el terapeuta no funciona como conciliador o árbitro, sino como promotor de la resolución de los conflictos subyacentes, previa exploración profunda de los factores que perjudican afecto, convivencia y erotismo. Si los elementos no son suficientes para proseguir en pareja, el profesional se asocia con las decisiones responsables que se tomen con vistas a la separación. A veces, Verónica, dicha disolución es lo verdaderamente exitoso de la terapia.

En los grupos de encuentro-no confundirlos con las comunidades religiosas que organizan grupos de avenencia conyugal- se explora en colectivo la problemática de pareja, se brindan y aprovechan las experiencias de los diferentes participantes y se plantean alternativas de solución. Esta joven tradición parte del existencial humanismo, especialmente la psicología humanista con enfoque de Carl Rogers. Desde luego, se trata de actividades en las que se exponen ideas, sensaciones y sentimientos, se confrontan y se buscan perspectivas que lleven a enfrentar y superar escollos y, si es factible, se consolide la relación luego de superar la crisis.

V: Volviendo al tema de la terapia, David: Conozco personas que declaran que la terapia no les sirvió de nada...

D: En efecto, puede pasar y la condición más frecuente para que esto ocurra es que algunas personas no la asumen con responsabilidad y compromiso, o bien que le dejen toda la "chamba" al terapeuta, quien, como decía Rogers, no es el que tiene "el parto emocional", sino llanamente es "el partero del cambio".

V: En este tema propongo a los y las lectoras una reflexión al respecto. Varios minutitos en silencio y pensemos si en nuestro caso tomaríamos una terapia de pareja y cuál sería nuestro nivel de compromiso si así lo decidiéramos.

Y pasemos al décimo punto del Decálogo, el último.

D: Sale…

Punto 10. Empleamos actitudes y lenguaje asertivos.

V: Este punto se refiere a la capacidad que tenemos de hablar derecho. Desde el corazón, diría. Pero creo que en general nuestra cultura es más bien la de decir verdades a medias o manipular.

D: Lenguaje y actitud asertiva se refiere a una actitud vital consistente en hablar claro, sin rodeos, sin agresión ni victimización; por supuesto que implica la consulta de las reales necesidades emocionales y la congruencia al expresarlo. Tienes razón, tal actitud no es nada común en nuestra cultura, sino todo lo contrario.

V: Es común ver el juego del adivino o chantajista emocional: impone, omite o francamente engaña.

D: Sí, con los nefastos resultados que ello tiene en la dinámica de relación de pareja. Una visión superficial nos llevaría a suponer que ese modo de interactuar en pareja es de orden natural; o que está conformando parte del ADN de mexicanos y mexicanas. Lo cierto es que la falta de asertividad es casi atávica entre nosotros por una construcción social que deriva del patriarcado, el estoicismo o la cultura del sufrimiento, la cual, mediante la victimización y el chantaje nos permite "obtener" ganancias secundarias.

V: Sí, de inmediato pensé en algunas madrecitas "abnegadas" mexicanas que con su cara de sufrimiento nos meten unas culpas enormes y nos chantajean toda la vida. Es cierto lo que dices.

D: Se trata de una forma aparentemente sutil de violencia pasiva, por la cual la supuesta víctima es en realidad una dictadora emocional. Se ejerce la tiranía a partir de la explotación de los sentimientos de culpa de los supuestos "victimarios". Recordemos la frase: "me vas a matar de un coraje".

V: Hay muchas de esas, "mira cómo me haces sufrir", "te fuiste a una fiesta y no pude dormir en toda la noche", o el simple silencio y la evasión de la mirada con lágrimas en los ojos.

D: Y esto se replica en la pareja porque es algo aprendido desde la infancia. Aunque comúnmente se piensa que son exclusivamente las mujeres quienes se ponen el disfraz de víctimas para manipular al otro a su antojo, mi experiencia terapéutica me ha demostrado que también los varones son agresores pasivos mediante el chantaje emocional; esto lo veo particularmente en los maridos tradicionalistas que tienen la tradicional dependencia llamada "mamitis".

V: ¿Y esta tan común "mamitis" de qué manera afecta a su pareja? Y quisiera ampliar mi pregunta, ¿y la "hijitis", el Edipo y Electra de padres e hijas o de madres e hijos…?

D: Para empezar, esposo y suegra hacen equipo para "joder" a la esposa. Ésta no sólo es continuamente villanizada como la mala en la relación de pareja, sino que además está sujeta a continuas y desventajosas comparaciones con la suegra. "Los tamales no te salen como a mi mamá", "ella sí sabe ser ama de casa", y tantas otras. Finalmente, el "hijo de mamita", como estrategia, si mi violencia verbal, física y actitudinal no es suficiente para lo que desea conseguir, este macho recurre a una regresión infantiloide que apela al sentimentalismo y la culpa de su mujer o esposa.

V: Quienes lean tu decálogo pensarán en uno y mil ejemplos más de estos comportamientos. Lo asertivo, utilizando tu palabra de este punto 10, sería que identificaran sus propias conductas y cómo repiten este tipo de mandatos maternos o paternos, en todas las relaciones de su vida.

D: Y en referencia a la comunicación asertiva, ésta también incluye decir "sí" cuando así lo quiero, decir "no" cuando esa no es mi necesidad y postergar la respuesta hasta estar segura o seguro de la misma.

He observado que la actitud asertiva ya desarrollada conlleva una suerte de "contaminación positiva": es un modelaje que los demás adoptan.

Afortunadamente, los comportamientos inasertivos no son inherentes a la biología humana, es decir, son aprendidos y replicados culturalmente. Por ende, pueden ser superados. Desde luego, la asertividad no se produce *ipso facto*, sino que ha de entrenarse para sus óptimos efectos. De verdad que los aspectos convivenciales mejoran sustancialmente en las parejas que son asertivas

Antes de la conducta asertiva existen una serie de pasos: darse cuenta, reconocer y explorar el comportamiento inasertivo y luego empezar el proceso de estar siendo asertivo, perdón por el gerundio, pero busco describir una actitud vital permanente y no un destello de "buen comportamiento", que no servirá más que para tal vez regresar al punto de partida, juzgarse severamente o sentirse culpable. Existen talleres y grupos de asertividad e incremento de la autoestima, cuyo eje es la recientemente llamada "cultura del buen trato", que no es otra cosa que un derecho humano.

La autoestima se establece a partir de dónde coloco el centro de valoración personal; si está deteriorada, tuvo como origen, como ya lo señalas, la influencia negativa de las figuras de autoridad en la infancia, generalmente padre y madre, quienes juzgan, reprimen a sus pequeños hijos generándoles auto desprecio, sensación de incompetencia para la vida y una culpa que puede perpetuarse. Padre y madre pueden estar muertos y yo joven o adulto sigo con mi "juez interior" implacable hacia mí mismo y hacia los demás. Y como resultado vivo comparándome permanentemente de manera desventajosa: "no merezco", "no valgo lo suficiente", "no puedo", "los otros son mejores que yo".

Finalmente, quien es asertivo, no resuelve todos sus problemas pero hace valer su derecho a la dignidad, y se niega a distintas formas de manipulación, chantaje y todo tipo de violencia.

V: Antes de relacionarnos habría que vernos y pensar cómo somos y cuantos de nuestros miedos e incapacidades parten de todo esto que dices. Un alto en el camino para reconstruir nuestra autoestima a partir de lo que realmente somos, sin engaños. Nos cuesta tanto trabajo querernos y aceptarnos.

D: Sí, lo esencial es aceptarme primero, sin complacencias, con autocrítica constructiva que me permita desarrollar mejor mi propia autoestima y mejorar desde ahí mis vínculos sociales y de pareja.

V: David, ha sido un constante aprendizaje esta larga conversación contigo. Te agradezco como siempre tus conocimientos y espero que las preguntas y respuestas que conforman este libro despierten en otros la necesidad de establecer relaciones menos conflictivas, más armónicas y estimulantes.

DAVID BARRIOS MARTÍNEZ

Médico, psicoterapeuta y sexólogo clínico, es uno de los representantes más conocidos de la escuela existencial-humanista en sexología. Fundador de la Sociedad Mexicana de Sexología Humanista Integral (SOMESHI). También participó activamente en la constitución y desarrollo de la Federación Mexicana de Educación Sexual y Sexología (FEMESS), agrupación nacional de las asociaciones profesionales de esas disciplinas.

De 2003 a 2012 dirigió la asociación civil Caleidoscopía, Espacio de Cultura, Terapia y Salud Sexual. Desde 2012 participa en el servicio de sexología y psicoterapia del Grupo Médico Icacos.

Ha publicado numerosos artículos científicos y de divulgación sobre aspectos biológicos, psicológicos y sociales de la sexualidad humana, así como ponencias sobre diferentes temas sexológicos en congresos mexicanos, latinoamericanos y mundiales.

Es autor de los libros *Resignificar lo masculino. Guía de supervivencia para varones del siglo XXI* (Vila Editores, 2003), *En las alas del placer: Cómo aumentar nuestro goce sexual* (Pax México, 2005) y coautor de *Menopausia y cerebro* (Editorial Trillas), entre otros. En 2007 aparece su libro *La molécula que revoluciona la sexualidad* (Alfil). En 2008 y en coautoría con María Antonieta García Ramos, publica *Transexualidad: la paradoja del cambio* (Alfil).

Es de los profesionales de la sexología con más participaciones en los medios de comunicación social impresos y electrónicos. Frecuentemente dicta conferencias y facilita talleres sobre temas sexológicos en instituciones públicas y privadas de México y el extranjero.

Conforma el equipo de cinco profesores titulares en la Especialización en Sexología y Psicoterapia Sexual instrumentada por la asociación Profesionistas en Psicoterapia Sexual Integral. Ha sido docente titular del Diplomado en Educación y Salud Sexual del Centro de Investigación en Ciencias Médicas de la Universidad Autónoma del Estado de

México. Docente en la maestría en educación sexual del CISES de Xalapa, Veracruz, desde 2009.

Profesor invitado en diversas Maestrías y Post-grados en educación sexual y sexología.

Organizó el IV Congreso Nacional de Educación Sexual y Sexología (Veracruz, 2001) y participó activamente en los trabajos académicos y logísticos del II Congreso Nacional (Aguascalientes, 1996) y del IX Congreso Latinoamericano (México, 1998). Presidente del Comité Científico del VIII Congreso Nacional de Educación Sexual y Sexología FEMESS, (Chiapas, 2011).

En las ciencias sexológicas, David Barrios se ha significado por aportaciones originales e innovadoras, tales como: Las Manifestaciones de la Diversidad Sexual, una visión despatologizante de los comportamientos sexuales estigmatizados(1990), Teoría Paradójica del Cambio en la Reasignación Integral de Personas Transexuales(1996) y Contribución a la Crítica de la Patologización Sexual, (1994), entre otras.

Desde abril de 1980 es invitado frecuente como especialista en las áreas de sexología, psicoterapia y educación sexual, en medios impresos (Tercera llamada, Consulta Médica, Muy interesante, Quo, Familia saludable, Padres e hijos, Amor y sexo, Plenilunia y diversos diarios de circulación nacional, por mencionar ejemplos) y electrónicos (Radio Monitor, Grupo ACIR, MVS Radio, Radio Bienestar, Radio Red, Televisa radio, Radio Fórmula, Radio Educación, IMER, Radio UNAM, Radio Centro, Radio Trece, Radio Chapultepec, Radio 6.20, Radio Mil, Canal 11, Televisa, Canal 40, TV Mexiquense, etc.). En 2006 y 2007 es consejero editorial de la sección Vida del Periódico *Reforma*. Ha participado en el Consejo Editorial de *La Gaceta de la Sexualidad*.

Colabora en las ediciones on line de *Reforma* y *Plenilunia*, desde 2009.

Es conductor de la emisión de radio por internet "Sexosentido" (www.codigoradio.cultura.df.gob.mx) desde 2008.

Se le considera uno de los voceros más autorizados en temas sobre pareja, cuerpo y placer, derechos sexuales, masculinidad, erotismo, salud y educación sexual, diversidad sexual y disfunciones de la vida erótica.

Uno de los intereses fundamentales del Dr. David Barrios es la divulgación científica y humanística con sencillez, propiedad y adaptación del lenguaje, sin perder rigor conceptual.

Curriculum vitae (resumen)

David Barrios Martínez (Tulancingo, Hidalgo, México, 1954).

◆ Médico cirujano por la Facultad de Medicina de la UNAM (Título: 1979).

◆ Especialista en Docencia por el Centro de Investigaciones y Servicios Educativos de la UNAM (Constancia: 1990).

◆ Ex-Jefe de Enseñanza de la Clínica de Medicina Familiar Cuitláhuac, del ISSSTE.

◆ Educador de la Sexualidad por la Sociedad Mexicana de Sexología Humanista Integral (SOMESHI), (Certificado: 1993).

◆ Psicoterapeuta Gestalt (Diploma: 1995) y de Enfoque Centrado en la Persona por el Instituto Humanista de Psicoterapia Gestalt (Diploma: 1992).

◆ Maestro en Ciencias Sexológicas por la Universidad Abierta de México (Diploma: 1993).

◆ Educador de la Sexualidad certificado por el Consejo de Calificación Profesional en Educación Sexual y Sexología.

◆ Ex-Presidente de la Federación Mexicana de Educación Sexual y Sexología.

◆ Ex-Presidente del Consejo Directivo y Ex - Director General de la SOMESHI.

◆ Director General de Caleidoscopía. Espacio de cultura, terapia y salud sexual. (Desde enero de 2003).

◆ Fundador y miembro de la mesa directiva del Consejo de Calificación Profesional en Educación Sexual y Sexología.

◆ Vicepresidente del Consejo de Calificación Profesional en Educación Sexual y Sexología (2008-2010).

◆ Vocal del consejo directivo del Consejo de Calificación Profesional en Educación Sexual y Sexología (2010-2012).

◆ Miembro fundador y docente de la especialización en sexología y psicoterapia sexual integral de Profesionistas en Psicoterapia Sexual Integral, A. C. (Desde agosto de 2003).

◆ Participante invitado en distintos medios de comunicación impresos y electrónicos desde abril de 1980.

◆ Autor de numerosos artículos de divulgación en psicoterapia, sexología, educación sexual y cultura general.

- Autor de numerosos trabajos sexológicos presentados en congresos nacionales, latinoamericanos e internacionales.
- Autor de los libros *Resignificar lo masculino* (Vila, 2003), *En las alas del placer* (Pax, México, 2005) , *La molécula que revoluciona la sexualidad* (Alfil, 2007) y *Transexualidad: la paradoja del cambio* (Alfil, 2008).
- Coautor de diversos libros con temas médicos, psicoterapéuticos y sexológicos.
- Editor del suplemento *Sexualidad y salud* de la revista Consulta Médica, desde enero de 2009.
  Conductor de la emisión de radio por internet "Sexosentido" (www. codigoradio.cultura.df.gob.mx) desde 2008.

Servicio de psicoterapia y sexología del Grupo Médico Icacos
Playa Icacos 10 casi esquina con Plutarco Elías Calles
Colonia Reforma Iztaccíhuatl. Benito Juárez. c.p. 08810
Teléfono: 56 96 57 83
Correo electrónico: davidbarriosmtz@gmail.com
facebook: David Barrios

Verónica Ortiz Lawrenz

Experiencia profesional

- Secretaría de Cultura del GDF (enero 2008, marzo 2013). Directora de Código DF, radio cultural en línea.
- Secretaría de Cultura del GDF (agosto 2006). Asesora de la Secretaria. Crea la revista *Chilanguía*, revista de difusión cultural gratuita.
- Colegio de México (enero 2006). Asesora de difusión cultural del Programa Interdisciplinario de Estudios de la Mujer.
- Revista emeequis (febrero 2006). Fundadora y colaboradora.
- *La Revista* (2004-2005). Colaboradora sección "Sabor a mí", de *La Revista* del periódico nacional *El Universal*.
- Radio Fórmula (2000-2004). Fue co-conductora y colaboradora del periodista Ciro Gómez Leyva en los programas "Fórmula de la Tarde" y "Noticias".
- ILCE, Instituto Latinoamericano de comunicación Educativa (2004). Fue conductora de tres secciones semanales sobre educación sexual en el programa "Nuestra Hora", transmitido por Edusat, Televisa.

- SEP, Centro de capacitación de Televisión Educativa (EDUSAT) (2004). Fue conductora de una serie de programas de debate sobre la televisión en México.
- Canal Once (1994-1998) Idea original y conducción de la serie de televisión "Taller de sexualidad", programa semanal de dos horas de duración, en vivo, con invitados en el estudio, especialistas, y público a través de llamadas telefónicas y faxes. Idea original y conducción de la serie semanal "Cuerpo Sano". Programa de dos horas, en vivo, con invitados en el estudio e intercomunicación con los televidentes (1995-1996).
- Periódico *El Financiero,* (1990-1998). Fundadora y coordinadora del Espacio del lector. Espacio de gestoría para los lectores. Publicación de entrevistas especiales a diversos personajes de la política y la economía nacionales. Fundadora y coordinadora de los cursos, talleres y seminarios de periodismo. Organización de los mismos en provincia.
- Radio XEX 730, México D.F., 1995-96. Co-conductora del programa "La Hora de la Verdad" con el periodista José Reveles. Serie de análisis político.
- Radio Centro, México D.F., 1990. Codirectora y co-conductora del programa matutino "Entre Líneas" con el periodista Sergio Sarmiento. Programa de lunes a viernes de 7:00 a.m. a 9:00 a.m. Análisis político de las primeras planas y de las columnas más relevantes de la prensa nacional.
- Grupo Radio Mil, México D.F., 1988-1989. Espacio 59. Coordinadora y conductora del programa "Palabras Sin Censura". Serie para jóvenes, dos veces a la semana, dos horas de duración. Análisis político y social desde la perspectiva juvenil. Invitados: jóvenes de partidos políticos, universidades y profesiones diversas.
- Radio Mil. Conductora y coordinadora del programa semanal "Sexo Sentido". En vivo, con teléfonos abiertos. Educación sexual.
- Radio UNAM, México D.F., 1988 -1995. Conductora y realizadora del programa semanal "De Amores y Desamores". Análisis político, económico y social del acontecer nacional. Programa en vivo con teléfonos abiertos.
- Televisión Mexiquense, México D.F., 1988-1990. Conductora de la serie de televisión "Mujeres", realizado en Toluca. Entrevistas con mujeres destacadas de la comunidad.

- Canal Once (1980-1989) Investigadora, coordinadora y guionista del programa de entrevistas *Cara a Cara* con el periodista James Fortson.
- Conductora, guionista e investigadora del programa "La Pareja Humana" con el periodista James Fortson. Primera serie de televisión que trató el tema de la sexualidad y las relaciones de pareja. Programa en vivo, con teléfonos abiertos.
- Co-conductora y guionista de la serie "Qué hacer con el Ocio" Revista cultural.
- Fundadora y co-conductora de los programas de noticias "Enlace" y "Enlace con la comunidad" junto con el periodista Nino Canún. Ambas series surgieron en 1985 a partir de los temblores.
- Conductora del programa "Reflexiones". Programa de debate político en vivo.
- Conductora y coordinadora de las series: "Panorama Económico": Análisis económico y financiero con invitados; y "Espectáculo sin límites" serie de difusión cultural.

Distinciones profesionales

"Testimonios de Calidad" de la revista Teleguía, como mejor conductora de televisión en los años 1980 y 1989.

Teponaztli de Oro por la conducción del programa "Reflexiones". XXVII Certamen Nacional de Periodismo. Club de Periodistas de México, A.C.

Primer Premio Nacional de Periodismo por el trabajo difundido en 1996.

Premio Coatlicue (2006) otorgado por la Coordinadora Internacional de Mujeres en el Arte ComuArte, por la novela Sobrevivientes. Entregado el 18 de marzo en la sala Manuel M. Ponce de Bellas Artes.

Experiencia editorial

Fundadora de la revista *emeequis* (2006).

Fundadora de la revista *Este País* (1990).

Traductora del ingles al español del *Diccionario Inglés, Español Chino* realizado en el Instituto de Lenguas Extranjeras de Beijín, en Beijín, China. (1979-80)

Coordinadora editorial de ediciones especiales del Grupo Editorial Planeta. (2000)

Publicó su primera novela *Sobrevivientes* editada por Planeta (2003). La novela gana la Selección Planeta España entre 250 autores latinoamericanos para ser publicada en Planeta España (2004). Por esta novela recibe el Premio Coatlicue 2006, otorgado por la Coordinadora Internacional de Mujeres en el Arte.

Publica el libro de entrevistas a mujeres escritoras, *Mujeres de palabra*, Joaquín Mortiz, mayo 2005.

Publica su segunda novela *No me olvides* con editorial Planeta. Agosto 2006.

Publica su primer libro de poesía, *Abecedario de las culpas* con editorial Praxis, 2008

Conferencias

Feria Internacional del Libro, Guadalajara. Invitada ponente en el Premio y Homenaje Fernando Benítez al escritor Carlos Monsiváis (1993). Participación como jurado en los premios de radio y televisión para ese año.

Docencia

Periódico *El Financiero* (1992-1998). Coordinadora de las siguientes actividades:
Talleres de periodismo
Cursos de periodismo práctico.
Seminarios sobre periodismo político.

Actividades docentes en el área de comunicación con los gobiernos de: Morelos (1996), Guanajuato (1997) y Querétaro (1998).

Invitada frecuente a distintos medios de comunicación para hablar sobre temas de sexualidad.

Invitación más reciente: Canal Once, *Diálogos en confianza*, diciembre 2012. Tema: infidelidad.

Correo: veroluna50@hotmail.com

Esta obra se terminó de imprimir
en noviembre de 2013, en los Talleres de

IREMA, S.A. de C.V.
Oculistas No. 43, Col. Sifón
09400, Iztapalapa, D.F.